Jochen Ehrhardt, Rotraut Greßler



# Das Wilde Geratal im Wandel.
# Handel, Handwerk und Gewerke.
# Eine Chronik von 1853 bis 2023.

Mit zahlreichen Tabellen und Abbildungen.

Erster Fortsetzungsband von: Holz-Glas-Ton.
Auf Spurensuche nach alten Gewerben in einem Thüringer Flecken. Gräfenroda. A bis F.

*Herausgegeben von der Gemeinde Geratal*

## Impressum

Erste Auflage 2024
Herausgeberin: Gemeinde Geratal
Redaktionsschluss: Dezember 2023.  Printed in Germany
Redaktion: Rotraut Greßler und Jochen Ehrhardt
Lektorat, Satz, Layout, Bildbearbeitung: Antje Händel, TRITUM GmbH
Herstellung und Verlag: BoD – Books on Demand, Norderstedt
Titelbild: Blick auf das Glaswerk in der Waldstraße, Gräfenroda. Fotografie, Aufnahme ca. 1960er Jahre. Archiv Rotraut Greßler

ISBN: 978-3-7597-0682-9



Aus Gründen der Lesbarkeit wurde in diesem Band die männliche Form gewählt; gleichwohl beziehen sich die Aussagen auf beide Geschlechter und all jene Menschen, die von der binären Geschlechterbezeichnung nicht erfasst werden.

# Inhalt

# Vorwort des Bürgermeisters

Geschichte hinterlässt Spuren. Im Bewusstsein der Menschen, in Kunst und Kultur, in Büchern und Archiven und natürlich in den Bildern eines Ortes oder einer Region. Ob Fabriken, ob Villen derer, die die Betriebe und Firmen gründeten, ob kleine Werkstätten in Höfen hinter den Wohnhäusern ihrer Meister und deren Familien, ob Bildungseinrichtungen, Gasthöfe und kleine Läden und Filialen. Jedes Gebäude erinnert an die Zeit seiner Entstehung, an seine Erbauer und an die Menschen, die im Laufe der Geschichte ein und aus gingen.

Den Chronisten ist es gelungen, viele verborgene Kleinodien wieder zu entdecken, die ohne ihre Arbeit für die Aufarbeitung unserer Ortsgeschichte wohl für immer verloren gewesen wären. Ihre Chronik stellt in ihrem Umfang und in ihrer Detailtreue eine Einmaligkeit in der Gräfenrodaer Regionalliteratur dar. Den Autoren, zwei Hobbyhistoriker, wurde freie Hand gelassen beim Erstellen der umfangreichen Fakten. Daraus entstand eine sehr schöpferische und kreative Arbeit. Dieses jetzt erstellte Register verrät zusammen mit dem ersten Band, der 2012 im Eigenverlag von Rotraut Greßler erschien, nun ein kompaktes Wirtschafts-und Kleingewerbebild unseres Ortes, von seinem Wesen und das seiner Einwohner.

Ihnen, verehrte Leserinnen und Leser, wünsche ich gute Lektüre beim Hinabsteigen in die Historie von Gräfenroda im engeren Sinne, und letztendlich auch in die des Geratales im weiteren Sinne. Viel Entspannung und Freude, auch beim Erkennen der eigenen Familiengeschichte.

*Dominik Straube, Bürgermeister der Gemeinde Geratal*

# Prolog - In eigener Sache

*Fürwahr wir leben jetzt in einer Zeit der Resultate und Resümes; es ist so viel geschehen, es liegt so viel vor uns, das wir nun sammeln, ergänzen, vervollständigen, weiterführen und gebrauchen können.[Goethe. 1811. Goethe-WA-IV, Bd.22. S. 43. An den Grafen Sergej Semenowitsch von Uwanow [Concept]*

Das Leben lässt das Neue aus dem Alten erwachsen und, bis das Alte überwunden ist, beginnt das Neue selbst schon wieder zu veralten, um einem Neueren ebenso allmählich wieder Platz zu machen. Das ist das große und notwendige historische Gesetz vom steten Ineinandergreifen der Vergangenheit und der Gegenwart, dem auch der radikalste Neuerer sich beugen muss. Es ist eine Binsenweisheit, dass der Blick in die Vergangenheit das Bewusstsein für die Gegenwart und Zukunft schärft.

Die Reihe „Gräfenroda und umliegende Orte" ist seit dem Jahr 2008 in kontinuierlicher Periodizität fortführend in den Jahren 2008, 2012, 2016, 2018 und 2019 im Verlag sagestreffend von Rotraut Greßler, Waltershausen, erschienen. Geschichtsbücher mit einem Facettenreichtum über den Wandel in den vergangenen Jahrtausenden in der regionalen Geschichte eines Fleckens in Thüringen, unseres Heimatortes Gräfenroda und auch, untrennbar verbunden, ein Stück weit die seiner Nachbarn Elgersburg, Frankenhain, Geschwenda, Liebenstein und Plaue. Spiegelbilder der Zeitgeschichte, der Spannungen, der Anstrengungen, des Engagements, der Erfolge, der Niederlagen und der Mühen des Alltags, des Meisterns der unterschiedlichen Lebenssituationen aber auch der feierlichen Anlässe, der Vergnügungen, der Aneinanderreihungen von vielen Augenblicken werden dargestellt.

Jetzt liegt der Fortsetzungsband von „Holz-Glas-Ton. Auf Spurensuche nach alten Gewerben in einem Thüringer Flecken" vor. Ich bescheinige Jochen Ehrhardt eine hervorragende Zusammenarbeit, die, in aller Freundschaft, sachlich und respektvoll ineinander gegriffen hat. Jeder hatte seinen Aufgabenbereich, jeder konnte seine Erfahrungen und sein Wissen einbringen und jeder hat Bereicherungen jedweder Art für sich erfahren! Was dabei herausgekommen ist, wird nicht nur den Fachhistoriker und dem Kulturgeschichte-Freak interessieren.

Für Hobbychronisten ist das vollständige Aufschreiben und Veröffentlichen, selbst in einem so gut ergänzenden und sich respektierenden Team, wie wir es sind, nicht zu bewältigen. Aber, wir haben uns an ein hehres Unternehmen gewagt. Wir haben unzählige Quellen durchkämmt und ausgewertet – denn allein Gräfenrodas Straßen und Winkel könnten viele Geschichten erzählen. Wir haben Berufe aufgespürt, alltägliche und verblüffende wie auch hochspezialisierte. Die Sammlung gibt nicht nur Auskunft über die technische Entwicklung und ökonomischen Verhältnisse verlorener Alltage, sondern lässt auch ein Stück weit auf sinnliche Weise die Historie wieder aufleben, mit der diese Berufe untrennbar verbunden sind. Wir begegnen Menschen, Personen, die als unsere Vorfahren Großes geleistet haben. Menschen, an die wir uns gern erinnern.

*Rotraut Greßler, Verlegerin*

# Einleitung

Der Epilog des ersten Bandes schließt mit einem Zitat des italienischen Autors Gesualdo Bufalino. Jetzt leitet es den Fortsetzungsband ein: *„Das Geflecht menschlicher Tätigkeiten gleicht dem Kosmos; wie er ist es unermesslich und unergründlich. Der Versuch, die verschwundene Arbeit ans Tageslicht zu fördern, ist gewagt und heißt nach den Sternen greifen."* [Rudi Palla, 1994]

Nachstehende Arbeit ist das Ergebnis einer über 8jährigen Forschung, die aber auch oft zur Seite gelegt werden musste, bedingt durch Arbeiten an Auftragswerken und nicht zuletzt an der sich global verbreiteten Corona-Pandemie mit ihren leidlichen Folgen.

Es liegt in der Natur der Sache, dass das Dargebotene auch Lücken aufweist; eine Vollständigkeit kann auf diesem Gebiet niemals erreicht werden. In einigen Fällen haben wir uns vergebens um Kontakte bemüht. Um das Erarbeitete nicht dem zu befürchteten Verlorengehen anheimfallen zu lassen, mussten wir uns entschließen, die Forschung bei dem jetzt erreichten Stand zu beenden. Was kann und darf der Leser von diesem Werk erwarten? Das ist letztendlich bei allen Veröffentlichungen die Frage. Wie schon der erste Band, so ist auch der zweite, nun in einer fünfbändigen Periodika, schlussendlich ein Sachbuch-Kompendium, das sich trotz einiger eingeflossener Forschungsergebnisse, nicht vordergründig an den Fachwissenschaftler richtet, obwohl auch dieser sicher Nutzen aus dem Kompendium ziehen kann und wird.

Durch die besondere Gestaltung von Inhalt und Form als Text-Bild-Band sowie der Betrachtungsweise ist die Edition ein geschlossenes Angebot an alle, die sich über die Geschichte Thüringens und insbesondere die der Gemeinde Geratal , mit einigen, auch diffiziler Kapitel, seiner regionalen Historie einen Überblick verschaffen wollen. Auch insofern schließt sie eine Lücke, als es sich um die Erfassung und exemplarische Darstellung der gesellschaftlichen Entwicklung im Zusammenhang der Ereignisse und ihrer Abläufe bemüht. Dass sich die einzelnen Kapitel und Abschnitte in ihrer Homogenität, in ihrer Geschlossenheit also, unterscheiden, ergab sich zwangsläufig aus der vorgefundenen Quellenlage.

Um diesen Katalog nicht zu umfangreich werden zu lassen, war eine Abgrenzung der Fülle des vorhandenen Materials notwendig. Ein Anspruch auf Vollständigkeit darf auch deswegen nicht erwartet werden. Gleichermaßen will der Band, will das Thema auch nicht darüber entscheiden, was wichtig oder unwichtig gewesen ist.

Bei den Studien zum vorliegenden Band wurden nicht nur die Fortschritte offenbar, die bei der Erforschung der Geschichte der gewerblichen Wirtschaft zu forderst in Gräfenroda, als auch in seinen Ortsteilen erzielt werden konnten, sondern auch die Lücken, die zu schließen waren. Eine Gesamtdarstellung der Ortsgewerbegeschichte des betrachteten Zeitraumes sollte ja schlussendlich in Angriff genommen werden. Bislang wurde die Entwicklung der vielfältigen kleineren Gewerbezweige noch nicht hinreichend erforscht. Weitgehend gesicherte Erkenntnisse liegen über Zweige vor, in denen sich große Unternehmen herausgebildet haben und darum zuerst in den Focus der Aufmerksamkeit rückten.[1] Die Fülle der Fakten zur Industriegeschichte von Gräfenroda in einem Band kompakt zu veröffentlichen, würde die Grenzen der Überschaubarkeit fast grenzenlos überschreiten!

1 Hier sind die periodischen Herausgaben des Autors Hubert Beyer hervorzuheben: „Gräfenroda-Beiträge zur Heimatgeschichte"; in den seit einigen Jahren erscheinenden Themen-Heften befasst sich Beyer mit Objekten und Individuen seines Heimatortes Gräfenroda.

Deshalb haben wir versucht, die örtlichen Gewerbegeschichten aus dem ersten Band heraus fortführend aufzuzeigen. Zunächst dachten wir an Erfassungen der Gewerbe bis 1945.

Während der Arbeiten an den Quellen entwickelten wir unseren Ehrgeiz, die Jahre nach dem Zweiten Weltkrieg bis heute zu erfassen. Wir haben uns letztendlich entschlossen, unsere Arbeit, unseren Forscherdrang zu diesem Thema mit den sukzessiv vorliegenden Bänden abzuschließen und damit, soweit es möglich war, letztendlich Daten und Fakten bis in die heutige Zeit mit einzuschließen. Vielleicht werden diese oder jene jüngeren Heimatforscher ermuntert, die von uns geleistete Arbeit fortzusetzen. Wir vertrauen auf den mündigen Leser, der sich einen eigenen Eindruck über diese Zeit verschaffen möge.

Schließlich macht Geschichte nur dann Sinn, wenn sie über formale Betrachtung einer vergangenen Entwicklung hinaus in die fortschrittliche Zukunft wirkt. Im Übrigen bildet das Buch, wie auch sein nunmehr 8jähriger Vorgänger, im Sinne der evolutionären, Wissen schaffenden Forschungen nur einen Baustein von zeitlicher Bedeutung. Dabei knüpft das Folgende wiederum an das Gewesene an. Vieles wird erst klarer resp. erkennbarer durch anhaltende Aufarbeitung. Im populär-wissenschaftlichen Sinne daran mitzuwirken, ist unser Anliegen. Dabei konnte letztendlich eben kein Wert auf Vollständigkeit gelegt werden. Ein solcher Anspruch wäre vermessen. Auch die politischen Lager der beschriebenen Gesellschaftsordnungen sollen dem Leser erkennbar gemacht werden. Dazu gehört eben auch die Wirtschaft, die für jede Gesellschaft die materielle Grundlage der Staatsordnung bildet, dadurch ein System stärkt, aber auch schwächen kann. Dieser wichtigen, in politischen Darstellungen über den Staat oft weniger beachteten Seite haben wir gleichermaßen unbedingt Raum geben wollen. Eingeschlossen sind Fragen, wie: Was prägte den Alltag? Wie kam man über die Runden in den Familien, deren Einkommen gerade reichte, um zu leben und um zu überleben? Der so genannte graue Alltag erweist sich dabei als alles andere als eintönig, wenn gleich er hart und entbehrungsreich war.

Der Band erzählt, wie auch sein Vorgänger, zum großen Teil aus der Vergangenheit. Im Zuge der so genannten Moderne verschwinden traditionelles Lebensgefühl und überlieferte Lebenshaltung immer mehr. Die Verluste sind bedauerlich. Die meisten unserer Vorfahren haben ihre Beschäftigung ein Leben lang ausgeübt. Von ihnen wissen wir so gut wie gar nichts mehr. Oft tun sich nur Fragmente unserer Erinnerungen auf. Die rabiaten Veränderungen der Arbeitswelt haben Hunderte von ausgestorbenen Berufen hinterlassen. Wie viel hochspezialisiertes Wissen und Können damit verlorengegangen ist, lässt sich kaum ermessen.

Handwerk hatte goldenen Boden, denn früher war es selbstverständlich und auch notwendig, handwerklich erzeugte Gegenstände zu benutzen; sie gehörten zum täglichen Leben. Heute sind wir umgeben von den Produkten der industriellen Fertigung und vielleicht gerade deshalb beginnt man, das qualitative Handgemachte wieder zu schätzen.

Das betrifft auch die eigene Kultur. Sie ist über Generationen gewachsen und nun zunehmend von Geld- und Konsumdenken überwuchert. Denn was sich nicht in blanker Münze rechnet, überlebt nicht mehr. Auch die Handwerkskultur wird den gesellschaftlichen und wirtschaftlichen Umständen zum Opfer fallen. Da und dort gibt es aber schon ein Umdenken, bedingt durch die neuerliche Krise „Corona“, die weltweit durchweg „bestimmt“, wer überlebt oder scheitert. Der Lebenskampf hat eine andere Dimension bekommen. Neu ist sie nicht: Große Seuchen hat es immer gegeben, beispielweise in Gräfenroda 1872. ...

# Auf Spurensuche nach alten Gewerben 2012

Im Epilog des Bandes „Holz, Glas, Ton“ (2012, S. 235) steht geschrieben: *„Den heute in den Orten ansässigen Firmen, den mutigen Gewerbetreibenden mit ihren mithelfenden Ehefrauen und Familienangehörigen ist zu wünschen, dass sie nicht den einstmals berühmten großen Vorbildern folgen und untergehen. Ob Bäcker, Dachdecker, Fleischer, Gastwirte, Schmiede oder Schuster – Respekt verdienen sie alle! Ihre Firmengeschichten hätten den Rahmen des Inhalts dieser Herausgabe gesprengt. Sie geben Anlass, Gedanken reifen zu lassen, eine nächste Ausgabe in Augenschein zu nehmen.“* Wir beide haben sie in Augenschein genommen, haben unsere Gedanken reifen lassen und zu Papier gebracht. Liebe Leserinnen und Leser, seien Sie gespannt.

Rotraut Greßler, Jochen Ehrhardt; Hobbyhistoriker und freie Autoren

# Handhabung

Im ersten Band wurde ausführlich auf die Geschichte der Handwerke mit ihren Rohstoffen Holz-Glas-Ton eingegangen, die jeweils in einem Editorial erklärt werden. Im vorliegenden Band wird darauf verzichtet, da dieser wie vorher erwähnt, fortführend anschließt und hier die Zulieferer zu den Großbetrieben, wie dem „Glaswerk“, dem „Möbelwerk“, den Porzellanfabriken, der „Keramik“ Berücksichtigung finden. So trifft Holzgeschichte auch auf den Möbeltischler und die Fuhrleute zu, wie Glasgeschichte auf die Glasschleifer, Glasbläser zutrifft, die Zulieferer für das Glaswerk waren, wie Ton-, Terrakotta- und Porzellangeschichte auf Ziegeleien und die Heimarbeiter/innen zutrifft, die in ihren Heimwerkstätten Zuarbeit für die größeren Firmen leisteten.

In Anbetracht der stark erweiterten Materialgrundlage überrascht es nicht, dass der Fortsetzungsband gegenüber dem ersten einen etwa um das Fünffache größeren Umfang besitzt. Die Erweiterung hat sich hauptsächlich aus der namentlichen Erfassung der Handwerker und Gewerbetreibenden ergeben. Gräfenroda war und ist der Nabel der Industrien und Gewerke im Geratal. Deshalb wird ab dem nun vorliegenden ersten Band vorrangig der Focus auf tabellarische Erfassung der dort ansässigen Firmen gelegt. Im fünften Band, der sukzessive das Gesamtwerk abschließt, werden die Handwerks- und Gewerbebetriebe der Ortsteile erfasst. Außerdem wird ein Kapitel allen Vereinen und Körperschaften gewidmet, deren Mitglieder unmittelbar Gewerke ehrenamtlich begleitet haben und es bis heute tun. Insgesamt ist der fünfte Band auch als Ergänzungsband zu verstehen.

*Hinweis:* Um den Umfang nicht ins Uferlose zu betreiben, verweisen wir auch hier auf Quellen aus dem ersten Band (erschienen: 2012) und aus diversen anderen Archivalien. Wir gehen davon aus, dass wir damit das Benutzerinteresse komprimiert haben.

Auf der Grundlage von festgehaltenen Zeitzeugenberichten, zeitgenössischen Urkunden, vielerlei Briefe und wiederentdeckten Ortschroniken werden über einen Zeitraum von 1853 bis Dezember 2023 Handwerks- und Gewerbeberufe festgehalten. Die Vielzahl an Kleingewerben ist nicht anders zu erfassen, als tabellarisch. Über 1.700 Einträge wurden gesammelt. Namensgleichheiten mussten auseinandergehalten werden, familiäre „Verbandelungen“ und Mehrfachbeschäftigungen lassen sich nicht anders darstellen, als in alphabetischer Reihenfolge nach den Familiennamen. Einige sind nur knapp erläutert; von anderen konnten wir mehr erfahren.

Ein Index erschließt die Fülle der Berufsbezeichnungen, unter denen mancher seinen Familiennamen wiederfinden wird, von dem er vielleicht gar nicht geahnt hätte, was sich hinter ihm verbirgt. Zuerst stehen die Protagonisten, Name des Inhabers, Sitz im Wohnort, Adresse, Betriebsstätte, mitunter Zahl der Beschäftigten. So es zu erschließen war, auch den Zeitraum der Betreibung. Außerdem haben wir Interviewprotokolle von Zeitzeugen erstellt.

Primär haben wir es als wichtig erachtet, den Versuch zu starten, möglichst alle die zu erfassen, die, die eben notierten Merkmale resp. Richtschnüre erfüllten. Insgesamt ergibt sich eine reich facettierte, detailreiche Kulturgeschichte des Handwerks. Die Ermittlungen der Wohnunterkünfte stellte eine nicht leicht zu lösende Aufgabe dar, bedingt durch Umzüge und auch Umbenennungen der Straßen und, soweit vorhanden, der Hausnummern.

Adressbücher lagen nicht chronologisch vor, gewährten demzufolge wegen ihrer Erscheinungsweise nur lückenhafte Einblicke resp. Überblicke, taugten nicht immer als authentische Quellen.

Adressbücher stellten, wie allgemein üblich, private Verlagsobjekte dar und sind nicht amtlich autorisiert. Nicht alle Bewohner wurden erfasst, in der Regel nur die Haushaltsvorstände, das waren die Männer. Untervermietungen, wie etwa Studierende, Auszubildende etc. Berufsangaben sind mitunter mit Vorsicht zu genießen, deshalb war vernünftiges und mehrfaches Recherchieren notwendig. Für die Zeit ab 1900 standen uns Adressbücher aus dem Kreisarchiv Arnstadt der Jahre 1924, 1925, 1928, 1931/32, 1937, 1946/47 zur Verfügung.

Aus den infrage kommenden archivalischen Quellen, in erster Linie die aus den Thüringischen Staatsarchiven Gotha und Rudolstadt, aus dem Stadt- und Kreisarchiv Arnstadt sowie aus dem Gemeindearchiv Gräfenroda, konnten im Fazit nur vereinzelt Hinweise auf Wohnadressen der Gräfenrodaer Bevölkerung gewonnen werden: In den gesichteten Akten war es leider zur damaligen Zeit nicht üblich, den Adressaten mit Straßenbezeichnungen und, wenn vorhanden, mit Hausnummern zu benennen. Wir haben uns immer wieder gefragt, wie die Postzustellungen in jener Zeit von statten gegangen sind. Gab es doch vielfach Namensgleichheiten, auch mit gleichartigen Tätigkeiten. Die Postboten mussten wohl einerseits umfangreiches Wissen im Hinblick auf die Wohnadresse indus beherrscht haben und andererseits ein ebensolches Wissen und auch ein trainiertes Gedächtnis inne gehabt haben, wenn es Innerorts um Um- und Wegzüge ging!

## Klarsichten

Die Komponente „Straßenbezeichnungen" haben wir nicht an die heutige Bezeichnung angepasst und aktualisiert. In den Texten werden die jetzigen Adressen nur dann ergänzt, wenn das Gewerbe noch besteht. Es wurden uns private Erinnerungsberichte mit oft präzisierenden Angaben und Zeitbestimmungen geboten. Taggenaue Angaben zu den Wohnungswechseln und Umbenennungen von Straßennamen haben wir nach besten Wissen und Gewissen eingearbeitet. Was sich zunächst als eher spröde liest, entpuppt sich bei näheren Befassen als berührend und erstaunlich: dann nämlich, wenn jene Menschen mit ihren Leistungen ins Blickfeld rücken: Arbeiter, Handwerker, Hausgewerbetreibende, Fabrikanten, handeltreibende Betriebe.

Wir begegnen Menschen aus allen sozialen Schichten, sie hatten alle unterschiedliche Charaktere, Fähigkeiten, Lebensentwürfe. Oft tun sich nur Fragmente unserer Erinnerungen auf.

Das Entstehen eines Kompendiums, wenn es nicht nur ein zeitgenössisches ist, gleicht dem eines Baches: Neben den Nebenquellen gibt es eine Hauptquelle. Allein das Durchforsten jedes Blattes der Ortszeitung „Heimat-Glocken" brachte eine Unmenge an Annoncen zutage, werbeträchtig und wirksam. Während unserer langjährigen Recherchen haben wir akribisch jede Ausgabe der „Heimat-Glocken" durchforstet, Annoncen ausgewertet, Zusammenhänge erschlossen. Dieser Fundus war von unschätzbaren Werten! Auch eine Ortserkundungsfahrt mit Zeitzeugen hat uns unsere Geschichte nahegebracht: In Gesprächen kamen wir, so ganz nebenbei „von einem in das andere".

Sicher wird der eine oder andere beim Lesen auf unterschiedliche, ja sogar gegensätzliche Auffassungen stoßen. Das hat seine Ursache in der Vielzahl der Quellen, in den Aussagen von Nachfahren aufgrund deren Erinnerungen. Sehr wohl waren wir sehr dankbar für jede Hilfe in jedweder Form. Pseudohistoriker haben wir außer Acht gelassen, Besserwisserei wie. „Ich hätte ...", oder „Warum habt Ihr nicht ..." waren und sind uns suspekt. Wir haben im bestem Einvernehmen unsere Arbeitsweisen entwickelt.

Als unsere Vorfahren dem Genie Johann Sebastian Bach vorwarfen, „*daß er bisher in dem Choral viele wunderliche variations gemacht, viele fremde Töne mit eingemischet, daß die Gemeinde darüber confundiret worden*“, da ahnten sie nicht, dass *nicht er* es war, der falsche Töne anschlug.
Beide, dieses Buch und sein Vorgänger aus 2012, mögen als Gedächtnisse der Arbeit den nachfolgenden Generationen hilfreich sein. Sie mögen als Reiseführer durch Sedimente menschlicher Anstrengung dienen. Es kann in unserer überinformierten Zeit nicht schaden, Geschichten zu sammeln oder zu erzählen, vor allem aber Zeitzeugen zuzuhören, die noch wissen, wie es früher gemacht wurde und wie viel handwerkliches Know-How dem Fortschritt zum Opfer gefallen ist. Möge unsere Arbeit bei recht vielen der jüngeren Generationen das Interesse für Familienforschung wachhalten und es wecken, wo es noch nicht lebendig ist.

## Eine handwerkspolitische Rückschau mit Ausblick

Anfang der 1860er Jahre entschlossen sich die Regierungen der thüringischen Staaten den Veränderungen in der gewerblichen Wirtschaft durch Gewerbegesetze Rechnung zu tragen. Das Staatsministerium Gotha hatte 1861 den Entwurf eines Gewerbegesetzes vorgelegt. Die entscheidende Bestimmung enthielt der Paragraph 3, der festlegte, dass es jedem Inländer, ungeachtet des Geschlechtes, der das vierundzwanzigste Lebensjahr vollendet hatte, freistand, ein Gewerbe an jedem beliebigen Ort selbstständig zu betreiben, wenn er die im Gesetz enthaltenen Vorschriften beachtete. Er musste lediglich einen Heimatschein und ein gutes Leumundszeugnis beibringen. Jeder zum selbständigen Gewerbe Berechtigte konnte sein Gewerbe durch einen Stellvertreter oder Pächter ausüben lassen. Mehrere Niederlassungen eines Gewerbes waren erlaubt. Der Betreibende durfte seine Erzeugnisse an jedem Ort des Landes liefern und überall ausstellen. Ihm war es ebenso erlaubt, an jedem Ort Arbeiten auszuführen oder auszuführen lassen. Jeder Gewerbebeschäftigte konnte verschiedene Gewerbe ausüben. Gleichzeitig war die Vereinigung verschiedener Gewerbetreibender zu gemeinschaftlichen Gewerbebetrieb zulässig. Absprachen über Preise sowie über Löhne waren untersagt.

Die Gewerbeordnung regelte auch die Rechte des Hilfspersonals. Die Unternehmer waren dazu angehalten, behördlich vorgeschriebene Arbeitsschutzeinrichtungen anzuschaffen. Von Unternehmen, die mehr als 20 Arbeitskräfte beschäftigen, wurde eine Fabrikordnung verlangt. Diese war den Beschäftigten bekanntzumachen. Die Innungen konnten als gewerbliche Genossenschaften fortbestehen. Sie konnten außerdem Fachschulen oder ähnliche gemeinschaftliche Anstalten gründen, fördern und verwalten sowie Unterstützungskassen einrichten. Mit den Gewerbegesetzen fielen in Thüringen die letzten bürokratischen Hemmnisse. Unternehmerisch Veranlagte konnten nun ohne umständliche Verfahren und ohne die Widerstände von Zünften fürchten zu müssen, Gewerbebetriebe gründen und führen. Das Handwerk stand als ein Teil der gewerblichen Wirtschaft weiterhin in einer sehr beachtenswerten Position!

1904 bestanden in den sechs Handwerkskammerbezirken, die nach dem Handwerkskammergesetz von 1897 gebildet worden waren, 537 Innungen mit 17.959 Meistern.
Sie beschäftigten 23.851 Gesellen und bildeten 10.791 Lehrlinge aus.

In Folge der Gewerbefreiheit vergrößerte sich bis zum Beginn des Ersten Weltkrieges in einer Reihe von Gewerken die Anzahl der selbstständigen Meister. Das spiegelte sich in der zunehmenden Anzahl von Fleischer-, Bäcker-, Schneider- und Friseurmeistern wider.

Die so genannte Hausindustrie bestimmte bis in das 20. Jahrhundert hinein das soziale und kulturelle Geflecht der „Industriedörfer", zu denen auch unstrittig Gräfenroda zählte. In Heimarbeit oder in ihren Werkstätten auf ihrem Grund und Boden lieferten Familien Zuarbeiten an die Industriebetriebe.

1920 entstand das Land Thüringen. Seine Wirtschaftsstruktur wurde durch Industrie, Handwerk und Handelsgewerbe geprägt. Lassen wir einige Zahlen sprechen: Im Jahr 1925 gab es in Thüringen insgesamt 846.750 Erwerbstätige, davon waren 49,5 Prozent in Handwerksbetrieben resp. industriellen Unternehmen beschäftigt. Von der Einwohnerschaft Thüringens lebten im Jahr 1925 50 Prozent von industrieller und handwerklicher Tätigkeit, 13 Prozent von Handel, Verkehr, Schank- und Gastwirtschaft und 21 Prozent von Land, Forst und Fischerei. Ein Jahr später lag der Handwerkeranteil bezogen auf die industriellen Tätigen bei 32 Prozent. Allein 60 Prozent des Gesamtumsatzes der Wirtschaftsunternehmen entfielen bspw. im darauf folgendem Jahr auf Industrie und Handwerk und 60 Prozent auf das Handelsgewerbe. Stärkste Gewerbe waren das Bauhandwerk gefolgt vom Bekleidungshandwerk mit Schneidern und Schuhmachern an der Spitze. Das Nahrungsmittelhandwerk rangiert auf Platz drei, gefolgt von den Metallhandwerken, wie Schmiede, Schlosser und Klempner. Im Durchschnitt hatte damals ein Handwerksbetrieb 2,3 Beschäftigte.

Inflation, Weltwirtschaftskrise und dann der Zweite Weltkrieg führten zum Tiefpunkt jener Entwicklungsphase, die auch vielen Handwerksbetrieben die Existenz kostete. Nach den Kriegswirren stellten sich den Handwerkern neue Probleme in den Weg. Den Kriegswirren entronnen, kamen nach 1945 auf die Thüringer Handwerksbetriebe (wie auf alle anderen Privatbetriebe auch) ganz neue Probleme zu. Nach nationalsozialistischer Diktatur begann das politische Leben unter grundverschiedenen Voraussetzungen, da beide Besatzungsmächte ihre Vorstellungen von Demokratie durchzusetzen versuchen.

Die Amerikaner beauftragten den Sozialdemokraten Hermann Brill, der in Gräfenroda geboren wurde, mit dem Aufbau einer neuen Landesverwaltung in Weimar. Er wurde am 09.06.1945 zum Regierungspräsidenten ernannt, am 12.06. nahm die Regierung der so genannten Provinz Thüringen ihre Arbeit auf. Aufgrund der in Jalta getroffenen Vereinbarungen räumten die Amerikaner bis Ende Juni alle von ihnen eroberten thüringischen und sächsischen Gebiete, die vom 01. bis 05.07. von der Roten Armee besetzt wurden. Hermann Brill wurde abgesetzt. Er bot offensichtlich den sowjetischen Behörden keine Gewähr für eine Entwicklung in ihrem Sinne. An seiner Stelle wurde Rudolf Paul ernannt. Innerhalb der sowjetischen Besatzungszone erhielten die „Bundesländer" Sachsen und Thüringen ihre für die nächsten sieben Jahre geltenden Grenzen.

Thüringen wurde um den preußischen Regierungsbezirk Erfurt vergrößert; Erfurt wurde im Jahr 1950 Sitz der Landesregierung. Die neugebildete Landesregierung unter dem SED-Ministerpräsidenten Paul war aus Ministern aller drei Parteien zusammengesetzt (CDU, LDP, SED). Die sozialen Verhältnisse wurden stark verändert. Aus den ehemaligen deutschen Ostgebieten mussten Hunderttausende von Flüchtlingen und Heimatvertriebenen aufgenommen werden. Die von der sowjetischen Militäradministration angeordnete Bodenreform im September 1945 enteignete alle landwirtschaftlichen Grundbesitze über 100 Hektar entschädigungslos und zerstörte damit die Lebensgrundlagen des thüringischen Adels, der größtenteils das Land verließ. Durch das am 24.07.1946 erlassene Enteignungsgesetz wurde die Mehrzahl der noch unter Sequester stehenden Unternehmen in Landes- bzw. Kommunaleigentum übernommen, darunter auch zahlreiche Handwerksbetriebe.

Die verbliebenen Betriebe konnten in den Folgejahren wieder etwas Atem schöpfen und nutzten nach Kräften den ihnen gewährten, wenn auch begrenzten Spielraum.

Nachdem sich im Dezember 1946 lediglich die amerikanische und die britische Besatzungszone zu einem Wirtschaftsgebiet zusammengeschlossen hatten, wurde im Juni 1947 für die Sowjetzone die Deutsche Wirtschaftskommission geschaffen. Sie hat in zunehmenden Maße Zuständigkeiten an sich gezogen.

Dem sozialistischen Umbau der Gesellschaft diente auch die im Jahr 1952 begonnene Gründung der Produktionsgenossenschaften in der Landwirtschaft und im Handwerk. Damit wurde das Privateigentum durch das gesellschaftliche Eigentum an Produktionsmitteln ersetzt. Die Regierung der DDR ging mit einer Reihe von Maßnahmen wieder energischer gegen die Privatwirtschaft vor, z. B. mit dem Entzug der Lebensmittelkarten für Unternehmer, Handwerker und Händler. Zwar korrigierte sie noch einmal diesen Kurs, als das Gesellschaftssystem der DDR in eine tiefe Krise geriet. Auch die Menschen in Thüringen blieben nicht stumm. Dem Berliner Arbeiteraufstand am 17.06.1953 folgten viele Städte und Großbetriebe. Immer mehr Fachkräfte haben die DDR verlassen. Mit der Berliner Mauer wurde das letzte Schlupfloch geschlossen. Die Handwerker wurden ab Mitte der 1950er Jahre verstärkt zur Bildung von Produktionsgenossenschaften (PGH) angehalten.

Bis 1960 wurde ein Großteil der immer noch widerstrebenden Bauern in die Genossenschaften gezwungen. 1972 wurden die noch vorhandenen industriellen Klein- und Mittelbetriebe gegen Entschädigung enteignet: Der „Sieg der sozialistischen Produktionsverhältnisse" konnte gefeiert werden. Aber verantwortliches Mitarbeiten der Bürger an öffentlichen Angelegenheiten konnte nicht gedeihen. Auch nach dem Bau der Berliner Mauer am 13.08.1961, veranlasst durch die steigenden Flüchtlingszahlen, blieb der Wille zur Freiheit ungebrochen. Seit 1982 war die Ruine der Dresdner Frauenkirche alljährlich am 13.02. ein Ort des stummen Protestes, während in der Leipziger Nikolaikirche seit demselben Jahr die Friedensgebete an jedem Montag zu einer machtvollen Demonstration anwuchsen.

Im Jahr der so genannten politischen Wende, 1989, war das Handwerk um rund ein Drittel im Vergleich zum Jahr 1952 geschrumpft. Die gesamte Wirtschaft unterlag einschneidenden und schmerzhaften Umschichtungen. Sogleich fand die neue politische und wirtschaftliche Freiheit ihren Niederschlag. Ein enormer Nachholbedarf handwerklicher Leistungen führte geradezu zum sprunghaften Anstieg der Handwerkerbetriebe und der Beschäftigten in dieser Branche in den ersten fünf Jahren nach dem politischen und wirtschaftlichen Wandel. Die Talsohle allein für das Baugewerbe war im Herbst zehn Jahre später erreicht. Zulieferbetriebe vermeldeten hingegen positive Signale. Qualitätsarbeit und technisches Know-how waren und bleiben die Synonyme für das Handwerk. Die Veränderung der Arbeitswelt durch neue Technologien-Automaten, Mikroprozessoren, Computer und Roboter - im Zuge der „dritten Industriellen Revolution"- wurde das alte Handwerk zumeist als ein Relikt vergangener Zeiten abgetan; mit der Verwendung des Begriffs „Tradition" kam ihm gerade noch museale Bedeutung zu. Inzwischen ist es wieder in das Blickfeld gerückt, hat in der Öffentlichkeit verstärkt Beachtung gefunden.

In den ersten Jahren nach der deutschen Einheit erlebte das Handwerk einen Aufschwung, der in einer bundesweiten Bestandaufnahme des Handwerks zu erlesen ist. Zum handwerksähnlichen Gewerbe gehören jene Betriebe und Unternehmen, deren Inhaber in das Verzeichnis der Inhaber handwerksähnlicher Betriebe eingetragen sind, die bei den Handwerkskammern geführt werden.

Die Handwerksähnlichen Gewerbe unterscheiden sich vom Vollhandwerk vor allem dadurch, dass für die Ausübung des Gewerbes kein Meisterbrief benötigt wird und es auch keine staatlich anerkannten Ausbildungsberufe gibt.

Damals war jeder fünfte Erwerbstätige in Thüringen in der Handwerkswirtschaft tätig. Mitte der 1990er Jahre modernisieren die Unternehmen weiter und bauen vor allem den Kundendienst aus. Die Bau- und Ausbaubranche boomte, ebenso die Elektro- und Metallgewerbe. Maurer und Elektroinstallateure waren am stärksten vertreten. Dies hat seine wesentliche Ursache in der Auflösung der damals dominierenden industriellen Baukombinate und der damit verbundenen Neugründung kleiner und mittlerer privater Betriebe. Diese Tendenz lässt sich auch bei anderen Bauberufen, wie Straßenbauer oder Zimmerer erkennen. Das Kfz-Handwerk erlebte gleichermaßen eine erhebliche Wachstumsrate. Radio- und Fernsehtechniker erlebten hingegen ihren Niedergang, der so genannten Wegwerfgesellschaft gezollt. Auch hochwertige Geräte werden kaum repariert, der überwiegende Teil der privaten Haushalte kaufte neu. Der im Ort tätige Fernsehtechniker war früher ein gefragter Mann seines Faches. Fernseh- und Radiogeräte waren Luxusartikel, dementsprechend preisintensiv gegenüber dem Familieneinkommen. Wer es sich geleistet hat, sparte dafür lange oder gehörte der höheren Gehaltsklasse an.

Traditionelle Handwerksberufe, wie Schuster und Schneider, wurden zunehmend zum Aufgeben gezwungen: ihre Konkurrenten der industriellen Gewerbegruppe der Bekleidungs-, Textil- und Ledergewerbe im In- und Ausland haben sie so gut wie verdrängt. Das lokale Handwerk profitiert bspw. stark von der Nachfrage privater Haushalte speziell nach handwerkstypischen Gütern und Leistungen, wie Bäcker und Konditoren, Friseure, Fleischer.

## Die Familien

Die Generationen vor uns waren Kinder harter und entbehrungsreicher Jahre, in denen die Wirtschaft Achterbahnen fuhr. Sie erlebten verheerende Weltkriege. Die vor dem Ersten Weltkrieg geborenen gründeten in den 1920er Jahren unter harten Bedingungen aber voller Tatendrang und Optimismus kleine Firmen oder übernahmen die Gewerbe ihrer Väter. Die vor dem Zweiten Weltkrieg geborenen erlebten eine trostlose Jugend. Unter dem Dach des ganzen Hauses verschmolzen Leben und Arbeiten mehrerer Generationen. Die wichtigste Aufgabe der Familie bestand darin, ihren Besitzstand zu wahren. Es gab feste Regeln im Zusammenleben der Geschlechter und Generationen, wo jeder seinen Platz hatte. Es zählte vorrangig die Sicherheit, die die Familie bot: im Alltag, bei Krankheit und im Alter. Das Familienleben war „offen" - alles spielte sich gemeinsam und in wenigen Räumen ab. Die Küche stellte eine wichtige und viel benutzte Arbeitsstätte dar. Durchgreifende Veränderungen in der Küchentechnik und – material wie auch in der Ernährungsweise brachte die industrielle Entwicklung im 20. Jahrhundert. Fleisch blieb bis weit nach 1900 eine Speise für Sonn- und Feiertage und Festtage. Einkommen und Familiengröße bestimmten neben dem Ausmaß der privaten Viehhaltung über den Fleischverzehr eines Haushalts. Obst und Gemüse aus dem eigenen Garten wurde auf verschiedene Weise konserviert: durch Salzen, Säuren, Einkochen oder Dörren. Obwohl Handel und Kauf an Bedeutung zunahm, spielte die Selbstversorgung mit Nahrungsmitteln eine große Rolle. Vorratswirtschaft und Nahrungsmittelzubereitung gehörten deshalb zu den wesentlichen alltäglichen Verrichtungen von Frauen.

## Die Wohngebäude und Stallungen

Intensivierter Fruchtanbau und individuelle Viehhaltung machten größere Scheunen und Ställe notwendig. Das Wohnhaus stieß vorwiegend mit der Giebelseite an die Straße. Dahinter schlossen sich verschiedene Stallungen für Groß- und Kleinvieh an. Hinzu kamen noch weitere kleine Gebäude, wie beispielsweise Holzschuppen. Die Industriealisierung bescherte dem Baustoff Ziegel eine große Nachfrage. Er kam u. a. für massive Neubauten, bei der Errichtung von Schmieden und Backhäusern zum Einsatz. Im Zusammenhang mit technischen Neuerungen wie Ziegelpressen, Trockenkammern und festen Brennöfen entwickelte sich nach 1850 eine Ziegelindustrie mit vorwiegend ländlichen Standorten, so auch in Gräfenroda. Sie und andere Bauhandwerke boten Aufstiegschancen für ihre Inhaber und Erwerbsmöglichkeiten für Männer und Frauen.

## Werkstätten

Sie waren Kulturgerinnsel, sich selbst genug. Königreiche, in denen der König „Chef“ genannt wurde, d. h. Meister des Hammers, der Axt, der Nadel, des Schustermessers, der Drehbank. Historische Orte, deren edler Phalantere-Geruch in keine Enzyklopädie mehr aufgenommen wird, aber wir haben ihre Protagonisten aufgenommen. „Kleingewerbler“ verdienten sich ihren Lebensunterhalt in ihren Refugien hinter ihren Wohnhäusern, in einer kleinen Werkstatt im Hof.

Es hatte etwas Anheimelndes, wenn man seine Schuhe zum Schuster Reuß in die Neue Straße brachte: Durch ein Tor ging es über den Hof, eine knarrende Holztreppe hinauf in die Schusterwerkstatt hinein. Dort saß der Handwerker und hämmerte, nähte und klebte Schuhe aller Größen und Arten. Auch mal fix, so nebenbei, wenn sich die Naht unterwegs löste. Oder: Wir schauten bei Bäcker Helmut Nagel zu, wenn er das frisch gebackene Brot, heiß und goldbraun, aus der Ofenröhre seiner offenen Bäckerei holte. Hinter der Tür im Verkaufsraum wurde in Familie gewohnt. Handwerk und Privatsphäre waren buchstäblich verschmolzen. Die altehrwürdige Bäckerei Heyn in der Waldstraße hat den wirtschaftlichen Tiefen getrotzt und existiert bis heute als die einzige im Ort durchweg über mehrere Generationen. In zehn Jahren begeht sie ihr 100jähriges Jubiläum: Bäckermeister Walter Heyn hat diesen Handwerksbetrieb 1933 gegründet, Sohn Werner Heyn hat ihn weitergeführt und später an seinen Sohn Günther übergeben. Der Urenkel-Bäckermeister Wolfram führt ihn heute, nunmehr in vierter Generation, fort. Immer waren und sind ihre Frauen Alma, Klara, Ilona und Susi mit im Geschäft. Ein Familienbetrieb, der in ureigenen Händen liegt und Handgemachtes in Teigvariationen produziert.

## Baugeschehen

Viele Gebäude geraten in Vergessenheit, in Gräfenroda und anderswo. Und bei manchem muss man schon genauer hinsehen, um ihre Historie zu erkennen. Den im Laufe der Geschichte wechselnden Geschmack ihrer Besitzer sieht man den Häusern in der Ilmenauer Straße beispielsweise an. Nur noch wenige Artefakte weisen da und dort darauf hin, dass einstmals mondän gewohnt wurde. Frappant waren für uns die Bauweisen, die in unserem Heimatort angewandt wurden. Im Stil des Klassizismus entstanden Wohnhäuser, die sich mancher Arbeiter, Handwerker und Landwirt mit eigenen Händen aufbaute. Individuell da und dort nach eigenem Geschmack, wurde oft jahrelang an- und umgebaut. Es waren viele Leben, die in jedem Backstein, in jedem Ziegel steckten. Wo es möglich ist, übernehmen heute wieder zunehmend Nachfahren das Geschaffene ihrer Vorfahren, bedingt allein durch die momentanen globalen bzw. bundesbauwirtschaftlichen Krisen. Das Alte muss nicht immer dem Neuen weichen...

## Der Dorfladen

Mit einsetzender Industrialisierung wurden immer mehr Waren produziert. Ihre Verteilung musste deshalb anders organisiert werden und die Vertriebswege den neuen Bedingungen angepasst werden. War Selbstversorgungswirtschaft ein Kennzeichen des „alten Dorfes", so entstanden im späten 19. Jahrhundert auch in kleineren Gemeinden Kaufläden mit einem breiten Warenangebot. Die Läden waren meist in einem ebenerdigen Raum eingerichtet. Persönlicher Wohnraum wurde durch Warenlagerung in Hausflur, Keller, Stube und Schlafzimmer oft eingeschränkt. Bei den Dorfläden handelte es sich meist um Gemischtwarenhandlungen, die die Leute mit Waren aller Art versorgten: Angefangen von Lebensmitteln, Kurz- und Haushaltswaren und Stoffen über Arbeitsgeräte, Werkzeuge, Dünger und Saatgut bis hin zu Eisenwaren für örtliche Gewerbebetriebe. Lose Waren, etwa Zucker und Nudeln, wurden in Spitztüten abgepackt; andere, wie die vielgekauften Heringe, schlug der Händler einfach in Zeitungspapier ein. Für Öl, Essig oder „Maggi" brachten die Käufer die Gefäße mit. In Fertigpackungen waren meist nur Backpulver, Vanillezucker oder Waschmittel erhältlich. Ein Kramladen bedeutete oft zusätzlicher Verdienst, wobei die Einkommen zeitlich schwankten. Frauen konnten so zum Familienunterhalt beitragen und nebenbei ihren häuslichen Pflichten nachkommen. Die Läden wurden oft von der Familie über mehrere Generationen geführt. Einige der Inhaber brachten es zu Wohlstand und Ansehen, was sich auch in den Läden selbst niederschlug. Ausgestattet mit Verkaufsregalen, Registerkasse, Reklametafeln und Schaufenster unterschieden sie sich immer weniger von (klein) städtischen Verkaufseinrichtungen.

In Gräfenroda gab es solche Refugien in allen „Ortsteilen": Beispielsweise im *Oberdorf* waren es die Verkaufsläden in der Waldstraße Richtung Dörrberg, im Gebäude der so genannten „Technik". Dort hat Hannelore Siefert einen kleinen Konsum 12 Jahre geleitet, später übernahm Frau König bis zu ihrer Rente den Laden, danach Viola Jander. Er war auch ein wichtiger Versorgungs- und Kommunikationsmittelpunkt für die Einwohner von Dörrberg. In der Bäckerei Heyn führte Walter Hildebrandt mit seiner Ehefrau Erna einen kleinen Kolonialwarenladen, Waren des täglichen Bedarfs, und die Backwaren der Heyns wurden auch gleich noch mit angeboten und auch hier gab es immer das Neueste zu berichten. Wir Kinder haben nach Zettel im Konsum, schräg gegenüber des „Glaswerkes" eingekauft, die Verkäuferinnen beim Füllen der Papiertüten an der Waage beobachtet und ab und an auch eine Lakritzstange über den Ladentisch gereicht bekommen. Bei Benzlers in der Schillerstraße trafen sich die Leute der Umgebung um die Mitte des Ortes. Fleischereien gab es im Zentrum von Gräfenroda, jede hatte ihre Spezialitäten. Im *Unterdorf*, schon Richtung Hauptbahnhof, versorgte beispielsweise Bäckermeister Wachmer seine Kunden.

## Die Sattler und Polsterer

Dieses Handwerk, beispielsweise, durchlief im 19. Jahrhundert große Wandlungen. Ursprünglich wurden nur Pferdegeschirre und Sättel angefertigt. Dazu kamen später auch die Polster- und

Lederwaren an Kutschen, Stühlen, Kanapees, Koffer u. dgl. Noch später, vor allem auf dem Land, auch Tapezierarbeiten. Der mit dem durch die Eisenbahn bedingte Rückgang der Fuhrgewerbe, die in Thüringen eine große Rolle spielten, mussten sich die Sattler einen neuen Kundenkreis erschließen. Durch den sich ändernden ländlichen Möbelstandard kam eben der Polsterei und der Tapeziererei eine neue Bedeutung zu, die von ihnen aufgegriffen wurde. In unserem Heimatort konnten einige derer gut existieren, die eine Polsterei, Sattlerei oder auch ein Malergeschäft innehatten. Die Männer und Frauen lernten ihr Handwerk von der Pike auf, wurden Meister ihres Faches. Bekannt waren die Polsterer Geyersbach, Jander und Holland. Wissen in Theorie und Praxis wurde an Auszubildende der nächsten Generationen vermittelt: Malermeister Guido Kloß an seinen Sohn Karl-Heinz, der an seinen Sohn Hannes. Oder Tischlermeister Richard Abendroth an seinen Sohn Ernst, dessen Tochter Doris auch wieder in die Fußstapfen ihrer Vorfahren getreten ist. Wir haben sie nun, und eine beachtliche Reihe anderer dieser Branchen, mit aufgenommen in das vorliegende Werk.

## Schneider und Näherinnen - nicht nur Frauenarbeit

Die Nähmaschine wurde 1846 in den USA konstruiert. In Deutschland fand sie bereits um 1850/55 Verbreitung. Die von Fuß oder Hand angetriebene Nähmaschine ermöglichte endlich die zügige Endverarbeitung der schon seit längerem maschinell hergestellten Stoffe. Sie verdrängte die manuelle Näherei und den zuvor für viele Schichten bedeutsamen Markt für Altkleider fast vollständig. Die Nähmaschine war zudem platzsparend überall einsetzbar, leicht zu reparieren. Im Unterschied zu anderen technischen Geräten gehörte sie deshalb bald zur üblichen Stubeneinrichtung. In gutsituierten bürgerlichen Kreisen diente sie als Lerninstrument für heranwachsende Töchter und zur Anfertigung von Teilen der Aussteuer – zumeist angefertigt von einer bezahlten Näherin. Die Nähmaschine kam nicht nur für den privaten Bedarf infrage. Sie ermöglichte Frauen und Männern von zu Hause aus einen -für die Familien oft lebensnotwendigen- „Zuverdienst". Vor allem die entstehende Konfektionsindustrie machte diesen Umstand zunutze. Die meist unqualifizierten Heimarbeiterinnen nähten in der Regel für Zwischenmeister, die den Zuschnitt besorgten und die fertige Ware weiterleiteten. Unsere Mütter nähten unsere Kleider für die Tanzstundenabschlussbälle, für die Kirmsen, für Jugendweihen und Konfirmationen. Wer gut situiert war, ließ beim Schneidermeister Köllmer, Am Plan, oder beim Schneidermeister Kellner, Am Stadel, Herrenanzüge nähen.

## Warenhändler und Hausierer

Weiterhin kamen über ein dichtes Netz der Warenhändler (Hausierer) Artikel für den alltäglichen und besonderen Bedarf direkt ins Haus. Wir erinnern uns: Durch unseren Heimatort kamen immer wieder, wahrscheinlich nach einem Zeitplan oder auch nach Absprachen, Handwerker, die ihre Waren, von Schuhcreme bis Oel, auf dem Rücken mit einem so genannten Reff transportierten, sie feilboten und dabei immer ein Schwätzchen mit den Käufern auf Lager hatten. Auch wandernde Handwerker, wie der Messerschleifer, waren nicht nur wichtig, sondern auch gern gesehen.

## Fotografieren - Erinnern. Begreifen. Ausstellen

1839 stellten -unabhängig voneinander- Louis Daguerre und William Henry Fox der Öffentlichkeit erste fotografische Verfahren vor. Ab 1880 ermöglichten die neuen Trockennegative einen leichteren Umgang mit der Fotografie, an die sich nun auch Amateure heranwagten. Damit wurden Fotografien auch für die breitere Bevölkerung erschwinglich. Im Familienleben begannen Erinnerungsstücke und Andenken eine wachsende Bedeutung einzunehmen. Höhepunkte im eigenen Lebenslauf und Übergänge in neue Lebensabschnitte, wie Verlobungen, Hochzeiten, wurden mit symbolischen Geschenken oder Bildern festgehalten.

Im 19. Jahrhundert begann ein neues Bildmedium – die **Fotografie** – eine immer größere Rolle zu spielen. Die Leute standen im Atelier oder auch Wanderfotografen Modell. Die auf diese Weise später dann massenhaft produzierten Familien- und Klassenfotos -vereinzelt auch schon in Fotoalben zusammengehalten- waren für ihre Besitzer von hohem ideellen Wert. Uns erlauben sie heute interessante Rückschlüsse auf gesellschaftliche und persönliche Haltungen der abgelichteten Personen. Neben Fotos und Kunstdrucken bildeten im ausgehenden 19. Jahrhundert Urkunden und Diplome wichtige Elemente bei der Gestaltung der Wohnräume. Konfirmationsscheine, Hochzeits- oder „Corpulier-Urkunden", Reserveschilder, Handwerksbriefe oder Vereinsurkunden wurden ebenso wie Konfirmations-, Hochzeits- oder Schulentlassungsfotos als halboffizielle Dokumente genutzt. Man präsentierte sich gut sichtbar, oft auffällig gerahmt.
Erinnerungsstücke an Militär, Ausbildung und Vereinstätigkeiten erhielten bevorzugt einen Platz in der „Guten Stube". Vielfach gaben auch Auswanderungen nach Übersee, Abwanderungen in die Industriezentren und Wanderarbeit Anlass zu Porträt- und Familienaufnahmen.

„Im Hause Fischer war zu besonderen Anlässen der Fotograf Joachim Hugon zu Gast. Zu unserer Kindheit hatte nicht jede Familie einen Fotoapparat, ein hochwertiger gehörte zu den Luxusartikeln. Deshalb war es immer ein besonderes Erlebnis, wenn Herr Hugon in Position trat, uns vor ausgesuchten Motiven im Haus, Hof oder Garten ins rechte Licht rückte, und mit „Bitte einmal lächeln" höflich aufforderte, in die Linse zu schauen. In Fotoalben wurden die schwarz-weiß Aufnahmen aufbewahrt und zeugen heute, etwas vergilbt, aber immer noch lebendig, von Jahren einer einst unbeschwerten Kindheit." (Ein Wimpernschlag der Erinnerungen von Rotraut Greßler, geb. Fischer).

## Wohnkultur

Durch die Auflösung der alten Zunftordnung, die Einführung der Gewerbefreiheit und die zunehmende Industrialisierung erfuhr im 19. Jahrhundert das Tischlerhandwerk, wie das gesamte Handwerk, umwälzende Veränderungen. Die Aus- und Weiterbildung der Lehrlinge und Gesellen fand nun nicht mehr ausschließlich im Betrieb statt, sondern zusätzlich in neugegründeten Handwerker- und Gewerbeschulen. In unserem Heimatort wurde die „Gewerbeschule", als eine dieser Bildungseinrichtung im Juli 1859 gegründet. Diese vermittelten das enorm angewachsene naturwissenschaftliche und technische Wissen und förderten gleichzeitig gestalterische und zeichnerische Fähigkeiten. Der Bedarf an neuen Lehr-, Muster- und Vorlagenbüchern stieg enorm. Sie waren vor allem für ländliche und kleinstädtische Handwerksmeister gedacht. Derart ausgestattet stellten die Handwerker hauptsächlich Möbel aller Art her. Die Nachfrage stieg zusehends.

Hochwertige Furniermöbel lieferten beispielsweise die Tischlereien Heißner, Am Stadel, Griebel in der Ilmenauer Straße und Abendroth in der Ohrdrufer Straße, und ab 1910 das „Möbelwerk". Auch Frauen führten zunehmend dieses Handwerk aus. So war Doris Zink, geb. Abendroth, wie schon an anderer Stelle erwähnt, ausgebildete Tischlerin und arbeitete im Geschäft ihres Vaters Ernst Abendroth, Ohrdrufer Straße.

## Das Neue

Die ab 1850 immer üblich werdende Fabrikarbeit griff tief in das dörfliche Leben ein. Die Fabrikarbeiter entwickelten einen neuen Status. Junge Leute, Frauen wie Männer, legten ihren Lohn vor der Ehe in Möbel, Küchengeschirr und in modische Kleidung an. Vernunftehen wurden immer seltener. Einen Großteil des übrigen Lohnes wurde bei den neu entstandenen Sparkassen eingelegt, ein anderer in Wertgegenstände umgesetzt, bei Frauen in Nähmaschinen und auch in Holztruhen mit herrlichen bemalten Motiven, speziell angefertigt von Malermeister Erich Eckardt, in seiner Werkstatt in der Ohrdrufer Straße. In diese Schmuckstücke kam die so genannte „Aussteuer" zur Aufbewahrung bis zur Hochzeit. Bei Männern waren es die obligatorischen Taschenuhren. Die Fabrikarbeiter gründeten eigene Vereine und betätigten sich zunehmend politisch. Typisch für die war aber auch, dass aus Gründen der Existenzsicherung an noch so kleinen Landwirtschaften festgehalten wurde: so genannte Nebenerwerbslandwirtschaften. Kennzeichnend war auch das Streben nach (bescheidenem) Haus- und Grundbesitz.

## Banken / Sparkassen

Stephan Lenheim war 1850 nach Gotha gekommen und wurde im Adressbuch von 1852 als Bankier und Weinhändler am Neumarkt 12 geführt. 1885 übertrug der Hofbankier sein „Hofbankhaus Stephan Lenheim" an den aus Köln stammenden Bankier Max Mueller, der es zunächst unter dem Namen „Stephan Lenheim Nachf." und seit 1898 unter eigenem Namen erfolgreich weiterführte. Das „Hofbankhaus Max Mueller" besaß später Geschäftsstellen in Eisenberg, Ohrdruf und Waltershausen sowie[2] in Friedrichroda und Gräfenroda. 1929 wurde es – wie so viele andere Banken auch – Opfer der Weltwirtschaftskrise.[3]

In unserem Ort residierte die „Bank für Handwerk und Gewerbe" „*Auf dem Sand*" in der Bahnhofstraße. Einst ein wichtiger Dreh- und Angelpunkt für Geldgeschäfte der Firmen. Die Sparkasse, bspw. in den 1960er Jahren mit ihrem Direktor Herrn Rudi Hennig in der Waldstraße, ist heute immer noch an demselben Platz, modernisiert, und Dreh- und Angelpunkt für ihre Kunden. Leider gibt es hier keine weiteren Alternativen vor Ort, wie die *Postbank* oder die *Deutsche Bank*, für Kunden der Gemeinde Geratal.

2 VERGL.: Greßler, 2012, 205, 206.
3 VERGL.: Wenzel, 2002.

# Ein wirtschaftlicher Exkurs, ein Blick in die feudale Vergangenheit Gräfenrodas

In unserer engeren Heimat war es besonders das Herzogtum Sachsen-Gotha unter Ernst den Frommen, das sich merkantilistischer Wirtschaftsmethoden bediente und einen regen Gewerbefleiß mit allen möglichen staatlichen Mitteln unterstützte. Dazu kam auch, dass der Bauernstand immerhin eine solide Grundlage hatte und sich im Großen und Ganzen nur wenig feudaler Schikane zu erwehren hatte. Ein gut geordnetes Verwaltungswesen, das für ganz Deutschland als mustergültig angesehen werden konnte, sorgte ebenfalls dafür, dass Landwirtschaft und Gewerbe in den gothaischen Städten und Dörfern aufblühten und einen regen Warenaustausch zwischen Nord und Süd pflegten. Die sichtbaren Erfolge blieben daher auch nicht aus. Hatte beispielsweise die Gemeinde Gräfenroda noch im Jahr 1660 höhere Ausgaben als Einnahmen und die Verschuldung nahm weiter zu, so änderte sich dieses Bild in den folgenden Jahrzehnten wesentlich.

Vielseitige Beschäftigungsarten im Wald brachten der Gemeinde viele und wesentliche Einnahmen. Die Holzverarbeitung, das *Harzscharren* und die Bereitung von *Kienruß*[4] und Holzkohle brachten Möglichkeiten, die Einnahmen zu erhöhen. Am Kirchholz standen die Kienrußhütten, deren Produkte zur weiteren Verarbeitung in die Schwärzefabriken in die Städte geliefert wurden. Eine Reihe von Ziegeleien und die Steinbrüche in der Lütsche und am Borzel fertigten für die Bauindustrie und die Mühlen wertvolles Material. Das *Fuhrwerkswesen* der hiesigen Handelsherren stand in hoher Blüte und wurde zum Mittler zwischen Erzeuger und Verbraucher. Der weite Talgrund ermöglichte eine lohnende Pferde- und Rindviehhaltung. So war es zu Beginn des 18. Jahrhunderts der Gemeinde möglich, alljährlich die Gemeinderechnungen mit Überschüssen abzuschließen und die verschiedensten Vorhaben vieler Einwohner durch Leihgelder zu unterstützen und sich durch die anfallenden Zinsen wieder neue Einnahmen zu verschaffen. Auch in unserem Heimatdorf gab es in dieser Zeit die ersten, wenn auch noch schwachen Regungen bürgerlichen Bewusstseins. Die neuen, immer mehr erstarkenden Produktivkräfte kamen mit den alten Produktionsverhältnissen in Konflikt. Da und dort gelang es, manche feudale Fessel zu mildern, sich schließlich ganz von ihr frei zu machen. Es beginnt die Zeit der „Ablösungen“, die in den gothaischen Dörfern in der zweiten Hälfte des 18. Jahrhunderts ständig an Umfang zunehmen.

So kommt es im September 1779 zur Ablösung des „von Häusern und Gütern zu entrichtende Frongeld“ und der Schutz- oder Spruchgelder, die das Freyherrliche Röderische Erb-Lehn-Gut alljährlich in Höhe von 1082 M Gülden und 7 Groschen für Frongelder und der Schutz-Spruchgelder von etwa 6 Gülden für die Bewohner Gräfenrodas erhob. Ein Kapitel dieser Entwicklung zeigt uns die Erlangung der Weißback-Gerechtigkeit für die Gemeinde Gräfenroda im Jahr 1751/52. Betrachtet man das Seelenregister aus 1755[5] genauer, so ist festzustellen, dass von den etwa 150 arbeitsfähigen Männern 80 einem doch recht selbstständigen Gewerbe nachgehen. Die Lohnarbeiter setzen sich essentiell aus den 34 Holzfällern und den 11 Tagelöhnern zusammen.

4 VERGL.: Greßler, 2012, 62-66.
5 VERGL.: HG 1939/8 und Ehrhardt/ Gran/ Greßler 2019, 38.

# Eine geografische - landwirtschaftliche Exkursion durch die Flure von Gräfenroda

Die thüringische Landwirtschaft war immer durch eine große Anzahl landwirtschaftlicher Neben- und Kleinbetriebe gekennzeichnet. Das von diesen Betrieben Produzierte diente nahezu ausschließlich dem Eigenverbrauch. Trotz Einsatz von Arbeitsmitteln, wie Pflug, Egge, Dreschmaschinen blieb menschliche Arbeitskraft unverzichtbar.

Um die Arbeit zu bewältigen, mussten alle anpacken, über Generationen hinweg, nach Schulschluss und Feierabend. Die so genannte kleinbäuerliche Wirtschaft wurde oft als Nebenerwerb betrieben. Angebaut wurden Roggenkorn, Weizen, Gerste, Hafer und in der Hauptsache Kartoffeln. Bauern im eigentlichen Sinne gab es in unserem Ort nicht.

Ob Müller oder Geschirrhalter, Glasbläser oder Keramiker, Möbeltischler oder Schmied, Schneider, Bäcker oder Verkäufer -fast jede Familie besaß einige relativ schmale Felder, die im Volksmund „Handtücher" genannt wurden, und Wiesen. Diese Rasen wurden im *Talgrund*, bspw. im *Oberen* und *Unteren Geschwendaer Tal*, die Äcker zumeist auf der Hochebene der *Burg* oder auch im *Dörrberger Grund*, rechts zum Ortsausgang nach Gehlberg, beweidet *resp.* bewirtschaftet. Wo ein Wiesengrund in die *Gera* mündet, zwischen *Schwarzbach* und *Gehlberger Mühle* unterhalb des *Böhler* war die [August Julius Heinrich] Heißnersche Sägemühle, die so genannte *Tramissel.* („ ... *wahrscheinlich abgeleitet von den Worten Tragberg und Missel=Grund*", vermutet Rudolf Heißner, Enkel des ehemaligen Besitzers, „ *im Gebüsch sind heute noch die Grundmauern und der ehemalige Mühlgraben zu finden.*") In alten Forstakten von 1535 werden das *Kehltal* und der Bach „*Tramißel*", ein Tramsweg nach „*Oberhoff*" genannt. An der „*Tramißel*" lag die *Untere Trams Mühl* (1535) und die *Obere Trams muhl* (1543). Wo punktgenau diese beiden *Scheidemühlen* standen, war nicht zu eruieren.

Zwei Gewässer vereinigen sich: die *Sieglitz* mündet in die *Gera* ein. Rechts von ihr und noch unmittelbar vor einer Brücke, lag die „*Schmelzhüttenwiese*". Sie hat ihren Namen wie die Tat: hier wurde Erz geschmolzen, sie wurde von Müll geschluckt. Auch im unteren Teil am *Zwang* belegte Abfall aus der Glashütte jahrelang eine Wiese. Heute bedeckt Erde diese Fläche und Erlen wachsen da und dort auf ihr. Von der *Schmelzhüttenwiese* talabwärts, auf dem Terrain des Beckerschen Sägewerkes, befand sich früher der *Dörrberger Hammer*, wo die erschmolzenen Metalle verarbeitet wurden.

Am so genannten *Windeberg*, möglicherweise kam der Name von *Ackerwinden*, mundartlich *Wengen*, hatten *Lütscher* des gleichnamigen ehemaligen Dörfchens *Lütsche* ihre Äcker, die von Gräfenrodaern bis nach dem Zweiten Weltkrieg bewirtschaftet wurden.

Fährt man zum Ortsausgang Richtung Gehlberg, so liegt der *Walsberg* wie ein Wall quer zum Tal.[6] Zwischen dem *Walsberg* und dem *Kirchholz* liegen die *Lütschewiesen. Hinter der Heide* wurde dieser Flecken früher genannt. Das *Kirchholz* erstreckte sich bis zur Kleingartenanlage *Sonnenbad* und bis zur *Glashütte.* Das Wald-Areal wurde 1918 abgeholzt.

Das *Bettelhölzchen* am Hang des *Hopfenberges*, dessen Name bildhaft eindeutig ist und der durch seine Bodengüte und die sonnenseitige Lage früher Hopfenanbau zuließ, war ein Wäldchen, das in demselben Jahr gerodet wurde.

6 VERGL: Ehrhardt/ Gran/ Greßler 2018.

Von der Gräfenrodaer Adresse *Am Wolfstal* ausgehend führt der *Fuhrweg* durch die Hölle, eine *Hohle*, zu den Feldern auf das *Läusebühl* und die Burg. Bevor jener Transportweg an Höhe gewinnt, teilt er sich in Richtung *Läusebühl*.

Auf der Höhe zum *Läusebühl* zweigt nach rechts der *Eselsweg* ab. Er führt zur oberen *Gissel* nach Frankenhain. Etwa ein Viertel Jahrhundert war er ins Ackerland einbezogen. Die Mühen und Hartnäckigkeit eines Gräfenrodaer Heimatfreundes, Hans-Joachim Arnold, brachten es zuwege, dass dieser Feldweg seit einigen Jahren wieder begehbar ist. Diese animalische Bezeichnung hat ihren Namen in Erinnerung an das genügsame Lasttier. Es war auch in und um Gräfenroda herum ein beliebtes „Transportmittel". Das Land in unserem Klimabereich hat früher Wald getragen, der nach und nach gerodet wurde; er musste der Landwirtschaft weichen. So ist es auch auf der gesamten Hochebene zwischen Frankenhain und Liebenstein geschehen; ab dem *Läusebühl* ist es das Gebiet der *Burg*. Ihr Rayon war einmal Mit-Grundbesitz der Liebensteiner Burg. In einer Urkunde aus 1595 wird festgehalten: „ ... wird ein neuer Flurteil *Läuse Bühlen* von derer von Witzleben auf Liebenstein an die Gemeyne Gräfenroda abgegeben. Uff ein jedes Haus (es waren damals 82, d. Red.) ist ein Stück Acker ausgetheillet." Weiter in Richtung des Nachbarortes Liebenstein geht der *Birkenweg* ab, der hinab in den *Gissel-Grund* führt. Nach dem *Birkenweg* folgen das *Neugerodete*, die *Tongrube*, die *Langen Äcker*, die *Reichensäcker*, *Am Liebesholz*, die *Gutsteile* und *Am Erdfall*. Die zuletzt genannten Flurteile wurden als *Weite Burg* oder *Liebensteiner Burg* bezeichnet.

Unterhalb der *Burg*. Im Unterdorf unterhalb des *Kammberges* an der Bahnlinie Erfurt-Meiningen liegt das *Rote Bühl* (Lagerung vom Buntsandstein mit rotem Ton). Es war früher ein beliebtes Rodelgelände, heute stehen dort Stallgebäude einer privaten Land- und Viehwirtschaft der Familie um Eberhard Fischer, die eine nutzbringende Renaissance erfährt. An der *Pappel und Pappelwiese*, früher ein *Kerbtal*, sind Flurbezeichnungen, die daher rühren, dass dort eine weithin ansehnlich voluminöse 200jährige Pappel ihr zuhause hatte. Durch Unverstand und fadenscheinige Begründungen (sie war angeblich verkehrsgefährdend) wurde sie 1973 gefällt. Heimatfreund und Naturschutzbeauftragter Hans-Joachim Arnold zog aus einem ihrer Zweige eine Tochter, die er unweit ihrer Vorfahrin pflanzte: eine kleine, aber sinnvolle Rekultivierung! Aber auch diese Nachfahrin ist inzwischen verschwunden. Das einstige Kerbtal, wurde in den 1960er, 1970er Jahren mit Gräfenrodas Müll gefüllt. Am „*Schind-Hanger*", unterhalb des „*Weißen Stein*" mussten sich die Eigentümer schinden, um karge Ernten einzubringen. Heute ist er Weide mit zahlreichen sich angesiedelten Gehölzen. Der darunterliegende *Hangfuß* wird oberhalb der Eisenbahnlinie das „*Obere Geschwendaer Tal*" genannt und unterhalb dieser Zuglinie das „*Untere Geschwendaer Tal*". Es wird noch beweidet. Auf diesem Areal sind zwei Teiche angelegt worden. Die „*Alte Lache*" schließt sich an. In diesem Flurteil sind vermutlich die ersten Häuser gebaut worden. Der „*Schiebigenberg*" folgt der *Alten Lache*; das „*Rosental*" liegt anmutig in der Ebene. Wenn die Hirten die Kühe austrieben, wurden auch die Wiesen dieser Senke zum Weiden genutzt.

Im Wandel der Zeit wurden auf den großen Wiesen notwendige Bebauungspläne realisiert: Das *Wolfstal / Am Hopfenberg* wurde im Laufe der Zeit als Gelände für den privaten Wohnungsbau immer beliebter: Mittlerweile sind Ein- oder Zweifamilienhäuser wie Pilze aus der Erde geschossen, Grünflächen mussten Bauflächen weichen. Die so genannte „*Lange Else*" am *Wiesenweg* war bis in die 1970er Jahre begrünt, Tummelplatz für „Kind und Kegel" und zum Vergnügen für Jung und Alt hatte die Menagerie alljährlich ihre Zelte aufgeschlagen. Akrobatik, Clownerie und Tierschau sind Vergangenheit – Wohnblöcke wurden sukzessiv aufgestellt. Blumen-Rabatten zieren die Eingänge, da und dort lässt sich erahnen, dass die Farbe „Grün" dominant war und der *Wiesenweg*, heute ein Straßenzug, seinem Namen nur noch partiell gerecht wird.

*Auf dem Sand*, zwischen Bahnhof *Ort* und der *Hirtenwiese* gelegen, wurden ebenso private Bauvorhaben realisiert. Die *Gotteswiese*, unterhalb des ehemaligen Schwimmbades, ist durch die Errichtung einer Kleingartenanlage verändert worden. Auf der *Ochsenwiese* und auf den *Weideköpfen*, talabwärts zwischen *Sand* und dem Flüsschen *Gera* gelegen, ist ein Sportplatz, der von 1921 bis 1935 existierte, der Auto-Reparaturwerkstatt Gebhardt und der Tiefbau GmbH gewichen.

Ehemalige Wiesen und Äcker im *Ried*, Richtung des Nachbarortes Liebenstein, entlang der Bahnhofstraße rechts und links, wurden im Laufe der Dorfentwicklung durch private Einfamilienhäuser „bewohnt".

Unterhalb der *Burg* befindet sich die *Burglehne*. Vermutlich, aber urkundlich nicht nachweisbar, war dieser *Oberhang* zum Geratal hin der südwestlichste Zipfel des mittelalterlichen Weinanbau von Arnstadt her an den sonnigen Hängen des benannten Tales. Zusammen mit den Resten ehemaliger Obstkulturen erinnert er an die großartigen Leistungen unserer Ahnen, dem kargen Kalkscherbenboden eine, wenn auch geringe, Obst- und Grasnutzung abzuringen. Inzwischen wurde die *Burglehne* zum *„Flächennaturdenkmal"* erhoben. Ein herrlicher Ausblick auf Gräfenroda, mit einem Wingert des Geratales bietet sich dem Wanderer.

Die fruchtbarsten Ackerländer wurden auf dem *Stadel* bewirtschaftet; unterhalb der *Burg* hat er sein Areal. Auf einem Teil der ehemaligen Erden lässt es sich heute, mitten im Grünen, angenehm wohnen. Ein sogenannter Hangfuß des *Stadels* trägt die Bezeichnung *Stophelsrand*. Zwischen ihm und der *Gera* kommt man wieder auf die ehemalige *Gotteswiese*. Unser Spaziergang endet am *Stadel* weiterführend in Richtung Liebenstein. Dort, wo es noch heute einen Mischwald von Buchen, Traubeneichen und Birken gibt, kann man die *„Buche"* durchlaufen. Am Ortsausgang bietet ein Überweg Gelegenheit, am Gräfenrodaer „Hauptbahnhof" in Richtung Meinigen oder Erfurt per Bahn quasi durch das Geratal, entlang seines gleichnamigen Flusses, zu reisen - und vielleicht auch noch einmal den Rundgang Revue passieren zu lassen?

Blick von der „Burglehne" zum „Totenberg", Teil des so genannten „Unterdorfes"
Foto: Jochen Ehrhardt, 02.04.2020

## Eine Episode und eine Handwerkerhistorie

Aus dem Nachlass der Familie der „Bade-Franks" veröffentlichen wir an dieser Stelle einen Erlebnisbericht eines damals 13jährigen Schülers.

**Brand beim Bade-Frank.** Abschrift aus dem Tagebuch von Ernst Kellner im Jahr 1909.

„Schüler Ernst Kellner, geb. am 15.01.1896 in Gräfenroda. Vater: Holzhändler Karl Kellner, Gräfenroda, Waldstr.

*Lieber Gerhard!*
*Du wirst durch die Zeitung erfahren haben, daß die Badeanstalt, in der wir uns oft erholt hatten, am 30. Oktober ein Raub der Flammen geworden ist. Nachdem abends ½ 9 Uhr das Feuersignal ertönte, lief alles bestürzt zum Fenster, um sich nach der Feuerstelle zu erkundigen. Zugleich sah man das Feuerzeichen am Himmel. Zuerst vermutete man, daß die Holzfabrik C. A. Graf & Söhne brannte, aber es war die Badeanstalt.*
*Nun zogen viele Neugierige zum Brandplatz, unter den ich mich auch befand. Als wir ankamen stand der Dachstuhl in hellen Flammen, denn durch das frischgestrichene Teerdach hatte das Feuer reichlich Nahrung gefunden.*
*Das Mobilar konnte von dem Besitzer und den herbeigeeilten Nachbarn gerettet werden. Am schlimmsten waren die Bat(d) enden daran, denn sie konnten nur das na(c)kte Leben retten.*
*Indes kam die Feuerwehr. Zuerst wurde mit einer Spritze dem Feuer Einhalt geboten, als diese nicht genügend leistete, mußte eine zweite herbeigezogen werden.*
*Von unserer Badeanstalt blieben einige Wände von der Wohnstube stehen. Allmählich löste sich das Menschenknäul auf und um 12 Uhr waren nur die Feuerwehrleute noch am Badeplatz.*
*Wo unsere schöne Badeanstalt gestanden hat, befindet sich ein großer Schutthaufen. Wir hoffen, daß ein solches Gebäude für unseren Ort bald wieder errichtet wird.*
*In der Hoffnung, daß du mich in einem solchen Fall benachrichtigen wirst*
*verbleibe ich unter vielen Grüßen*
*Dein Freund*
*Ernst Kellner"*

Der Besitzer dieser Badeanstalt, ein Badehaus mit Kabinen und Badewannen, war der Dielenschneider Karl Frank, Wiesenweg. Er wurde im Ort der „Bade-Frank" genannt. Seine Nachkommen stammen folglich aus der Familie der „Bade-Franks". Da es in Gräfenroda mehrfach den Nachnamen „Frank" gab, und der bis in unsere Zeit erhalten geblieben ist, führte diese Namensbenennung gegenüber der Familie des „Holz-Frank" und der Familie des "Butter-Frank" nie zu Irritationen; in Gräfenroda wusste jeder, wer gemeint war.

## Eine Hommage an alle Handwerker

Die **Zimmerleute** haben ihren heiligen Josef und die **Schuhmacher** ihren Hans Sachs und ihren Jacob Böhme; von beiden ist zwar nicht genau bekannt, ob sie passende Schuhe zu machen verstanden, wohl aber, dass beide dichteten. Auch die **Schmiede**, es waren im Mittelalter auch adlige Handwerker, befinden sich in außerordentlich guter Gesellschaft. Ihr Repräsentant ist ein Gott – Vulcan -, der in seiner unterirdischen, Feuer durch loderten Werkstatt Tag und Nacht gearbeitet hat und darüber die schönste aller Frauen, die eigene, vergaß. Venus wusste sich bekanntlich zu trösten.- Auch in der heimischen Sagenwelt braucht man nicht lange zu suchen. Da findet man

Siegfried, der mit dem selbstgeschmiedeten scharfen Schwert den Amboss als Güteprobe spaltete, und nicht unerwähnt soll der wackere Schwabe bleiben, der mit Kaiser Barbarossa ins Heilige Land zog, um auf dieser Expedition die Güte der Produkte heimischen Werkfleißes unter Beweis zu stellen, als er einen ihn angreifenden Türken mit dem Schwert in zwei Hälften spaltete und das Pferd des Unglücklichen beschädigte. Die **Glasmacher** und besonders die **Glasschleifer**, können nicht mit einer so vornehmen Verwandtschaft oder Repräsentanz aufwarten. Das ist schade, ihr jahrtausendealtes Handwerk hätte es wohl verdient. Bekannt ist zwar Spinoza, der ein Linsenschleifer war, aber im Hauptberuf war er „nur" ein Philosoph, was bei praktisch veranlagten Leuten nicht gerade viel bedeutet und was ihm persönlich auch nur Schwierigkeiten eingebracht hat. Er hat, wie alle Glasschleifer vor und nach ihm, das als Werkstoff benutzt, was man aus viel Sand oder Pottasche, vielleicht auch Kreide im Feuer zusammenschmilzt, und was man mit gewissen Chemikalien auch färben kann: der Wunderstoff Glas.

Die Lade der Tischler- und Glaserinnung. Der Tischler gehört mit seiner langen Tradition der Holzverarbeitung zu den „biblischen" Berufen. Bereits vor Generationen haben sich die Tischler Regeln für die Planung und Ausführungen ihrer Arbeiten gegeben, die nicht nur das Endprodukt für den Kunden, sondern ebenso eine beständige Qualität, eine gute Berufsausbildung und eine Gewährung von sozialen Leistungen zum Inhalt hatten. Hier spielte der „Chef" im Handwerksbetrieb, der Meister, eine hervorgehobene Rolle; das war und ist ein besonderes Merkmal der Handwerksfirmen in Deutschland.

Im ehemaligen Rittergut hat seit 40 Jahren das Heimatmuseum der Landgemeinde Neudietendorf (Nesse-Apfelstädt) sein Domizil, geleitet vom erfahrenen Museologen Hans-Dieter Manns. Dort wird die Lade der Tischler- und Glaserinnung der früheren Region Ichtershausen, die etwa zwischen den Städten Erfurt, Gotha und Arnstadt ihr Verbreitungsgebiet hatte, aufbewahrt. Sie ist eine hochwertige Tischlerarbeit, mit Furnieren und Ornamenten, die einen Hinweis auf den ehemaligen Inhalt geben. Eine anspruchsvolle Schlosserarbeit ist das Sicherheitsschloss; das wichtigste Dokument ist die Gründungsurkunde, unterschrieben von Herzog Friedrich II. von Gotha vom 18.07.1720. Zahlreiche Eintragungen in den Protokollbüchern zeichnen lebendige Bilder des Alltags und der Berufe der Tischler und Glaser in Mittelthüringen vor etwa 300 Jahren und später. Die Tischlerinnung bestand bis zum 30.06.1907. An diesem Tag fand die letzte Versammlung im Gasthof „Bach" in Dietendorf statt. Es wurde die Auflösung der Innung beschlossen. Vorausgegangen war eine längere Entwicklung, die aus der damaligen neuen Regelung der Gewerbefreiheit der Handwerkskammern sowie der Meinungsbildung unter den Meistern selbst. Für die Gegenwart sind die Probleme der Innung aktuell, denn die Qualität der Erzeugnisse, die Berufsausbildung, soziale Bedingungen und immer wieder Fragen des Berufsstandes gehören auch nach über 300 Jahren zur Tagespolitik" (vergl.: TA v. 20.05.2020, darin: Schumann, Arndt D.: Die Lade der Tischler- und Glaserinnung. Ein altes Handwerk...)

Aus dem Fundus im Heimatmuseum Ingersleben haben wir in den Protokollbüchern auch diese Eintragungen gefunden:

Am 20. September 1726 „meldet sich Hans Heinrich Hildebrandt aus Gräfenroda – ein Glaser, daß seine Muthung zu Ende und bittet, daß er zum Mitmeister in dieser Zunft auf und angenommen werde, wurde ihm hier eine Gratviciert und entrichtet 5 Gr. 3 Pf. Schließgeld, 10 Th. Meistergeld 4 Th.12 Gr. für das Meisterstück, 8 Gr. für die Wanderjahre: ges. 22 Th. 17 Gr. 3 Pf."

„18. August 1835. ... auch wurde Friedrich Zöllner aus Lütsche, welcher das (Glaser) Handwerk bei Meister Möller in Crawinkel erlernen will, aufgedingt und er entrichtete als Waisenknabe kein Aufdinggeld ( September 1839 losgesprochen).“

„24. Mai 1851. Meister Nicol nahm eine Beschwerde des Lehrlings Eckard aus Gossel entgegen (schlechte Kost, miese Behandlung ...). Er verhandelte am nächsten Tag mit Lehrling, Meister und einem eventuellen Ersatzmeister in Gossel. ( Am Ende des mit 26. Mai datierten Protokolls notierte Nicol ganz klein: „ früh um 5 Uhr ging ich fort. Abends 8 Uhr wieder zu Hause.“

Diese Leute kamen bspw. aus Gräfenroda, aus Geschwenda, aus Gossel und von anderswo, um sich im Rittergut Ingersleben zu verdingen, haben dort gearbeitet oder waren „in Stellung“ bei Familien:
*„Amalie Therese Bernhardine Heissner, geb. am 07.04.1876 in Gräfenroda, war Kindermädchen bei Familie Rosenthal im Dienst, Mitte November 1890 zurück nach Hause;*
*Friederike Caroline Emilie Lapp aus Gräfenroda war ab 01.01.1879 Magd im Dienst bei Ferdinand Noth;*
*Wilhelm Heyer aus Gräfenroda war ab 24.09.1880 Hofmeister, bedienstet im Rittergut bei Amtmann Rinck;*
*Wilhelmina Fischer, geb. am 14.03.1876 in Gräfenroda war ab dem 06.04.1896 im Dienst bei Heinrich Heimbürge;*
*Hermann Hartung aus Geschwenda war ab dem 06.04.1899 Fahrknecht und Arbeiter auf dem Rittergut;*
*Caroline Hermine Heine aus Geschwenda war ab dem 01.04.1879 Magd im Dienst bei Heinrich Heimbürge;“*
(Vergl: Protokollbücher, Heimatmuseum Ingersleben)

Diese Leute stehen für viele, die ihren Lebensunterhalt auf mühsame, strapaziöse und aufreibende Art und Weise bestreiten mussten. Mit Sicherheit sind sie von Gräfenroda oder Geschwenda und von anderswo nach Ingersleben gelaufen, um quasi in der Fremde „in Brot und Arbeit“ zu kommen. Vielleicht konnten sie auch streckenweise Mitfahrgelegenheiten auf Leiter- oder Frachtwagen nutzen, um an ihr Ziel zu kommen: ein beschwerlich Ding war es allemal...

Die Lade der Tischler- und Glaserinnung
Foto: Hans-Dieter Manns, Heimatmuseum Ingersleben, 2023

*„Der Mensch gesteht überall Probleme zu und kann doch keine ruhen und liegen lassen; dies ist auch ganz recht, denn sonst würde die Forschung aufhören; aber mit dem Positiven muß man es nicht so ernsthaft nehmen, sondern sich durch Ironie darüber erheben und ihm dadurch die Eigenschaft des Problems erhalten; denn sonst wird man bei jedem geschichtlichen Rückblick konfus und ärgerlich über sich selbst“.* Eine Reflexion von J.W. v. Goethe an Caspar Maria Graf von Sternberg am 26.09.1826.

# A

## Abendroth, Alfred; Bahnhofstraße 104 | *Autohaus und KFZ-Werkstatt*

*ABB. 1*

Das heutige Autohaus Abendroth wurde im Jahr 1946 von Alfred Abendroth, geb. am 08.10.1905 in Gräfenroda, und seinem Teilhaber Wilhelm Kellermann gegründet. Mit Datum vom 16.04.1946 reichten sie an den Landrat des Kreises Arnstadt die Gewerbeanmeldung der „Fa. Alfred Abendroth und Wilhelm Kellermann -Autofuhrunternehmen und Autoreparaturwerkstatt in Gräfenroda" ein. Beide Männer, Kfz-Schlosser und -Meister von Beruf, errichteten dann auf dem Grundstück des Herrn Wilhelm Koch, Bahnhofstraße 87, ein Kraftfahrzeugunternehmen mit Autoreparaturwerkstatt unter dem Namen: „Fa. Alfred Abendroth und Wilhelm Kellermann". Beide schafften es, unter schwierigsten Bedingungen der Nachkriegsjahre eine Reparaturwerkstatt, hauptsächlich für LKW's, aufzubauen. Zu den damaligen Aufträgen gehörten ganz gewöhnliche Reparaturen, aber auch schwierige, wie der Umbau von Benzinmotor auf Holzvergaser. Das Geschäft lief gut und so reichte das Gebäude in der Bahnhofstraße 87 bald nicht mehr aus. In den Jahren 1954/55 wurde dann von Alfred Abendroth eine eigene Kfz-Werkstatt auf dem Grundstück der Bahnhofstraße 104 erbaut, wo sich das Autohaus noch heute befindet. Am 01.01.1974 übernahm Sohn Heinz Abendroth die Führung des Betriebes und ab 01.01.1993 dessen beide Söhne Jens und Udo Abendroth den Familienbetrieb. (Auskunft: Frau Ingrid Abendroth)

## Abendroth, Anneliese; Ilmenauer Straße 25 | *Damenschneiderin*

*ABB. 2*

Anneliese Abendroth fertigte als gelernte Damenschneiderin einfache und elegante Damengarderobe.

## Abendroth, August; Waldstraße 89 | *Fuhrgeschäft, Geschirrhalter*

August Abendroth wurde am 15.06.1884 geboren. Er war Geschirrhalter und hatte auch ein Fuhrgeschäft betrieben. Die Betriebsanmeldung hierfür erfolgte 1924. Er hatte noch zwei Beschäftigte. Im August 1933 begeht Abendroth mit seiner Frau Rosalie, geb. Nüchter das Fest der Silbernen Hochzeit. [HGT S. 40; Adressbuch 1931/32]

## Abendroth, Carl; Waldstraße 21a | *Glasschleifer, Glasschreiber*

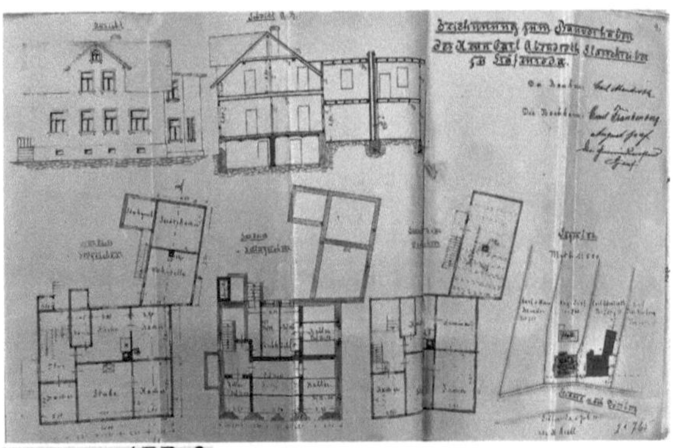

*ABB. 3*

1911 reichte Carl Abendroth Bauunterlagen zur Errichtung seines Wohnhauses mit einer Werkstatt ein.

## Abendroth, Christian; Kirchgasse | *Wagner*

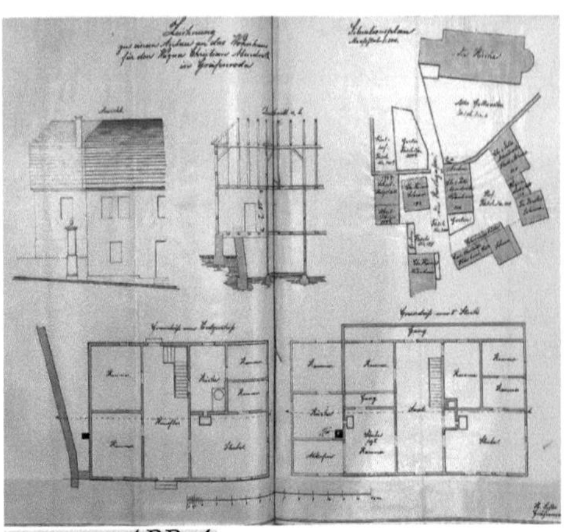

*ABB. 4*

1887 reichte Abendroth Unterlagen zu einem Anbau an seinem Wohnhaus ein.

## Abendroth, Emil; Waldstraße 23 | *Bäckerei*

Emil Abendroth war von Beruf Bäcker und hat in seinem Wohnhaus eine kleine Backstube betrieben. Er selbst stellte keine eigenen Backwaren zum Verkauf her. Es war eine reine Lohnbäckerei für die Ware, die von den Gräfenrodaern gebracht worden ist, ähnlich wie auch im Konsumbackhaus. Wenn die Gräfenrodaer mit ihre Waren zu ihm kamen, gingen sie zum „Hutzelbeck" oder „Bribbel Emil", wie er umgangssprachlich auch genannt wurde. (Angaben: Klaus Schmidt) [Adressbuch 1924/25]

## Abendroth, Erich; Platz der SA 9 | *Friseur und Dentist*

*ABB. 5*

Erich Abendroth, geb. am 10.12.1907 in Gräfenroda, war der Sohn von Karl Abendroth. Er ist in die Fußstapfen seines Vaters getreten und erlernte ebenfalls den Beruf eines Friseur und Dentisten. 1933 legte er die Staatsprüfung für Dentisten am Leipziger Institut für Dentisten mit Erfolg ab (HG 1933_18 S. 140). Er übernahm von seinem Vater das Geschäft. Erich Abendroth fiel am 07.03.1944 im Zweiten Weltkrieg. [H. B.-Heft 11-2017]

## Abendroth, Ernst; Waldstraße | *Fuhrgeschäft*

Ernst Abendroth wurde am 25.12.1914 geboren. Er hat mit seinem Vater August Abendroth, geb. am 15.06.1884 in Gräfenroda, das Fuhrgeschäft betrieben. Am 30.01.1946 verlegte er seinen Wohnsitz nach Geschwenda. [GAGR]

## Abendroth, Ernst; Ohrdrufer Straße 54 | *Kaufmann*

*ABB. 6*

Ernst Abendroth hatte eine Kolonialwaren- und Lebensmittelhandlung. Dort befand sich auch die Annahmestelle für Holzstängelchen für Pflanzen. [Adressbuch 1924/25]

## Abendroth, Friedrich; Kirchgasse | *Wagnermeister*

*ABB. 7*

Der Wagnermeister und Stellmacher Friedrich Abendroth verstarb am 17.01.1937 im Alter von 81 Jahren. [HG 1937/5 S. 40]

## Abendroth, Friedrich (Fritz); Ohrdrufer Straße | *Kaufmann*

*ABB. 8*

Friedrich (Fritz) Abendroth, geb. am 06.07.1854 in Gräfenroda, war Kaufmann und hatte ein Kolonialwarengeschäft. Im März 1889 ging beim Landratsamt in Ohrdruf der Bauantrag zur Einrichtung eines Ladengeschäftes nebst Errichtung eines Schornsteins und Feuerungsanlage zur Genehmigung ein. Er warb u. a. für Göbel's Husten- und Katarrh-Caramellen. Er feierte am 30.03.1929 mit seiner Frau Emilie, geb. Griebel, das Fest der Goldenen Hochzeit. [HG 1929 Nr. 13 S. 74] In geistiger und körperlicher Frische beging er am 24.06.1937 seinen 83. Geburtstag. [HG 1937 Nr. 27 S. 214] Abendroth starb am 13.11.1941.

## Abendroth, Hans-Siegfried; Lindenplatz 9 (1948) | *Zahntechniker*

Hans-Siegfried Abendroth, geb. am 02.05.1916 in Gräfenroda, war der Sohn von Karl Abendroth. Auch er erlernte den Beruf eines Dentisten. Er arbeitete bis zur Einberufung in die Wehrmacht in der Praxis seines Vaters. Nach Eröffnung der zahntechnischen Praxis im Landambulatorium arbeitete er dort als Zahntechniker. [H. B.-Heft 11-2017]

## Abendroth, Heinrich; Bahnhofstraße | *Großuhrmacher*

Heinrich Abendroth wurde 1850 geboren und starb im Alter von 85 Jahren am 10.05.1935. [HG 1935/20 S. 163] Vermutlich hat er in der Turmuhrenfabrik Kühn unter Wilhelm Kühn, dem Enkel vom Gründer Heinrich Kühn, gearbeitet. Im Adressbuch von 1924/25 wird Abendroth als Privatmann geführt.

## Abendroth, Heinz; Bahnhofstraße 104 | *Autohaus und KFZ-Werkstatt*

Heinz Abendroth, geb. am 20.05.1932 in Gräfenroda, war der Sohn von Alfred Abendroth und trat die Nachfolge im Autohaus Abendroth an (s. a. unter Abendroth, Alfred).

## Abendroth, Hermann; Kirchgasse 5 | *Stellmacher, Wagner*

*ABB. 9*

Hermann Abendroth wurde am 26.09.1882 in Gräfenroda geboren. Er erlernte den Beruf eines Wagners und Stellmachers. Die Hauptproduktion war die Herstellung von Handleiterwagen und möglicherweise, die einer speziellen Art, dem Gebirgshandleiterwagen. Er fertigte aber auch Wagenräder (Hand- und Fabrikarbeit) und Schlitten an. Abendroth starb am 26.07.1943 in Gräfenroda.

## Abendroth, Karl; Waldstraße 26 | *Geschirrführer*

*ABB. 10*

Karl Abendroth wurde am 10.12.1909 in Gräfenroda als Sohn des Geschirrführers Richard Abendroth, geb. am 07.07.1880, und dessen Frau Agathe, geb. Kellner, geboren. Er erlernte zunächst den Beruf eines Glasschleifers. In den späteren Jahren wurde er wie sein Vater Geschirrführer und übernahm von diesem das Fuhrgeschäft. Im Jahr 1936 übergab Karl sein Fuhrgeschäft an seinen Sohn Richard. (Angaben: Dieter Dröse, Enkel)

## Abendroth, Karl (Carl); Platz der SA 9 | *Barbier, Dentist und Zahnarztpraxis*

*ABB. 11*

Karl Abendroth wurde am 02.03.1881 in Gräfenroda geboren. Er war in seinem Mietwohn- und Geschäftsgrundstück, Lindenplatz 25, als Barbier, Dentist und auch als Zahnarzt mit eigener Praxis tätig. Am 26.04.1929 beging Abendroth mit Frau Amalie, geb. Eckardt, das Fest der Silbernen Hochzeit. [HG 1929/17 S. 96] Karl Abendroth starb am 04.05.1945.

*ABB. 12*

## Abendroth, Richard, Ernst; Zink, Doris, geb. Abendroth; Schillerstraße 1 | *Tischlermeister*

*ABB. 13*

Richard Abendroth wurd am 23.01.1891 in Gräfenroda geboren. Er erlernte den Beruf eines Tischlers. Die Gründung des Tischlereibetriebes erfolgte ca. 1925. Die amtliche Anmeldung auf ihn erfolgte am 02.01.1931. Die Geschäftsführung hatte er bis zu seinem Tod 1956 inne.

Neben der Ausführung von normalen Tischlerarbeiten und der Herstellung von Skiern, erfolgte eine Spezialisierung auf Wohnmöbelbau. Danach übernahm Sohn Ernst Abendroth (Tischlermeister) den Betrieb bis 1971. Dessen Tochter Doris erlernte den Beruf eines Möbeltischlers und arbeitet ab 1971 bis 1990 mit im väterlichen Betrieb. Danach erfolgte die Weiterführung des Betriebes unter Lisa Abendroth (Ehefrau von Ernst Abendroth) mit 7 Beschäftigten für 1 1/2 Jahre. Ab 1973 wurde der Betrieb der PGH Wohnkultur Arnstadt zugeteilt. Die Schließung erfolgte nach 1990. [HGT S. 25]

## Abendroth, Richard; Waldstraße 26 | *Geschirrführer*

Richard Abendroth wurde am 07.07.1880 in Gräfenroda geboren. Er war Geschirrführer mit einem Fuhrgeschäft. Dieses übergab er an seinen Sohn Karl. Am 07.05.1930 beging Richard Abendroth mit seiner Frau Agate, geb. Kellner, das Jubiläum der Silbernen Hochzeit. [HG 1930/19 S. 114; GAGR]

## Abendroth, Richard (jun.); Waldstraße 26 | *Geschirrführer*

Richard Abendroth wurde am 02.10.1921 in Gräfenroda geboren. Wie sein Großvater Richard und sein Vater Karl wurde er Fuhrmann im Familienbetrieb und übernahm das Fuhrgeschäft von seinem Vater Karl. Die gewerbliche Anmeldung dazu erfolgte am 01.05.1936. Er betrieb das Fuhrgeschäft mit zwei Beschäftigten, u. a. durch Fuhraufträge für das Forstamt Oberhof, Fa. Gebr. Kühn-Holzwarenfabrik, C.A. Graf & Söhne. Für letztere Firmen wurden die gesamten Holzanfuhren ausgefahren. Im März 1938 zündeten Kinder die Scheune beim Spielen mit Streichhölzern an. Durch schnelles Eingreifen der Feuerwehr und Arbeitern aus der Wilhelmshütte konnte das Feuer unter Kontrolle gebracht werden. Der Schaden war erheblich, da alle Stroh- und Futtervorräte, landwirtschaftliche Maschinen usw. völlig vernichtet bzw. stark beschädigt wurden. Nur das Gebäude war durch eine Versicherung abgedeckt. [HG 1938/12 S. 85] Nach 1945 war der Gewerbebetrieb „Lohnfuhrwerk“ mit der Abfuhr russischer Schnittholzaufträge beschäftigt. [HGT S. 40]

## Abendroth, Wilhelm; Hirtenwiese 7 / Bahnhofstraße | *Kaufmann / Fabrikant*

Wilhelm Abendroth wurde am 04.11.1880 in Gräfenroda geboren. Er erlernte den Beruf eines Kaufmanns und betrieb eine Glasbläserei. Sein Wohnhaus war in der Hirtenwiese und die

Geschäftsräume befanden sich in der Bahnhofstraße. Bis 2023 war dort die Zahnarztpraxis Schönfeld. 1931 feierte Wilhelm Abendroth mit seiner Frau Agathe, geb. Nüchter, das Fest der Silbernen Hochzeit. [HG 1931 Nr. 19 S. 123; GAGR]

## Adorf, Uwe; Bahnhofstraße 10

*ABB. 14*

Uwe Adorf eröffnete am 08.09.2003 in den Räumlichkeiten der ehemaligen Druckerei Engelhardt ein Geschäft für TV-Artikel. Auch Haushaltsgeräte, wie Waschmaschinen, waren erhältlich. Die Auslage und der Verkauf der Waren erfolgten in der unteren Etage. In der oberen Etage konnten Zeitschriften und Büroartikel erworben werden. Später war hier auch die Post- und Lottoannahmestelle mit integriert. Im Jahr 2017 gab Uwe Adorf das Geschäft auf.

## Agefko | *Kohlensäurewerk*

Agefko Kohlensäure-Werke Berlin war ein kriegsbedingt nach Gräfenroda verlagerter Betriebsteil. [GAGR]

## Agrar; Ilmenauer Straße | *Agrar GmbH Betriebsteil Gräfenroda*

*ABB. 15*

Die Agrar GmbH BT Gräfenroda entstand nach 1989 aus der vormaligen LPG „Neuer Weg" Gräfenroda. Die Gründung der LPG erfolgte in den 1950er Jahren. In dieser Zeit hatte die LPG sogar eine eigene Zeitung, „Der Erntefunk"- Kampfblatt der Erntebrigade. Allerdings befasste man sich hier nicht mit Politik, sondern die täglichen Geschehnisse wurden humoristisch-satirisch dargestellt.

## Agrargenossenschaft; Waldstraße 4 | *Fleischerei*

Agrargenossenschaft e.G. Kirchheiligen (s. Fleischerei/Landfleischerei Kirchheiligen) [GS2015]

## Akyüs, Ömer; Bahnhofstraße 36 | *Imbiss*

Heval Grill (geschlossen) [T2001; H. B.-Heft 12-2018]

## Albrecht, Thomas; Heinrich-Heine-Str 12 | *Fliesenleger*

Thomas Albrecht hat ein Alleinunternehmen betrieben. Die Geschäftsräume befanden sich unter derselben Adresse. Mit dem Wegzug aus Gräfenroda erlosch auch seine Geschäftstätigkeit.

## Allbau | *Hoch- und Tiefbau*

Auf der Karte der Betriebsakte VII ist lediglich vermerkt: Allbau-Hoch- und Tiefbau. Wo diese Firma ansässig war, ist nicht angegeben, ebensowenig der Geschäftsbereich. Die Bezeichnung Hoch- und Tiefbau lässt auf einen Baubetrieb der Gewerke Erdbau und Zimmerei schliessen. Es könnte sich um den, oder einen Vorgänger des späteren Unternehmens Tiefbau Gräfenroda handeln. [GAGR]

## Allgemeine Ortskrankenkasse | *Krankenkasse Gräfenroda*

**Allgemeine Ortskrankenkasse Gräfenroda.**

Hierdurch bringen wir unseren Mitgliedern zur Kenntnis, daß der Zwang zur Behandlung in der Zahnklinik aufgehoben ist. In Zukunft können also auch die in freier Praxis tätigen Zahnärzte und Dentisten, letztere nur so weit sie die staatliche Prüfung abgelegt haben, in Anspruch genommen werden.

Der Vorstand.

*ABB. 16*

Im April 1933 wurden die Geschäftsführer der Ortskrankenkassen Arnstadt, Ilmenau und Gräfenroda vom Versicherungsamt ihrer Ämter enthoben. Für Gräfenroda wird als Stellvertreter der Bücherrevisor Sauer aus Kleinbreitenbach bestellt. Der Oberlehrer Pein aus Gräfenroda wird zum Vorsitzenden der Allgemeinen Ortskrankenkasse Gräfenroda bestellt. [HG 1933/13 S. 100, 101]

## Alt, Gregor; Ohrdrufer Straße 60 | *Getränkehandlung und Bierstube*

*ABB. 17*

1990 eröffnete Gregor Alt in einem Anbau (ehemalige Wäsche- und Bügelstube) die erste Kleingetränkehandlung in Gräfenroda, mit dem Verkauf von Flaschenbier der Brauerei Kiesel aus Traunstein, sowie alkoholfreien Getränken. Anfänglich erfolgte der Verkauf werktags ab 17.00 Uhr. In den folgenden Jahren wurde daraus das „Bierstübchen am Hopfenberg" mit dem Ausschank von Faß- und Flaschenbier, alkoholfreien Getränken und auch Frei Haus Lieferung. Nach dem Tod von Gregor Alt betrieben seine Söhne Carsten und Matthias das Geschäft weiter. Mit dem Tod von Matthias Alt am 31.12.2021 gibt es den Getränkehandel und Bierstube nicht mehr.

## Amling, W. Georg; Schillerstraße 3 | *Klempner und Installateur*

Der geehrten Einwohnerschaft von Gräfenroda u. Umg. zur Kenntnis, daß ich in Gräfenroda eine

**Bauklempnerei mit Installationsgeschäft**

für Wasser und Gas eingerichtet habe. Auch werden daselbst Reparaturen an Autos, Motor- u. Fahrrädern ausgeführt.

**W. Georg Amling, Schillerstraße 3.**

*ABB. 18*

W. Georg Amling eröffnete im November 1931 seine Bauklempnerei mit Installationsgeschäft. Er führte auch Reparaturen an Fahrzeugen durch.

## Änderungsschneiderei; Ilmenauer Straße 12 | *Schneiderei*

1964 wurde in einem Raum der Gaststätte „Zur Post", nach Beschluss der Gemeindevertretung Gräfenroda, eine Änderungsschneiderei eingerichtet.

## Andreß & Creuzburg; Ilmenauer Straße 17 | *Getränkeverkauf mit Kneipenbetrieb*

*ABB. 19*

2009 wurde die „Kneipe zur Scheune" eröffnet. Vorher war dort nur ein Getränkeverkauf. Inhaberin der Kneipe war Kirstin Andreß. Nach dem Tod von Kirstin Andreß erfolgte die Schließung. [H. B.-Heft 12-2018]

## Anschütz, Otto; Waldstraße | *Schmiedemeister*

[Adressbuch 1924/25]

## Ansorg, Otto; Friedrichstraße / Anspielgasse 2 | *Fleischer*

[Adressbuch 1924/25; 1928]

## Anton, Leopold; Waldstraße | *Kolonialwarenhändler*

[Adressbuch 1928]

## AOK; Ilmenauer Straße 25 | *Krankenkasse*

Beratungsstelle Gräfenroda (heute in Arnstadt) [T2001]

## Apotheke (Alte); Ohrdrufer Straße Ecke - Hintergasse

In der Alten Apotheke befand sich auch ein Schalter zur Abfertigung des Postbetriebes. Er war gleichzeitig der 2. Standort des Postamtes in Gräfenroda. [HGT S. 200-205]

## Arndt, Albert; Ilmenauer Straße 11 | *Händler für Kolonialwaren, Feinkost und Delikatessen, Gastwirt*

Albert Arndt wurde am 27.08.1880 in Hachelbich geboren. Er erlernte den Beruf eines Kaufmanns. Arndt betrieb in Gräfenroda ein Kolonial- und Naturalwarengeschäft im gleichen Gebäude in der Ilmenauerstraße, wie seine Gaststätte „Zum Weißen Roß". 1928 verlegte er die Verkaufseinrichtung in sein neuerbautes Ladengeschäft gegenüber seiner Gaststätte. Auf Veranlassung des Einzelhandelverbandes wurde ab März 1938 auch der Verkauf von Fisch gestattet. Im März 1940 übergab Arndt sein Feinkost- und Kolonialwarengeschäft an Wilhelm und Senta Ludwigs. Die Genehmigung zum Betrieb des Gast- und Logierhaus „Zum Weißen Roß" erhielt Arndt im September 1908. Bereits im April 1909 stellte Arndt einen ersten Bauantrag zum An- und Umbau des Gasthauses, der baupolizeilich genehmigt wurde. Mit Datum 15.09.1909 erfolgte eine weitere Antragstellung als Änderung zu den genehmigten Unterlagen vom April 1909. Am 01.05.1928 verkaufte Arndt das Gasthaus an Hermann Unrein, der auch als Gastwirt tätig war. Die Räumlichkeiten des Arndt`schen Geschäfts baute später Günther Griebel mit Frau Helga zum „Cafe Griebel" um.

ABB. 20

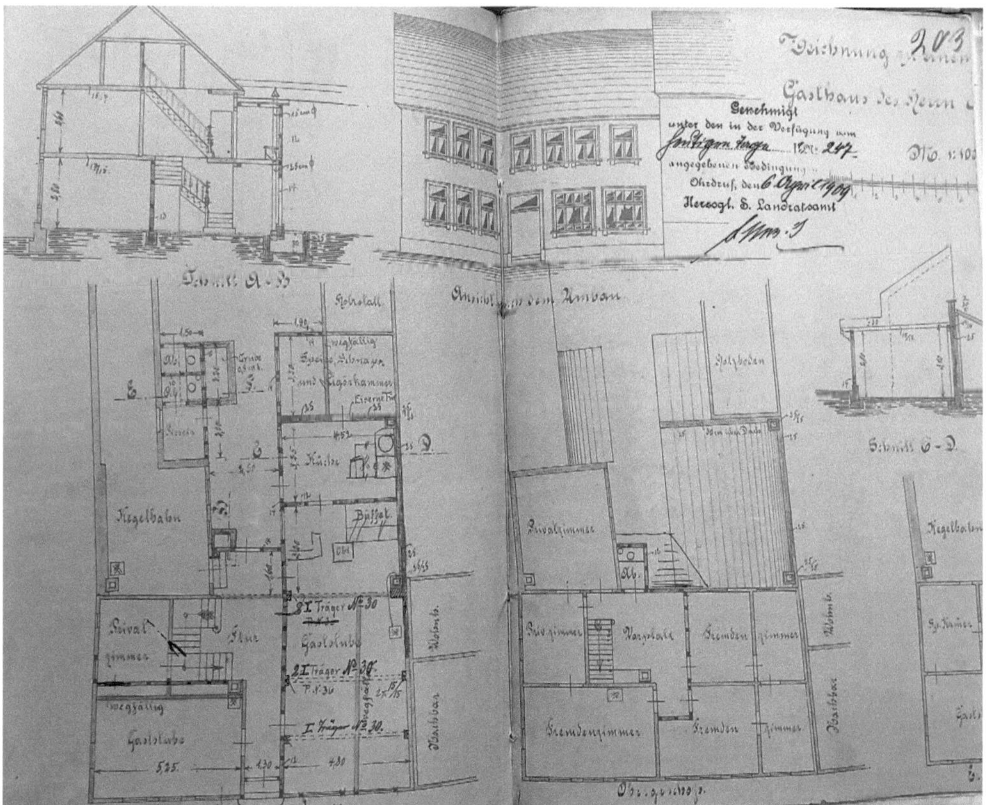

ABB. 21

## Arnold, Hans-Joachim; Hintergasse 19

Hans-Joachim Arnold wurde am 24.06.1925 in Gräfenroda geboren. Er stellte mit einem Angestellten Aquarien in Klebeverfahren her. In seiner Freizeit ging er der Vogelzucht nach und war Wegewart der Gemeinde Gräfenroda. Auf seine Initiative hin, wurde der Lehrpfad an der „Burglehne“ angelegt. Zudem betrieb er Heimatforschung und beschäftigte sich mit der Mundart von Gräfenroda. Er ist am 19.05.2010 in Sömmerda verstorben. [HGT S. 118]

# B

## Bading, Wolf-Dittrich; Am Bahnhof 8 | *Werbeagentur und Verlag*

ABB. 22

Wolf-Dittrich Bading betreibt in seinem Haus die Werbeagentur „bading design". [Bading]

## Bahnhof Gräfenroda

ABB. 23

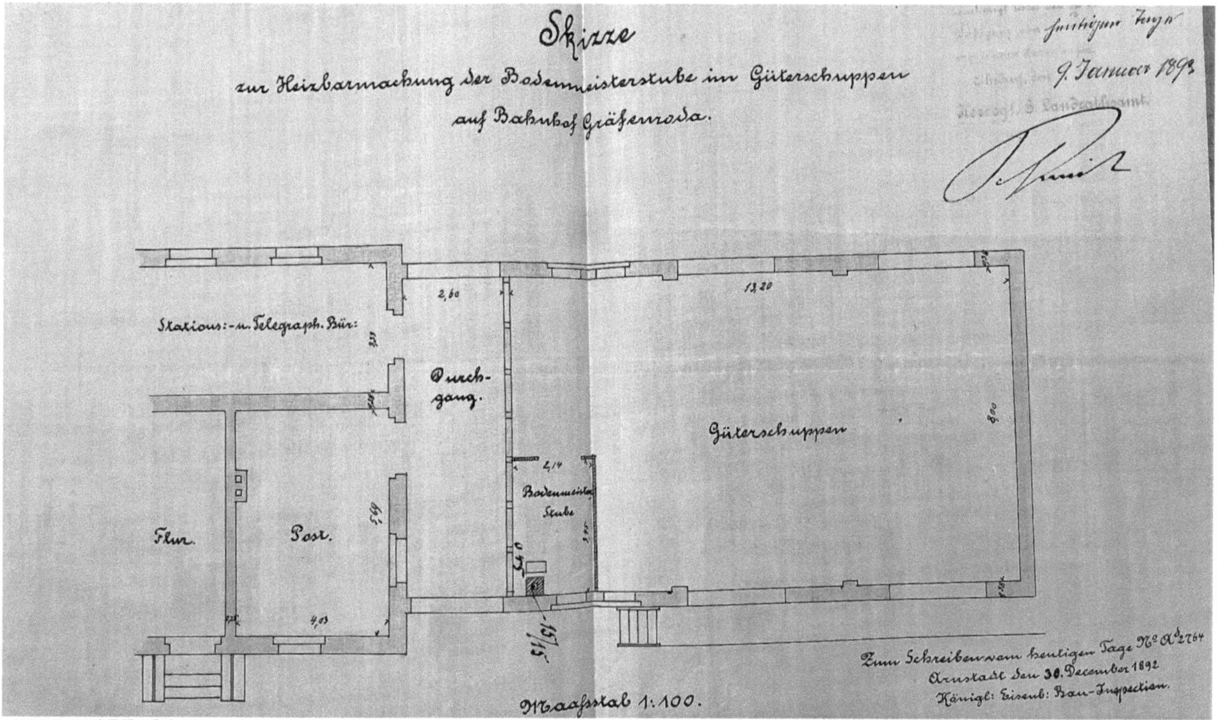


ABB. 24

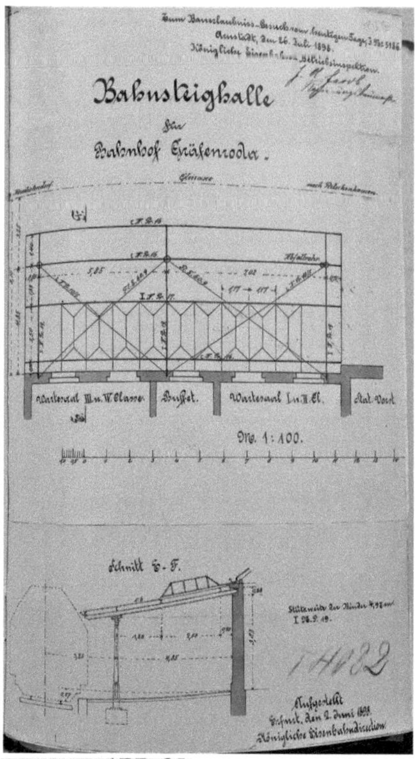


ABB. 25

Im November 1892 stellte die Königliche Eisenbahn-Bau-Inspektion Arnstadt den Antrag, die Bademeisterstube im Güterschuppen des Bahnhofs Gräfenroda beheizen zu können. Trotz intensiver Bemühungen war es uns nicht möglich in Erfahrung zu bringen, was eine *Bademeisterstube* mit einem Bahnhof verbindet. Im August 1898 erhält die Königliche Eisenbahn-Betriebsinspektion Arnstadt die baupolizeiliche Genehmigung zum Bau einer Bahnsteighalle.

Nach Fertigstellung des Brandleitetunnels im Jahr 1884 wurde der so genannte „Hauptbahnhof" Dreh- und Angelpunkt für den Personen Nah- und Fernverkehr sowie für den Güterverkehr auf der Strecke von Erfurt nach Ritschenhausen, Meiningen. Gräfenroda bekam Anschluss an die Welt. Nun konnten auch Produkte der Handwerker und Gewerbetreibenden aus dem Ort und seiner Umgebung auf neuen Wegen schneller und kräftesparend transportiert werden.
Deshalb erhält der Bahnhof hier Erwähnung.

## Baldauf, Dipl.-Med. Petra; Waldstraße 72 | *FA für Kinder- und Jugendmedizin*

Dipl. Medizinerin Petra Baldauf praktizierte ab März 2009-2017 mit der Anmietung der ehemaligen Praxisräume von Frau Dr. Ina Herglotz in Gräfenroda. [H. B.-Heft 11-2017]

## Ballenberger, Gerd / Ralf; Bahnhofstraße 120b | *Installateurmeister*

*ABB. 26*

Gerd Ballenberger eröffnete 1991 seinen Meisterbetrieb für Installation und Heizungsbau. Sohn Ralf übernahm ab 2012 das Familienunternehmen und führt es weiter.

## Balzer, Hermann Friedrich; Waldstraße | *Schuhmacher*

Nach Angabe von Irmgard Greßler (Enkelin).

## Balzer und Bock, Firma Emil/Otto; Waldstraße 76 | *Terrakottafabrik*

*ABB. 27*

Die Firma Bock & Balzer geht auf die von Carl Wilhelm August Schmidt um ca. 1890 in der Waldstraße in Gräfenroda gegründeten Terrakottawarenfabrik zurück.

Ab dem Jahr 1929 wurde diese durch Tonformer Max Balzer, geb. am 10.03.1892 und Schlosser Richard Balzer, geb. am 18.04.1897 in Gräfenroda, und den Kaufmann Otto Bock, geb. am 03.03.1902 in Meura, übernommen. Die Anmeldung der Firma auf den Namen Balzer und Bock erfolgte am 04.12.1929. Die Firma hatte acht Beschäftigte. 1959 gibt Max Balzer seine Geschäftsanteile an seinen Sohn Emil, geb. am 18.02.1923, ebenfalls Tonformer, ab. Nach den Tod von Emil Balzer 1965 übernahm Otto Bock die alleinige Geschäftsführung. 1973 ist die Firma offiziell erloschen. [HGT S. 154 ff.]

*ABB. 28*

## Bandorf, Otto; Straße nach Liebenstein (Bahnhofstraße) | *Tonwarenfabrikant*

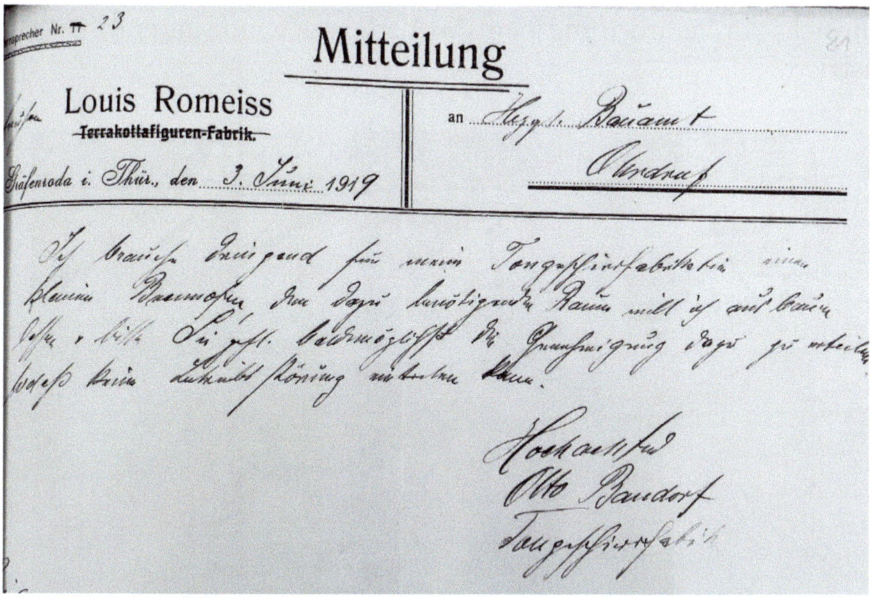


ABB. 29

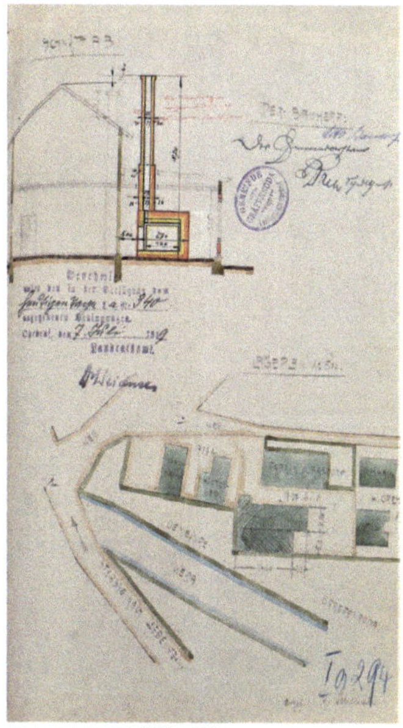

ABB. 30

Otto Bandorf stellte 1919 den Bauantrag zur Errichtung eines Brennofens (Bauakte ThStA Gotha Sign. 1684). Den Unterlagen ist auch zu entnehmen, dass er die Terrakottawarenfabrik von Louis Romeiss übernommen hat. (s. a. Romeiss, Louis)

## Bantlin, Dr. Gerhard; Gräfenroda-Süd | *Radium-Leuchtmassenwerk*

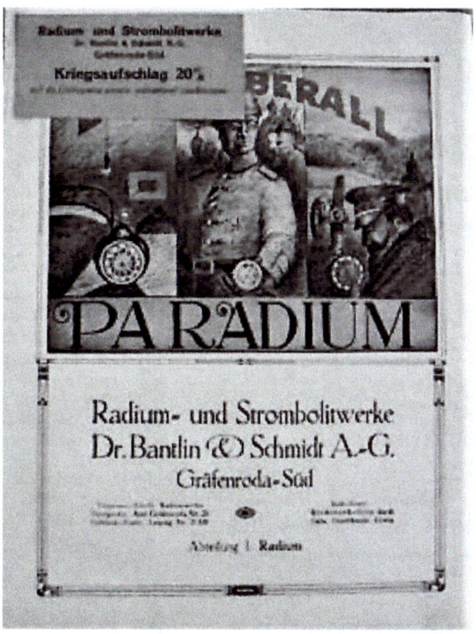


ABB. 31

Die Radium- und Strombolitwerke Dr. Bantlin und Schmidt Akt.-Ges. Gräfenroda (Herzogt. Gotha) wurde am 11.10.1916, mit Eintrag vom 18.10.1916 in Gotha, von Witwe Emy Parade, geb. von Porpaczy, Edle von Hidveg, Phototechniker Paul Faulstich, Leipzig, Bankprokurist Erich Schreyer, Gotha, Fabrikant Kurt Roever, Magdeburg und Albertine Junghans, geb Hirth, Schramberg gegründet. Der Zweck der Firmengründung waren der Erwerb und die Verwertung von Erfindungen auf chemisch-industrieller oder verwandter Art. Gegenstand des Unternehmens war auch der Handel mit Waren dieser Art.

Die Direktion des Unternehmens lag in den Händen von Dr. Ing. Gerhard Bantlin. Für die Fabrikation war Direktor Gustav Riel zuständig. In der Zeit des Ersten Weltkrieges entwickelte die Firma die Leuchtmasse Marke Paradium. Diese war vor allem für Uhren gedacht, damit Zeiger und Zifferblatt auch im Dunkeln zu sehen sind. Das Produkt kam auch bei „Leuchtblumen“ zum Einsatz. Wie wir aus den Unterlagen ersehen konnten, gab es kriegsbedingt auch eine Abteilung Munitionsbedarf, in der Papphülsen für die Geschosse gefertigt wurden.

Die Gesellschaft hatte ein Verfahren zur Herstellung einer zur Verarbeitung auf Furniere, Schulwandtafeln, Kameras u. dgl. brauchbaren Masse entwickelt, bei dem Zellulose unter Zusatz von Harz, Paraffin und Montanwachs zur Verarbeitung kam. Das Verfahren wurde unter Kl. 39b. Nr. 300370 vom 30.01.1916 registriert.

*ABB. 32*

## Bartholomäus, Ernst; Kirchholz 74 | *Thermometer- und Glasinstrumentenfabrik*

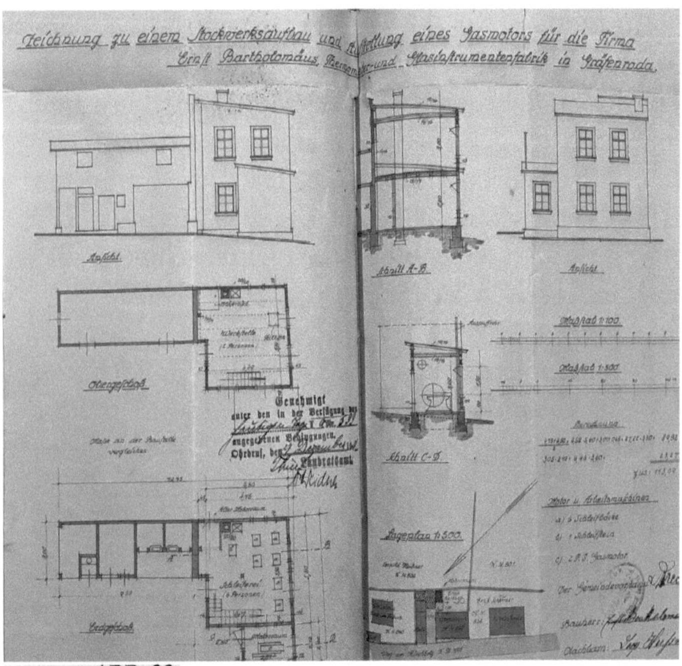

*ABB. 33*

Ernst Bartholomäus wurde am 20.05.1871 in Gräfenroda geboren. Er übte den Beruf eines Etuimachers aus. Im Ersten Weltkrieg wurde er als Krankenträger eingesetzt. Mit Datum vom 31.05.1917 fanden wir im Staatsarchiv Gotha den Verweis, ihn mit dem Erinnerungskreuz 1914 auszuzeichnen. Mit Datum vom 07.12.1899 reichte Ernst Bartholomäus die Bauzeichnung zur Errichtung eines Behälters zum Aufbewahren von Petroleum ein. Eine weitere Einreichung von Bauunterlagen erfolgte Ende des Jahres 1921 über den Aufbau eines weiteren Stockwerks auf die Werkhalle und die Aufstellung eines Gasmotors auf seinem Grundstück Kirchholz Nr. 74.

## Bartholomäus, Karl

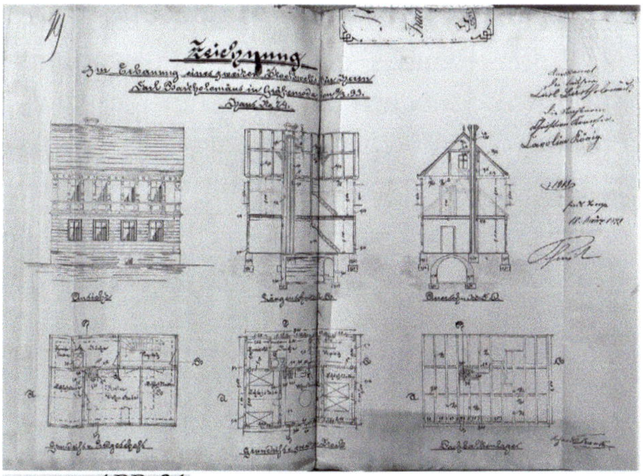

ABB. 34

Karl Bartholomäus, vermutlich der Vater von Ernst Bartholomäus, beantragte 1893 die Errichtung eines zweiten Stockwerkes auf sein Wohnhaus.

## Bartholome, Martha; Ohrdrufer Straße 108 | *Kunststickerei*

**Achtung! Kunststickerei!**

Der Wunsch einer jeden Frau ist, eine schöne Aussteuer zu besitzen.

Nach gründlicher Ausbildung in allen Kunststickereiarbeiten, wie

**Monogramme, Spitzen und Einsätze ankordeln, Knopflöcher, Wäschestopfen, sonst. Stickereien**

führe ich solche peinlichst sauber und preiswert aus. Muster stehen zur Verfügung und beehren Sie mich mit Ihren Besuch.

**Martha Bartholome,** Ohrdruferstr. 108.

ABB. 35

Martha Bartholome hatte eine Ausbildung in allen Kunststickarbeiten.

## Bartholome, Oscar; Südstraße / Ohrdrufer Straße 2 / Anspielgasse III/11 | *Kaufmann*

ABB. 36

Oskar Bartholome wurde am 09.11.1874 in Geschwenda geboren. Er erlernte den Beruf eines Drogisten. 1923 erhielt er als Kaufmann eine Konzession zum Betreiben seines Kolonialwarengeschäftes. In seinem Geschäft hatte er zwei weitere Beschäftigte angestellt. Er muss von kleiner Statur gewesen sein, denn umgangssprachlich wurde er auch als „der kleine Großkaufmann“ bezeichnet.

ABB. 37

Neben den üblichen Waren betrieb er noch einen Spirituosengroßhandel und warb besonders für seinen „guten“ Kaffee. Sein Geschäft befand sich in der Südstraße und später in der Ohrdrufer Staße 2. Die Spirituosen in der Ohrdufer Straße lagerten in einem großem Kellergebäude. Oskar Bartholome starb am 22.09.1944 in Gräfenroda.

## Bartholomé, Rainer; Waldstraße 60a | *Antikhandel*

*ABB. 38*

Rainer Bartholomé betrieb in einigen Räumen des Hintergebäudes des Landambulatorium sein „Antik-Stübchen". Es war ein An- und Verkauf von antiken Gegenständen, die teilweise auch von ihm selbst restauriert wurden.

## Bartholome, Walter und Horst; Ohrdrufer Straße 62 | *Wohnwagenbau*

**Mit 80 km/h in den Urlaub**

**In Gräfenroda steht die Wiege des billigsten Campinganhängers der DDR**

„Ich bin der Meinung: Jeder dient sich selbst am besten, indem er das Beste für die Gesellschaft leistet". Das sind die Worte von Herrn Walter Bartholome aus Gräfenroda, der zu den Delegierten des kürzlich stattgefundenen Kreisparteitages der NDPD gehörte und Mitglied des Ortsvorstandes Gräfenroda dieser Partei ist. Die eingangs zitierte Meinung ist wahrlich lobenswert. Uns interessierte, was hinter den Worten steckt, und so machten wir uns auf nach Gräfenroda, wo Herr Walter Bartholome seine Werkstatt hat.

Einst entstanden hier Rindenbilder, Reiseerinnerungen, die zwar etwas überholt sind, sich aber auch heute noch bei vielen Menschen großer Beliebtheit erfreuen. Seit einem Jahr aber steht hier die Wiege des billigsten Campinganhängers der DDR. Neben der übrigen Arbeit von Herrn Bartholome und dessen Sohn entwickelt, trägt er heute bereits das Prädikat „Gut" der Kraftfahrzeugtechnischen Anstalt Dresden. Dem ersten Wagen sind indessen 11 weitere gefolgt, und für das kommende Jahr konnte uns Herr Bartholome stolz eine Produktionssteigerung verkünden.

Den 70 Familien, die in 10 derartigen Campingwagen, die die VVB Gummi-Asbest kaufte, in Dranske auf der Insel Rügen frohe Ferientage verlebten, werden also ganz bestimmt weitere folgen.

Die begründete Freude der Schöpfer dieses Wagens besteht darin, daß das Produkt ihrer Arbeit die Feuerprobe auf der Insel Rügen gut bestanden hat.

Viele unserer Leser sind bestimmt daran interessiert, einige technische Daten dieses komplett ausgerüstet die Werkstatt verlassenden Wagens zu erfahren.

Das Fahrwerk erlaubt eine Höchstgeschwindigkeit von 80 km/h und vorgesehen ist der Wagen mit seinen 370 kg Leergewicht, 230 kg Nutzlast, 3,85 m Länge (mit Anhängevorrichtung), 1,68 m Breite und 2,20 m Höhe (1,85 Stehhöhe) für PKW vom Typ Wartburg und Moskwitsch. Das Frontfenster ist voll ausstellbar und weist eine Breite von 1,30 m auf. Selbstverständlich hat der Wagen Schraubenfederung und Teleskop-Stoßdämpfer. Die Liegefläche, 1,95×1,60, bietet einer Familie mit zwei noch nicht erwachsenen Kindern Platz.

Durch geschickte Raumausnutzung kann viel untergebracht werden. Wenn wir vorhin das Wörtchen komplett benutzt haben, so schließt es ein, daß der Wagen mit einer Propangasflasche, Campinggeschirr, Netzanschluß, Schrank und Antenne dem Käufer übergeben wird. Daß bei einer derartigen Werkstattfertigung auch Sonderwünsche Berücksichtigung finden, brauchen wir wohl nicht extra zu erwähnen.

Doch lassen wir zum Schluß Herrn Bartholome noch einmal zu Wort kommen: „Uns macht es Spaß, anderen Menschen durch unsere neue Produktion Freude an einer schönen Erholung zu bereiten. Als Handwerker muß man beweglich sein und ideenreich arbeiten. Dann macht die Arbeit auch Spaß und findet überall die gebührende Anerkennung." —lu—

**Unser Bild zeigt Herrn Bartholome (rechts) und dessen Sohn bei der Fertigstellung eines von ihnen entwickelten Campingwohnwagens. Auch die für dessen Herstellung notwendigen Werkzeuge wurden in der erwähnten Werkstatt geschaffen.**

*ABB. 39*

In den 1950er Jahren begann Walter Bartholome, geb. am 17.05.1807 in Geschwenda und gelernter Dreher, mit der Produktion der sogenannten „Schibbel", der aus Birkenrinde geschnittenen Scheiben, die mit kolorierten Postkarten versehen waren. Verkauft wurden diese Unikate an den Handel, aber auch auf Märkten. Sohn Horst Bartholome, geb. am 25.02.1930 in Gräfenroda und gelernter Werkzeugmacher, war für den technischen Bereich zuständig. Nach dem Auslaufen der Geschäftsidee wurden für kurze Zeit Schienen für Piko-Eisenbahn angefertigt. Da Bartholomes begeisterte Campingfreunde waren, kam die Idee, einen Campingwohnanhänger herzustellen. Dazu legte Horst Bartholome noch seine Prüfung als Karosseriemeister ab.

Anfang der 1970er Jahre ging das Privatunternehmen in eine PGH über und wurde der PGH Wohnkultur, zu der auch die Tischlerei Abendroth gehörte, zugeordnet. Das Unternehmen bestand mit seinen drei weiteren Mitarbeitern bis 1989/90. (Angaben: Andreas Bartholome, Sohn von Horst Bartholome)

## Bartholome, Stade & Co.; Ilmenauer Straße 37 | *Terrakottawarenfabrik*

*ABB. 40*

Im April 1910 stellte die Firma den Bauantrag zur Errichtung einer Terrakottafabrik, der „Gräfenrodaer-Porzellanfabrik-Herrenmühle". Ausschlaggebend für die Genehmigung des Bauvorhabens war die Königliche Eisenbahndirektion. Das Baugelände befand sich in Nähe der Bahnstrecke Gotha-Gräfenroda und ein ordnungsgemäßer Zugang (öffentlicher Weg) war hierzu nicht vorhanden. Wie den Akten zu entnehmen ist, gab es nur einen Zugangsweg über das Gelände der Königlichen Eisenbahn. Im Juni 1910 erteilte dann die Eisenbahndirektion die Nutzung dieses Weges auf Widerruf.

Eine endgültige Genehmigung konnte nur erteilt werden, wenn die Benutzung des Weges dauernd gesichert ist. Daraufhin stellte die Firma Bartholome, Stade & Co. im September 1910 einen neuen Antrag zum Bau einer Porzellanfabrik durch Vergrößerung des bestehenden Schmelzgebäudes. Weiterführende Informationen zum Bauvorhaben konnten den Akten nicht entnommen werden. Hergestellt wurden bei Bartholome, Stade & Co. Haushalt- und Zierporzellan, technisches Porzellan sowie Porzellan mit und ohne Blumenbehang als Gebrauchsluxusporzellan. 1919 wurde die Firma an Reinhold Voigt verkauft. Die Produktionspalette wurde beibehalten. [HGT S. 179 ff.]

## Bauer, Ida; Bahnhofstraße 42 | *Fuhrhalterin*

Ida Bauer hatte ein kleines Fuhrgeschäft mit zwei Beschäftigten. [Adressbuch 1946/47]

## Bauer, Isolde; Am Bahnhof 1 | *Blumen- und Gemüseverkauf*

Isolde Bauer, 1921 geboren, betätigte sich mit der Anzucht von Blumen- und Gemüsepflanzen und dem Verkauf der Erträge aus dem eigenen Garten. Isolde Bauer verstarb im Jahr 1996. (Angaben: Heidrun Viehweg, Tochter von Isolde Bauer)

## Bauhof Heißner; Waldstraße 79

*ABB. 41*

Der Bauhof für Baustoffhandel, Zimmerei und Bauberatung befand sich auf dem Gelände des Sägewerks und Holzhandlung Heißner.

## Baumann; Ilmenauer Straße 61a | *Anlagenconcept GmbH*

Anhängercenter Baumann (nicht mehr existent) [T2009]

## Bauß, Ernst; Waldstraße 18 | *Musiklehrer, Orchesterleiter, Verkaufstellenleiter*

Ernst Bauß wurde am 11.04.1928 in Gräfenroda geboren. Er war vom Beruf Glasmachergehilfe. Sein Interesse für die Musik machte er zu seinem späteren Beruf. Er studierte von 1947 bis 1951 auf dem Konservatorium in Erfurt. Sein Hauptfach war Klarinette, seine Nebenfächer Violine, Saxophon und Schlagzeug. Bis in die 1970er Jahre arbeitete er als Verkaufsstellenleiter im HO Musikhaus Arnstadt. Er gab auch Unterricht zum Erlernen des Spielens auf der Klarinette, dem Saxophon und dem Schlagzeug.

Viele Jahre leitete er das Kinder- und Jugendblasorchester Gräfenroda und führte es zu großen Erfolgen. Aber nicht nur der Musik war er verbunden, sein Interesse galt auch dem Gewichtheben. Auch sozial engagierte sich Ernst Bauß und wurde dafür mit der „Thüringer Rose" geehrt. (Angaben: Waltraut Gebhardt)

*ABB. 42*

*ABB. 43*

## Becher, Emil; Neue Straße 1 | *Glaswarenfabrik*

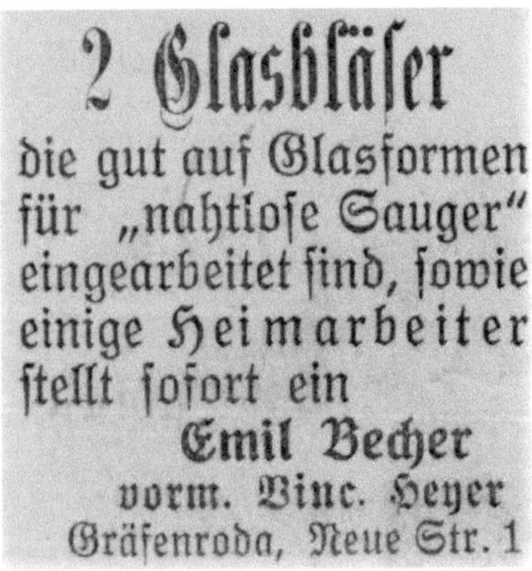

2 Glasbläser
die gut auf Glasformen
für „nahtlose Sauger"
eingearbeitet sind, sowie
einige Heimarbeiter
stellt sofort ein
Emil Becher
vorm. Vinc. Heyer
Gräfenroda, Neue Str. 1

*ABB. 44*

1890 gründete Vincenz Heyer einen kleinen Glaswarenhandel, der sich später zu einer angesehenen Glasinstrumentenfabrik entwickelte. Glasbläser Emil Becher, geboren am 29.10.1882 in Frauenwald, heiratete 1905 Frieda Heyer, die Tochter von Vincenz Heyer, übernahm die Firma und führte diese mit neun Beschäftigten weiter. Er firmierte unter dem Namen „Fa. Emil Becher vorm. Vincenz Heyer". Die Fa. Becher erhielt 1930 den Gebrauchsmustereintrag für nahtlose Gummihandschuhe. Am 01.04.1940 beging die Firma ihr 50jähriges Geschäftsjubiläum. [HG 1940/14 S. 89] Das endgültige Firmenaus war mit dem Stilllegen des Glaswerkes im 1990 verbunden.

Den geehrten Herrn Gastwirten
usw. bringe ich mein Lager in
**Biergläsern**
(Ernstseidel, Münch. Kugelseidel, Tüb. Walzenseidel $^{6}/_{20}$, Schnittgläser u. s. w.,
ferner in Wassergläsern, Limonadenbechern,
Likörgläsern usw. in empfehlende Erinnerung.
Für größere Festlichkeiten evtl. auch Verleih.
**Emil Becher vorm. Vinc. Heyer, Gräfenroda**
Neuestraße 1, nahe Bahnhof Gräfenroda-Ort.

*ABB. 45*

## Beck, Christian Friedrich; Straße nach Liebenstein (Bahnhofstraße 7) | *Buchdruckerei und Fuhrgeschäft*

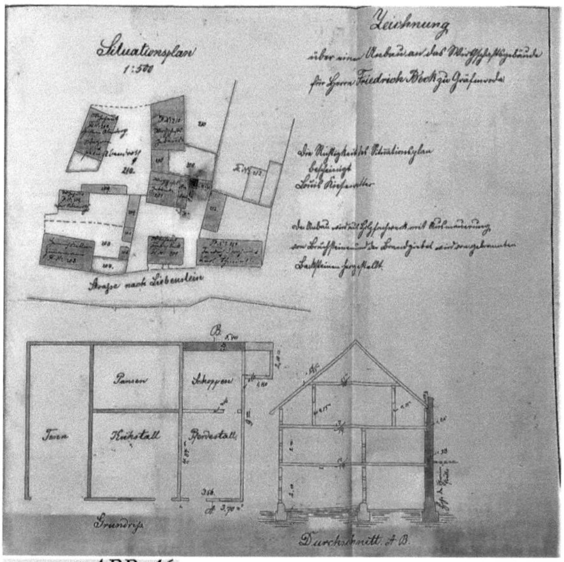


ABB. 46

Christian Friedrich Beck wurde am 17.02.1841 in Gräfenroda geboren. Er gründete im Jahr 1872 die Buchdruckerei. Zudem unterhielt er auch noch ein Fuhrgeschäft. Im Jahr 1887 stellte Beck den Antrag über einen Neubau des Wirtschaftsgebäudes.

## Beck, Emil; Bahnhofstraße 22 / Ohrdrufer Straße 21 | *Geschirrhalter*

Emil Beck wurde am 18.01.1873 als erster Sohn von Christian Friedrich Beck in Gräfenroda geboren. Er war Geschirrhalter und Geschirrführer und übernahm das Fuhrgeschäft von seinem Vater. In den HG 1933/18 S. 143 wird die Silberne Hochzeit von Emil Beck am 03.05.1933 mit seiner Frau Emilie, geb. Heißner, angezeigt. Er wurde im Volksmund auch „dr klene Beck" genannt. Emil Beck starb am 19.04.1944 in Gräfenroda. [Adressbuch 1931/32]

## Beck, Hermann; Bahnhofstraße 7 | *Buchdruckerei, Buch, Papier und Schreibwaren, Rauchwaren*

ABB. 47

Hermann Beck, geb am 05.04.1875, war der zweite Sohn von Christian Friedrich Beck und führte die von seinem Vater gegründete Buchdruckerei weiter. Die gewerbliche Anmeldung der Buchdruckerei auf Hermann Beck erfolgte am 01.02.1905. Im März 1919 erhielt Beck die Genehmigung zum Umbau seines Wohnhauses, in dem sich auch das Ladengeschäft befand. Neben der Buchdruckerei betrieb Hermann Beck noch sein Ladengeschäft für Bücher, Papier und Schreibwaren. Ebenso konnten dort Rauchwaren sowie musikalische Dinge erworben werden. Mit Stand vom 30.04.1952 hatte Beck noch einen Mitarbeiter beschäftigt. Das Unternehmen endete 1962. [Greßler, Schwientek, Siefert, S. 208]

*ABB. 48*

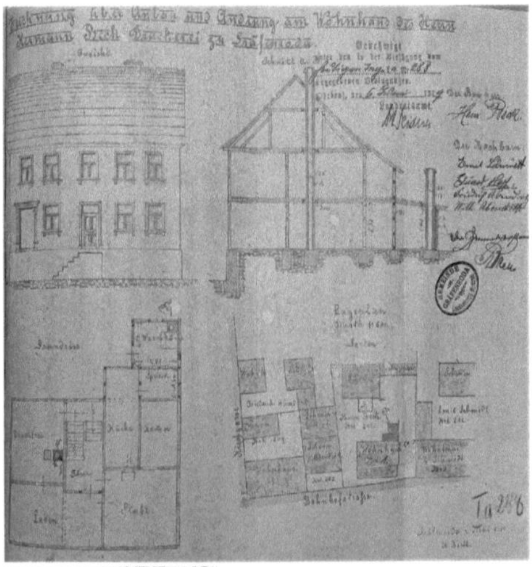

*ABB. 49*

## Beck, Marta und Rudi; Dörrberg 9 | *Gastwirte*

Das Ehepaar Beck hatte am 01.11.1954 das Gasthaus „Zum Dörrberg“ von Lina Kramer übernommen und es bis 1959 betrieben. [H. B.-Heft 12-2018]

## Beck, Rudi; Schillerstraße 26 | *Elektromeister*

Rudi Beck arbeitete als Elektromeister mit im Geschäft von Otto Euchler, übernahm es von ihm und führte es unter „O. Euchler Nachflg. Inh. Rudi Beck Elektrotechnisches Geschäft“, weiter.

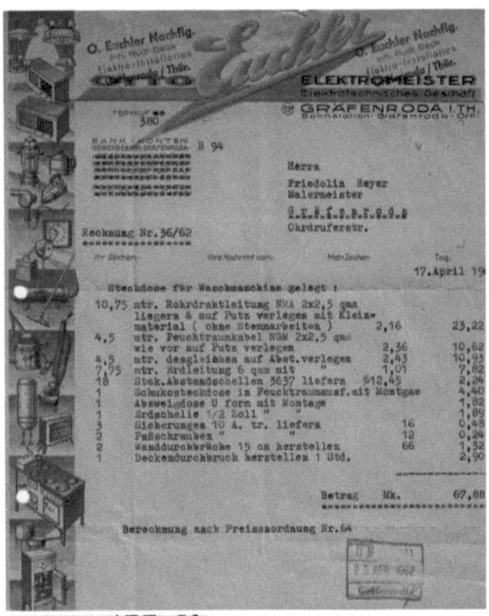
O. Euchler Nachflg.
Elektromeister
Gräfenroda i. Th.
Fernruf 380
B 94

Herrn
Friedolin Beyer
Malermeister
G r ä f e n r o d a
Ohrdruferstr.

Rechnung Nr. 36/62

17. April 19

Steckdose für Waschmaschine gelegt :

| | | | |
|---|---|---|---|
| 10,75 | mtr. Rohrdrahtleitung NHA 2x2,5 qmm liegern & auf Putz verlegen mit Kleinmaterial ( ohne Stemmarbeiten ) | 2,16 | 23,22 |
| 4,5 | mtr. Feuchtraumkabel NGM 2x2,5 qmm wie vor auf Putz verlegen | 2,36 | 10,62 |
| 4,5 | mtr. desgleichen auf Abst.verlegen | 2,43 | 10,93 |
| 7,75 | mtr. Erdleitung 6 qmm mit " | 1,01 | 7,82 |
| 18 | Stck.Abstandschellen 3637 liefern | %12,45 | 2,24 |
| 1 | Schukosteckdose in Feuchtraumausf.mit Montgae | | 4,40 |
| 1 | Abzweigdose U form mit Montage | | 1,82 |
| 1 | Erdschelle 1/2 Zoll " " | | 1,89 |
| 3 | Sicherungen 10 A. tr. liefern | 16 | 0,48 |
| 2 | Paßschrauben " " | 12 | 0,24 |
| 2 | Wanddurchbrüche 15 cm herstellen | 66 | 1,32 |
| 1 | Deckendurchbruch herstellen 1 Std. | | 2,90 |

Betrag Mk. 67,88

Berechnung nach Preisanordnung Nr. 64

*ABB. 50*

*ABB. 51*

## Becker, Adolf; Dörrberg | *Schneidemühlenbesitzer*

Adolf Becker wurde am 03.09.1887 als Sohn der Eltern Friedrich August Becker und Bertha Franziska Heißner und jüngerer Bruder von Emil Becker, in Elgersburg geboren. Er war wie sein Bruder Emil Sägewerksbesitzer in Gräfenroda und später in Kahla. Adolf Becker war Mitbegründer des Firma Gebrüder Becker. Er starb am 10.11.1949 in Kahla. (Angaben: Michael Becker) [Adressbuch 1924/25]

## Becker, Emil; Schwarzbach/Dörrberg | *Schneidemühlenbesitzer*

*ABB. 52*

Emil Friedrich August Becker wurde am 11.05.1884 in Naumburg geboren. Er war Schneidemühlenbesitzer in Schwarzbach und später in Gräfenroda, Dörrberger Hammer. Er übernahm das von Emil V. Heißner gegründete Sägewerk in Schwarzbach, was aus einem Schreiben vom 06.05.1914 an das Landratsamt Ohrdruf aus dem Briefkopf entnommen werden konnte. Er ist Firmengründer des Unternehmens Gebr. Becker.

## Becker, Hanne Lore; Ilmenauer Straße 21/23 | *Kunstgewerbegeschäft*

Hanne Lore Becker, Ehefrau von Gerhard Becker, eröffnete im Jahr 1977 in der Ilmenauer Straße 21/23 ihr Kunstgewerbegeschäft. Nach dem Tod von Hanne Lore Becker im Jahr 1989 übernahm Elke Becker das Geschäft und führte es bis 2005 weiter. 1991 erweiterte sie nicht nur den Geschäftsbereich mit einem Wäschshop, sondern vergrößerte auch das Ladengeschäft durch die Übernahme des Verkaufsraumes der ehemaligen HO-Lebensmittel, der sich nebenan befand (Angaben von Michael Becker, Sohn von Hanne Lore Becker).

## Becker, Max; Dörrberger Hammer | *Sägewerksbesitzer*

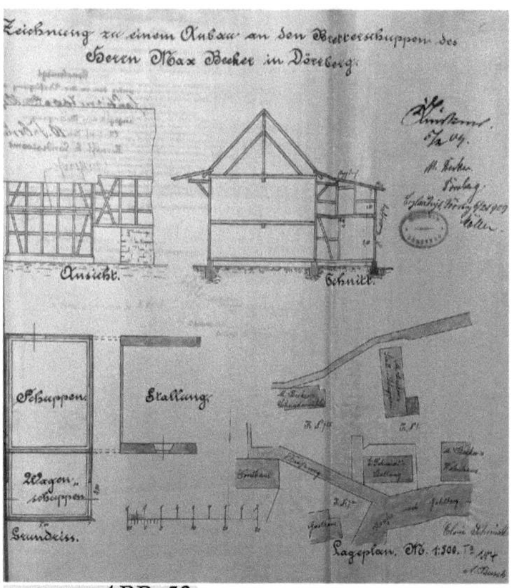


*ABB. 53*

Max Becker kaufte 1905 das auf dem Gelände des Dörrberger Eisenhammers befindliche Sägewerk. Becker stammte aus Langewiesen und stand in verwandtschaftlicher Beziehung mit der Familie Schmidt, die dort eine Restauration betrieb. 1909 beantragte Becker einen Anbau an seinen Bretterschuppen. Max Becker steht in keiner verwandschaftlichen Beziehung zur Familie von Emil und Adolf Becker.

## Becker, Thomas; Ilmenauer Straße 21/23 | *Wolle und Strickwaren*

Thomas Becker unterhielt von 2010 bis 2020 in den Räumen der ehemaligen HO-Verkaufsstelle ein Ladengeschäft für Wolle und Strickwaren. (Angaben: Thomas Becker)

## Becker, Dr. Siegried; Waldstraße 72 | *Hautärztin*

Dr. Siegried Becker übernahm ab 1980 die Stelle der Betriebsärztin in Gräfenroda mit Zuständigkeit für die Betriebe: „Glaswerk, Möbelwerk, Keramik und Tiefbau". Sie behandelte auch vom Landambulatorium vermittelte Patienten mit Hauterkrankungen. Ihre Wirkungszeit endete 1983. [H. B.-Heft 11-2017]

## Becker, Gebr.; Dörrberger Hammer 15 | *Sägewerk und Holzhandel*

*ABB. 54*

Die Geschichte des Familienbetriebes Sägewerk und Holzhandel Becker ist sehr vielfältig, und vielleicht auch deshalb in ihrer Chronologie nicht eindeutig nachvollziehbar. Bei der Sichtung und Auswertung der dazu vorliegenden Unterlagen und Dokumente in den Thüringischen Staatsarchiven Gotha und Rudolstadt und im Gemeindearchiv Gräfenroda sind wir immer wieder auf Widersprüche, besonders zum Zeitpunkt der Firmengründung, gestoßen. Erst nach einem Gespräch mit Michael Becker, Enkel von Firmengründer Emil Becker, und selbst auch langjähriger Leiter des Familienunternehmens, fanden wir, zumindest weitgehend, die fehlenden Informationen.

Friedrich August Becker, geb. am 03.08.1853 in Schönebeck, heiratete 1884 Bertha Franziska Heißner, geb. am 07.06.1863 in Gräfenroda. Friedrich August Becker und seine Frau betrieben das von ihrem Vater Emil Vinzenz Heißner 1846 in Schwarzbach gegründete Sägewerk. Emil Vinzenz Heißner war einer der Söhne von Urahn Elias Christoph Heißner (1755-1845), Besitzer einer Mahlmühle, drei Sägemühlen und zwei Kienrußhütten. Aus der Ehe von Friedrich August Becker und Bertha Franziska Heißner gingen die Söhne Emil Friedrich August Becker, geb. am 11.05.1884 in Naumburg, Friedrich Adolf August Becker, geb. am 03.09.1887 in Elgersburg und Tochter Marie Hermine Dorothee, geb. am 25.12.1885 in Elgersburg, hervor. Emil Friedrich August Becker heiratete 1911 die am 06.06.1890 in Gräfenroda geborene Lina Klara Heißner. Ob Emil Becker bereits vor seiner Hochzeit oder erst danach im väterlichen Unternehmen mit tätig war, konnte nicht ermittelt werden. Ebenso der Zeitraum, in dem sein Bruder Adolf im Betrieb mitarbeitete und am Unternehmen beteiligt war.

Aus den Angaben von Michael Becker ist zu entnehmen, dass Emil seinen Bruder „auszahlte" und nun der alleinige Besitzer des Sägewerks in Schwarzbach war. Die Angabe des Zeitpunktes ist offen. Adolf Becker zog nach Kahla und kaufte dort von dem ausgezahlten Firmenanteil ein Sägewerk. Adolf Becker verstarb am 10.11.1949 in Kahla.

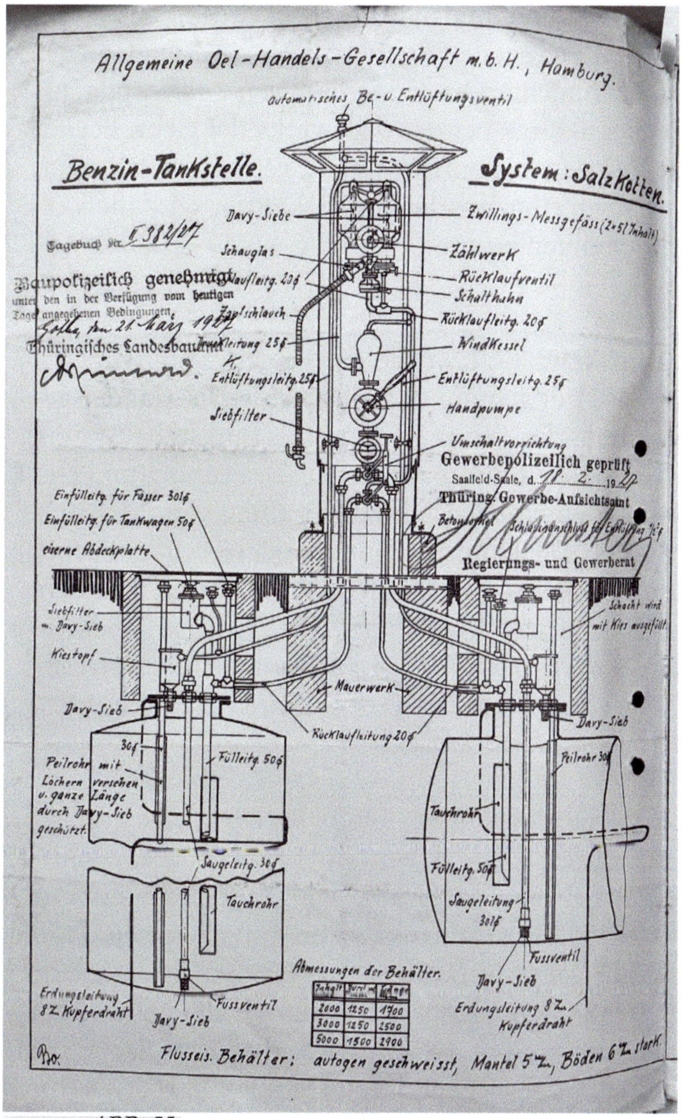


ABB. 55

Im Rahmen unserer Recherchen fanden wir Pläne, dass 1886 Ernst Geiger, Holzwarenfabrikant aus Plaue, den Bau einer Schneidemühlenanlage mit Turbinen- und Wasserradbetrieb im Hammer bei Gräfenroda beim Landratsamt in Ohrdruf beantragte, die Genehmigung erhielt und das Werk baute. Bereits 1890/91 muss Geiger in Konkurs gegangen sein, wie aus dem Schriftverkehr von 1892 zwischen Kantor Lux und dem Konkursverwalter Kaufmann Otto Stößel aus Erfurt, zu entnehmen ist. Max Becker, mit der Famile Emil Becker und Nachfahren nicht verwandt ist, muss 1904/05 das Gelände samt Sägewerk am Dörrberger Hammer erworben haben. In der Chronik von Gräfenroda von 1905 wird dazu wie folgt berichtet: *„Auch die Schneidemühle auf dem Dörrberger Hammer hat in den Händen ihres neuen Besitzers, eines Herrn Becker aus Langewiesen, einen bemerkenswerten Aufschwung genommen ...“*

ABB. 56

Aus einem Schreiben Emil Beckers vom 06.05.1914 an das Landratsamt Ohrdruf, ist aus dem Briefkopf zu entnehmen, dass er die Nachfolge von Emil Vinzenz Heißner antrat. Daher ist es schlüssig, wenn das Gründungsjahr 1846 in den nun folgenden Firmenbögen erscheint. Das Schriftstück lässt auch vermuten, dass Emil Becker in Schwarzbach noch eine Schneidemühle betrieb.

Im Staatsarchiv Rudolstadt sind wir auf den Eintrag gestoßen, dass im Jahr 1920 unter „Gebr. Becker-Sägewerk mit Holzhandlung“ der Kaufmann Emil Becker, Kulturingenieur Adolf Becker und Fräulein Gertrud Becker, das Unternehmen gegründet und unter der vorgenannten Bezeichnung firmiert haben. Wiederum kann nur vermutet werden, dass Emil Becker das Firmengelände samt Einrichtung von Max Becker erworben hat. Ob Emil Becker bis zu diesem Zeitpunkt die Schneidemühle in Schwarzbach noch betrieben hat, ist unklar.

Zumal in der Chronik von Gräfenroda vom Jahr 1905 berichtet wird, dass in der unbewohnten Schneidemühle des Schneidemühlenbesitzers Emil Heißner in Schwarzbach ein Schadenfeuer die gesamte innere Einrichtung zerstörte. Aus Dokumenten im Ortsarchiv von Gräfenroda aus dem Jahr 1933 ist zu entnehmen, dass Emil Becker als Inhaber des Sägewerks der Gebr. Becker genannt wird, und dessen Betriebsführer war. Wiederum können wir nur vermuten, dass Emil seinen Bruder Adolf 1920 erneut in das Unternehmen eingebunden hat. Bekräftigt wird die Vermutung dadurch, dass Adolf Becker als Schneidemühlenbesitzer, Dörrberg, bis 1932 in den Adressbüchern geführt wird.

Wie verlief nun die technische Entwicklung? Im März 1921 wurde der Bauantrag zur Errichtung eines Dampfmaschinenhauses eingereicht. 1927 errichtete die Allgemeine Oel-Handelsgesellschaft m.b.H. Hamburg auf dem Betriebsgelände der Firma Becker eine Tankstelle System Salzkotten mit 2 Tanks von je 3000 l Fassungsvermögen. Die baupolizeiliche Prüfung und Genehmigung war im Februar 1927. Mit der Bescheinigung der Dichtheitsprüfung vom Mai 1927 konnte die Tankanlage in Betrieb genommen werden. Die Unternehmungen der Gebrüder Becker betrafen aber nicht nur das Holzhandwerk. Im Heimatmuseum Ingersleben fanden wir in dem „Heimat-Glocken-Gemeindeblatt für Apfelstedt“ folgende Mitteilung. *„Die Ziegelei in Neudietendorf, die seit mehr als einem Jahr stillgelegen hatte, wurde im September 1931 von den Gebrüdern Becker bei einer Zwangsversteigerung für den niedrigen Preis von 11.000 Mk übernommen. Das Werk wird wieder in Betrieb gesetzt, so daß wieder eine Anzahl arbeitswilliger Menschen dort ihr Brot finden können.“*

Anläßlich der Betriebsmaifeier 1938, zu der Betriebsführer Emil Becker seine Arbeiter mit Frauen eingeladen hatte, händigte dieser den Arbeitern Kraußer und Schrickel für 10 Jahre Betriebszugehörigkeit eine Lebensversicherung als Auszeichnung aus (HG 1938/19 S. 154). Emil Becker starb am 30.04.1952 in Gräfenroda. Von nun an lag die Führung der Firma in den Händen von Sohn Gerhard Becker. Mit Datum vom 18.06.1957 erfolgte eine Erweiterung des Tätigkeitsfeldes. Infolge der Engpässe im Transportwesen für die heimischen Firmen, wie Glas- und Möbelwerk, Keramik und für die Gebr. Frank, wurde die Firma Sägewerk Becker damit beauftragt und firmierte fortan unter „Gebr. Becker Sägewerk und Fuhrbetrieb für Güternahwarenverkehr“. In den 1970er Jahren wurde das Unternehmen erst halbstaatlich, 1972 erfolgte die Verstaatlichung. Ab diesem Zeitpunkt leitete Armin Schuchardt, der bereits seit 1946 dort Angestellter war, den Betrieb bis 1990. Er kannte ihn „von der Pieke“ auf, da bereits Emil Becker sein Lehrmeister war. Nach 1990 wurde die Firma wieder reprivatisiert und Enkelsohn Michael Becker übernahm bereits Ende 1989, in Abstimmung mit dem Wirtschaftsrat, die Leitung des Unternehmens bis 2002. Ab jenem Jahr ist Michaels Sohn Mathias, Urenkel des Firmengründers Emil Becker, Geschäftsführer des inzwischen 177 Jahre bestehenden Unternehmens, firmiert unter dem Namen „Holzhandel Becker“, und setzt somit gewissermaßen die Familientradition im Holzhandwerk am Dörrberger Hammer fort. [HGT S. 26 ff.]

## BHG; Bahnhofstraße | *Bäuerliche Handelsgenossenschaft*

Die Wurzeln der BHG gehen auf die Mitte des 19. Jahrhunderts von Friedrich Wilhelm Raiffeisen und Hermann Schulze-Delitsch gegründeten ersten Vereinen zur gegenseitigen Unterstützung zurück. Im Rahmen der Gleichschaltung im Jahr 1930 wurde ihre Dachorganisation, „Reichsverband deutscher landwirtschaftlicher Genossenschaften“, mit den gesamten Mitgliedern und den Revisionsverbänden zwangsweise in den Reichsnährstand eingegliedert.

Die Gründung der BHG beruht auf dem Befehl Nr. 146 vom 20.11.1945 der Sowjetischen Militäradministration Deutschland. Somit war es in der Sowjetischen Besatzungs Zone (SBZ) möglich, dass sich landwirtschaftliche Genossenschaften wieder neu gründen und ihre selbständigeTätigkeit aufnehmen konnten. Die BHG wiederum entstanden aus den ländlichen Genossenschaften der damaligen SBZ. Ihre Hauptaufgabe bestand vorrangig in der Versorgung der Landbevölkerung, landwirtschaftlicher Betriebe und der Einzelbauern mit Waren des ländlichen und gärtnerischen Bedarfs und deren Produktionsmittel dafür. Wann in Gräfenroda die Gründung erfolgte, konnte nicht ermittelt werden. Die Verkaufs- und Lagerräume befanden sich in einem Gebäudeteil auf dem Gelände des Gaswerkes. Hier konnten u. a. Saatgut, Düngemittel, Därme für die Hausschlachtung und Güter für den landwirtschaftlichen Bedarf auf Deputat- oder Bezugsscheine erworben werden. [Quelle: BHG]

ABB. 57

## Bendel, Rudolf; Gartenstraße 14 / Bahnhofstraße 134 | *Bücherrevisor*

ABB. 58

Rudolf Bendel wurde am 17.07.1890 in München geboren. Er erlernte den Beruf eines Bücherrevisors und erhielt die Zulassung als Steuerhelfer. Wann er nach Gräfenroda gezogen ist, konnte nicht genau ermittelt werden. Erstmals ist sein Name im Einwohnerverzeichnis von 1937 genannt. Es ist zu vermuten, dass der Umzug nach seiner Hochzeit mit Berta Schmied am 21.08.1934 erfolgte. Den ersten Wohnsitz hatte die Familie in der Gartenstraße 14. Es erfolgte später der Umzug in die Bahnhofstraße 134.

ABB. 59

ABB. 60

## Bendler, Albert; Waldstraße 98 | *Revierförster*

ABB. 61

Albert Bendler wurde am 01.07.1908 in Tulpeniken/Ostpreußen geboren. Er erlernte den Beruf eines Försters und legte später noch die Prüfung zum Forstingenieur ab. Von 1946 bis 1964 war er als Revierförster in Gräfenroda tätig und zuständig für den Bereich *Waldsberg.* Albert Bendler verstarb am 31.05.1992. (Angaben: Waltraud Fischer, Tochter von Albert Bendler)

## Benzler, Wilhelm; Schillerstraße 32 | *Kaufmann*

ABB. 62

Wilhelm Benzler wurde am 21.02.1908 in Greifenhagen geboren. Er erlernte den Beruf eines Kaufmanns. Die gewerbliche Anmeldung des Kolonialwarengeschäfts in Gräfenroda erfolgte am 07.01.1935. Er führte das Geschäft mit zwei Beschäftigten in den Verkaufsräumen der Niederlassung der Fa.Thams & Garfs Hamburg.

ABB. 63

Willhelm Bendler betrieb u. a. Kleinhandel mit Branntwein in festverschlossenen Flaschen sowie Lebensmittel und Waren des täglichen Bedarfs. Die Verkaufsräume wurden nach Geschäftsaufgabe vom DLK Arnstadt als Annahmestelle genutzt. 1991 bis 1995 eröffnete und betrieb Inge Heissner, Eigentümerin des Hauses, den Imbiss „Holzfällergrill“. Danach erfolgte der Umbau der Räume zu Wohnungen.

## Berger, Birgitt; Waldstraße 10 (obere Etage der „Wald-Apotheke“) | *Gemeindeschwester*

Birgitt Berger war von 1986-1991 als Gemeindeschwester tätig und ab 1991 Mitarbeiterin in der neugegründeten Sozialstation. [H. B.-Heft 11-2017]

## Bergmann, Otto; Neue Straße 5 | *Metalldreher*

ABB. 64

Otto Bergmann wurde am 04.02.1905 in Zella-Mehlis geboren. Er erlernte den Beruf eines Metalldrehers und war selbstständig tätig. Am 12.11.1940 erfolgte der Umzug der Familie von Zella-Mehlis nach Gräfenroda in die Neue Straße 5. Nach dem Krieg eröffnete er auf seinem Grundstück eine Metalldreherei und hatte sieben Beschäftigte. [Adressbuch 1946/47]

## Bernhardt, Paul und Marie; Südstraße 4 | *Kolonialwaren*

ABB. 65

Paul Bernhardt wurde am 09.11.1904 in Liebenstein geboren. Er erlernte den Beruf eines Bankbeamten und war durch Umzug nach Gräfenroda, Hintergasse, für die Gemeindekassierung verantwortlich. 1929 heiratete er Marie Frank, geboren am 16.09.1906 in Gräfenroda, und zog zu seiner Frau in die Südstraße 4. Er eröffnete im eigenen Haus einen kleinen Kolonialwarenladen. Seine Ehefrau Marie war Verkäuferin im häuslichen Geschäft, und Tochter Ruth half auch schon mit. (Angaben: Christel Risse, Enkelin von Paul und Marie Bernhardt)

## Berufsschule; Bahnhofstraße 28

Die Berufsschule war vormals Gewerbeschule unter Leitung von Lehrer Bratsch. Nach 1945 bis Anfang der 1960er Jahre nutzte die POS Gräfenroda die Klassenräume. Später zog die AWO in die Räumlichkeiten der unteren Etage ein. Auch die Ortsbibliothek unter Leitung von Gabriele Günther war dort untergebracht. Heute wird das Haus ausschliesslich zu Wohnzwecken genutzt.

## Beuge, Detlef und Petra; Waldstraße 100 | *Gastwirte*

Das Wirtsehepaar übernahm in 2004 als Pächter diese Gaststätte, ihren dazugehörigen gemütlichen „Biergarten“ mit Schattenspendenden Buchen, sowie einem so genannten Musik-Pavillon, und hat sie bis Ende des Jahres 2017 betrieben. Dieses altehrwürdige Gasthaus blickte bis zu seiner Schließung, durch Eintritt in den Ruhestand von Petra Beuge, auf eine über 280jährige Geschichte zurück. Neben dem allgemeinen Gaststättenbetrieb wurden nicht nur private Ehrentage begangen, sondern auch vielfältige Veranstaltungen zur Ortsgeschichte Gräfenrodas geboten. Dort wurde bspw. im März 2015 die erste Geselligkeit des Ortes zum 725. Jubiläum der Ersterwähnung Gräfenroda ausgerichtet. Alle kulturellen Angebote erfreuten sich großer Beliebtheit bei den Einwohnern und Gästen. Heute ist das Terrain in Privatbesitz von Familie Friedrich und Christine Fischer. (Angaben: Rotraut Greßler) [H. B.-Heft 12-2018]

## Biedermann, Claudia; Bahnhofstraße 14 | *Hebamme*

Von 2008 bis 2016 war dort die Hebammengemeinschaftspraxis „Bauchgefühl“ mit Simone Melzer-Lutz. Nach der Trennung von Simone Melzer-Lutz eröffnete Claudia Biedermann 2017 ihre Praxis in Geschwenda. [H. B.-Heft 11-2017]

## Bode, Florentin | *Händler, Kaufmann*

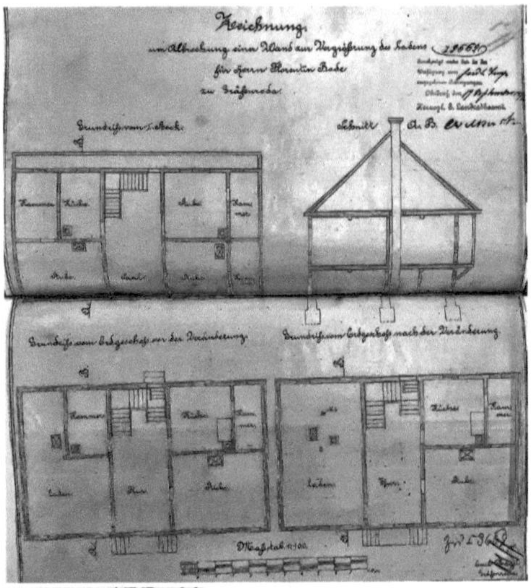

ABB. 66

1892 beantragte Bode die Vergrößerung seines Ladens durch Herausbrechen einer Wand. Aus den gesichteten Unterlagen ist leider nicht erkenntlich, wo sich das Ladengeschäft befand.

## Böhme, Esther; Waldstraße 122 | *christliche Bücher, Schreibwaren*

Esther Böhme betrieb im eigenen Wohnhaus ein kleines Ladengeschäft für Schreibwaren und christliche Bücher.

## Böhme, Siegfried; Ilmenauer Straße 26a - Ecke Neue Straße | *KfZ- und Autolackiermeister*

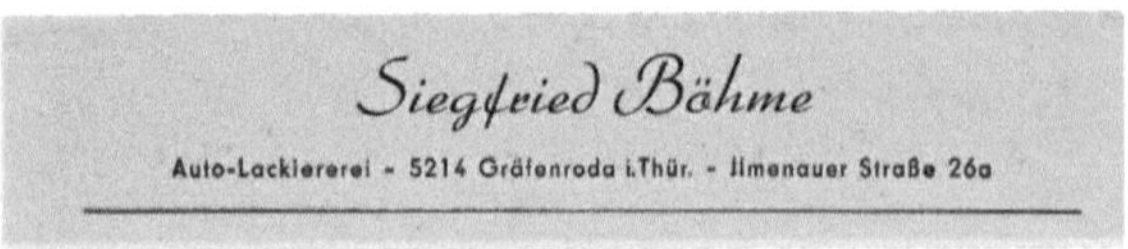


ABB. 67

Siegfried Böhme eröffnete 1985 im Hintergebäude auf dem Gelände des Zimmermeisters Georg Heinemann eine Werkstatt für Auto- und Karosserielackierung. Er betrieb mit drei weiteren Angestellten bis 2001 dieses Unternehmen.

## Böhme, Walter; Waldstraße 72 | *Physiotherapeut*

Walter Böhme arbeitete ab 1971 bis ... als Physiotherapeut im Landambulatorium Gräfenroda. [H. B.-Heft 11-2017]

## Bonazza, Artur; Ohrdrufer Straße | *Glasbläser, Gastwirt*

ABB. 68

Artur Bonazza wurde am 13.04.1900 in der ehemaligen Gemeinde Haßlinghausen, einen von sechs Stadtbezirken der Stadt Sprockhövel, geboren. Nach dem Tod seines Vaters Dominiko im Jahr 1914, zog seine Mutter Hermine, geb Fischer, 1916 mit ihm und seinen beiden Geschwistern Anna und Emil wieder nach Gräfenroda. Zuerst ins elterliche Wohnhaus in der Ohrdrufer Straße 19 und dann in die Ohrdrufer Straße 46 zu Hertam. Hier ging er in die Glasbläserlehre. Arbeit und Anstellung in dieser Zeit waren rar. Er machte sich mit seinem Bruder Emil selbstständig. In der Ohrdrufer Straße eröffneten beide 1935 ihre „Chem., phys., medizin. und chirurgische Glasinstrumenten-Fabrik".

ABB. 69

Die gemeinsame Zusammenarbeit war, wirtschaftlich bedingt, nur von kurzer Dauer. So folgte er im Jahr 1936 der Aufforderung seines Bruders Josef, nach Stuttgart zu kommen, um beim Brückenbau zu arbeiten. Hier muss er sich zum Schachtmeister qualifiziert haben. Er kehrte wieder nach Gäfenroda zurück. 1946 zog Artur mit seiner Familie nach Stützerbach. Hier übernahm er die dortige Bahnhofsgaststätte.

Im fortgeschrittenen Alter verzog die Fam. Artur Bonazza nach Meiningen, wo er am 31.12.1971 starb. Das Bild ABB. 68 zeigt Artur Bonazza mit seiner Frau Ella und Tochter Margot. (Angaben: Lisa Melzer, geb. Bonazza, Nichte von Artur Bonazza)

## Bonazza, Clara; Schillerstraße 2 | *Damenschneiderin*

Clara Bonazza, geborene Marx, Ehefrau von Paul Bonazza, wurde am 20.04.1886 in Ohrdruf geboren. Sie erlernte den Beruf einer Schneiderin. In dieser Tätigkeit gab sie auch Unterricht im Schneiderhandwerk. (Angaben: Lisa Melzer, geb. Bonazza, Nichte von Paul Bonazza)

## Bonazza, Emil; Schulstraße 2 | *Glasbläser, Gastwirt*

ABB. 70

Emil Bonazza war das jüngste Kind von Dominiko und Hermine Bonazza. Er wurde am 18.03.1902 in Haßlinghausen geboren. Nachdem die Familie 1916 nach Gräfenroda gezogen war (s. Bonazza, Artur), erlernte Emil bei Otto Nagel das Glasbläserhandwerk. Das übte er bis 1935 in verschiedenen Unternehmen aus, u. a. bei der Fa. Hertam. Im Jahr 1935 machten sich Emil und sein Bruder Artur in der Ohrdrufer Straße mit der Gründung und Eröffnung ihrer „Chem., phys., medizin. und chirurgische Glasinstrumenten-Fabrik" selbsständig. Die gemeinsame Arbeit dauerte auf Grund der wirtschaftlichen Situation nicht allzu lang. Emil suchte und fand Arbeit zuerst im Glaswerk Gräfenroda, dann ging er nach Altenburg in einen „Thermosbetrieb".

Es folgte eine weitere Station in Coburg bei der „Fa. Böhme und Hennes". Auch er kam 1936, wie sein Bruder Artur, dem Vorschlag seines Bruders Josefs nach, in Stuttgart zu arbeiten. Die Beschäftigung in Stuttgart, aus welchem Grund auch immer, war nur von kurzer Dauer.

Emil kehrte nach Gräfenroda zurück. Es gab eine Zeit der Zusammenarbeit mit Wilhelm Gnesetti, sowie Arbeit bei Otto Riege. Danach gab er seinen Beruf als Glasbläser endgültig auf. Zum 01.01.1937 übernahm er die Gaststätte am Bahnhof Ort vom vorherigen Betreiber Karl Ehrhardt. Die Gaststätte führte er mit Unterstützung seiner Mutter Hermine sowie mit seiner Schwester Margarete (Grete) Bonazza. Während seines Wehrdienstes und der Kriegsgefangenschaft führte Mutter Hermine den Gaststättenbetrieb allein. Nach Wehrdienst und Kriegsgefangenschaft übernahm Emil wieder die Gaststättenleitung. Gemeinsam mit seiner späteren Frau Klara Eschrich, geb. Beyer, führte er den Gaststättenbetrieb bis zu seinem Ruhestand im Jahr 1978. Emil Bonazza starb am 13.08.2002 in Gräfenroda im Alter von 100 Jahren. (Angabe: Lisa Melzer, geb. Bonazza, Tochter von Emil Bonazza) [H. B.-Heft 12-2018, GAGR]

## Bonazza, Josef | *Baufachmann*

ABB. 71

ABB. 72

Josef Bonazza wurde am 04.04.1889 in Wimmelburg geboren. Er war der zweitgeborene Sohn von Dominiko und Hermine Bonazza, geb. Fischer. Mit Kriegsbeginn 1914 wurde er eingezogen. Nach Kriegsende verschlug es ihn in den Schwarzwald. Dort fand er Arbeit bei einem ehemaligen Kriegskameraden, in dessen Restaurant er arbeitete. Er schulte um zum Baufachmann. Durch seine neue Tätigkeit verschlug es ihn nach Stuttgart zum Autobahn- und Brückenbau. Er soll dort eine leitende Stellung gehabt haben. Die Familie wurde nicht vergessen. In den 1920er Jahren kam er mehrmals nach Gräfenroda. Er unterstützte seinen Bruder Paul bei dessen Tätigkeit als Filmvorführer auf dem *Felsenkeller*. Damit erklärt sich auch die ABB. 72 der Anzeige „Direktion: Josef Bonazza". Ein eigenes Kino hatte er nie besessen und betrieben. Josef Bonazza starb 1947 in Stuttgart. (Angaben: Lisa Melzer, geb. Bonazza, Nichte von Josef Bonazza)

## Bonazza, Paul; „Felsenkeller" / Schillerstraße 2 | *Kinobesitzer (Gräfenrodaer Lichtspiele)*

Paul Bonazza wurde am 11.07.1885 in Wimmelburg bei Eisleben geboren. Sein Vater Dominiko war dort beim Straßen- und Tunnelbau beschäftigt. Es erfolgte der Umzug der Familie nach

Gennebeck und Haßlinghausen. Hier betrieb Paul ein Gemüsegeschäft und in Wuppertal ein Obst- und Südfrüchtegeschäft. Seine jüngere Schwester Anna, geb. am 09.10.1890, half ihm als Verkäuferin. Mit Anmeldedatum 01.10.1917 kam Paul mit Familie nach Gräfenroda. Er erwarb einen kinomatographischen Apparat und begann mit der Vorführung von Filmen. Die ersten Vorführungen in Gräfenroda waren auf dem *Felsenkeller.* Es ging auch „über Land", um anderswo Filme vorzuführen. Paul Bonazza wurde so der Inhaber der Gräfenrodaer Lichtspiele „Zentral-Theater". Er stellte im Juli 1923 den Antrag zum Neubau eines Lichtspieltheaters mit Vorführung in der Schillerstraße 2 in Gräfenroda. Nach Fertigstellung der Baumaßnahme eröffnete Bonazza am 26.05.1927 (Himmelfahrtstag) sein neues Kino unter dem Namen „Gräfenrodaer Lichtspiele Zentral-Theater" Er bewarb sich um den Erhalt einer Schankkonzession für alkoholfreie Getränke. Im November 1928 erhielt er diese durch das Kreisamt Arnstadt. Bonazza war Mitglied im *Thüringer Waldverein.* Nach Ende des Zweiten Weltkrieges erfolgte die Enteignung seines Wohnhauses und seines Kinos. Auf eigene intensive Bemühungen, bis in die höchsten Kreise des Staatsapparates der Sowjetischen Besatzungzone in Deutschland, erhielt er zumindest sein Wohnhaus wieder zurück. Paul Bonazza starb am 28.09.1957 in Gräfenroda.

In den 1960er Jahren wurde das Gebäude als Turnhalle für die POS Gräfenroda umgebaut und genutzt. 2001 erfolgte ein erneuter Umbau zu einer Kegelanlage mit zwei Bahnen. Das Bild ABB. 74, aus dem Jahr 1907/08, zeigt die Familie Dominiko Bonazza vor Pauls Ladengeschäft. In der ersten Reihe von links: Sohn Emil (stehend), Mutter Hermine (sitzend), Tochter Anna (stehend), Vater Dominiko (sitzend), Sohn Artur (stehend). In der hinteren Reihe von links: Sohn Paul und Sohn Josef. (Angaben: Lisa Melzer, geb. Bonazza)

ABB. 73

ABB. 74

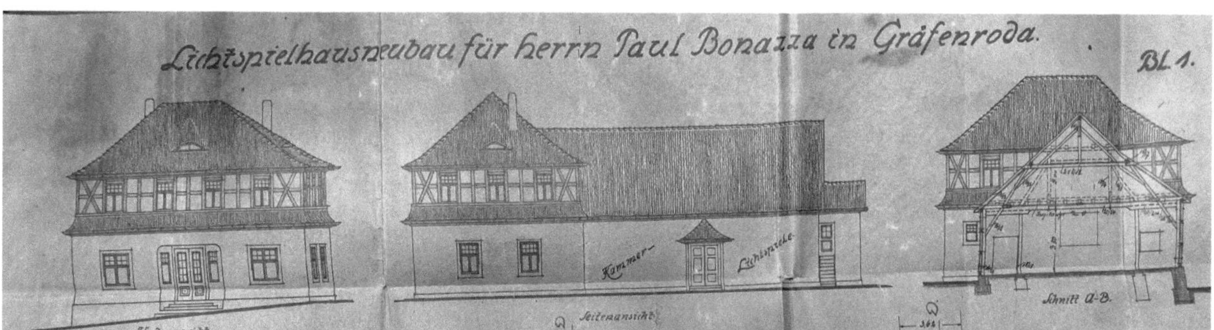


ABB. 75

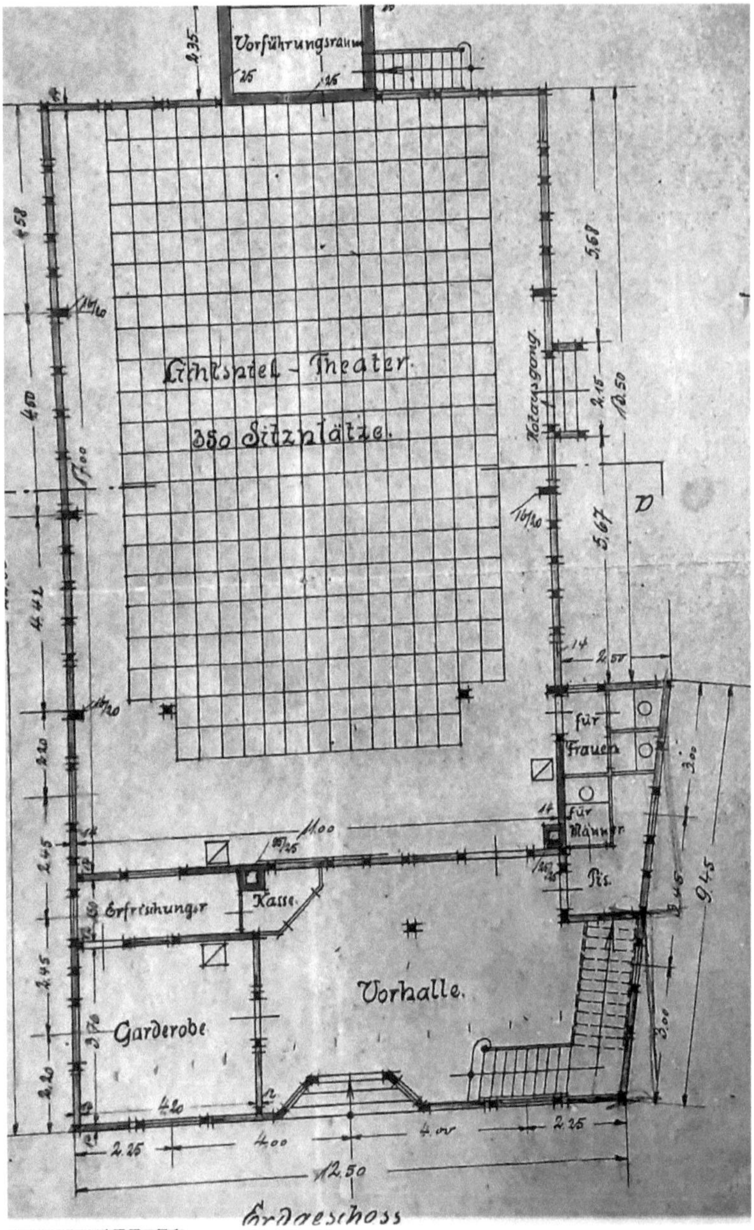
Vorführungsraum
Lichtspiel-Theater
350 Sitzplätze
Notausgang
für Frauen
für Männer
Pis.
Erfrischungen
Kasse
Vorhalle
Garderobe

ABB. 76

ABB. 77

## Bönitsch, Dr. med. Karl; Bahnhofstraße 7 | *prakt. Arzt und Reichsbahnarzt*

ABB. 78

Dr. Bönitsch praktizierte im „Ernst Kühnsche Haus“ in der Bahnhofstraße, umgangssprachlich auch „Doktorsrand“ genannt. Seine Wirkungszeit in Gräfenroda war von 1918 bis 1935. Dr. Bonitsch verstarb am 20.10.1936 in Gräfenroda. Das so genannte „Ernst Kühnsche Haus“ wurde nach dem Jahr 2000 abgerissen. [H. B.-Heft 11-2017]

## Bornkessel, K(C)urt; Am Kirchholz 92/20 | *Kaufmann*

Curt Bornkessel war Gesellschafter der Fa. Bornkessel AG. [Adressbuch 1931/32; HGT S. 113]

## Bornkessel, Paul; Am Kirchholz 92/20 | *Fabrikant*

ABB. 79

Paul Bornkessel betrieb eine Glasbläserei. Er war ab 1924 Geschäftsführer der „Syringia GmbH“, die ihren Sitz in Gräfenroda hatte. [HGT S. 113] Die Firma wurde im Jahr 1932 von Gebrüder Messing übernommen ( s. a. Messing, Karl u. Ernst).

## Böttner, Jana; Ilmenauer Straße 6 | *Fußpflege*

ABB. 80

ABB. 81

Jana Böttner meldete 1993 ihr Gewerbe für Fußpflege und Massage mit Verkauf von Pflegeprodukten an. Zudem übernahm sie auch als Inhaberin das Schreibwarengeschäft mit Zeitschriften und Lottoannahmestelle ihres Mannes. Sie erweiterte das Angebot mit dem Verkauf von Spielwaren. Nach Schließung des Schreibwarengeschäfts gibt es nur noch den Fußpflegesalon. [H. B.-Heft 11-2017]

## Böttner, Jürgen; Waldstraße 78 | *Bezirksschornsteinfegermeister*

Jürgen Böttner wurde am 16.07.1848 in Gräfenroda geboren. Er erlernte den Beruf eines Schornsteinfegers und war später als Bezirksschornsteinfegermeister tätig.

## Böttner, W.

Beschäftigungsmaterial für Kindergarten [GAGR]

## Böttner, Uli; Ilmenauer Straße 6 | *Zeitschriftenhandel*

*ABB. 82*

Uli Böttner war der Inhaber des Zeitschriften, Lotto- und Schreibwarengeschäftes. Der Verkauf erfolgte anfänglich durch seine Frau Jana. Nach seiner Geschäftsaufgabe übernahm es seine Frau.

## Bracke, Dr. med. Peter; Waldstraße 72 | *Zahnarzt*

1982 übernahm er die neugeschaffene zweite Zahnarztstelle im damaligen Landambulatorium. Nach 1990 eröffnete er seine eigene Praxis, nun im „Ärztehaus“. Zum Jahresende 2019 schloss er altersbedingt die Praxis, die Dipl. Stomatologe Harald Wolski übernahm. [H. B.-Heft 11-2017]

## Brackmann, Marian; Bahnhofstraße 68 | *Maschinenpark*

*ABB. 83*

Das Wohnhaus befindet sich in der Gartenstraße 30. Die Geschäftsstelle, Bahnhofstraße 68, ist das Gelände des ehemaligen VEB Tiefbau Gräfenroda.

## Braun, Max; Südstraße 11 - Ecke Gartenstraße | *Fleischermeister, Hausschlachtung*

Max Braun wurde am 04.05.1885 in Prozegel geboren. Am 22.02.1904 meldete sich der Fleischergeselle von Dietharz kommend in Gräfenroda an. Wann und wo er seine Meisterprüfung ablegte, konnten wir nicht ermitteln. 1914 heiratete er Friedericke Heißner, geb. am 13.12.1888 in Gräfenroda; sie wohnte in der Südstraße 11. In diesem späteren gemeinsamen Wohnhaus befanden sich obendrein das Verkaufsgeschäft und das Schlachthaus mit Räucherei sowie das Kühlhaus. Dort konnten auch bei der Jagd erlegte Tiere zur Kühlung aufbewahrt werden.

Bevor er als Fleischermeister tätig wurde, war er Verwalter der Kantine in der „Wilhelmshütte". Er bewarb sich 1926 um die Pacht für den Gasthof Waldsberg. Im Juni 1939 feierte Max Braun mit seiner Frau Friedericke das Fest der Silbernen Hochzeit. [Adressbuch 1945/25]

ABB. 84

## Bräunlich, Ernst | *Buchdrucker*

Ernst Bräunlich übernahm im Oktober die am 15.03.1888 in Gräfenroda, vermutlich von Franz Engelhardt gegründete Buchdruckerei. 1892 verkaufte er diese und zog nach Gera. Er war Werkmeister in der Firma seines Schwagers Alfred Rotzsche und arbeitete dort 38 Jahre lang, beliebt und geehrt bei seinen Arbeitskameraden. 1938 feierte Bräunlich in Gera, Elisenstraße 15, seinen 80. Geburtstag in körperlicher und geistiger Frische. [HG 1938/45 S. 358]

## Breitenstein, Günter, Gudrun; Ilmenauer Straße 15 | *Elektrowarenfachgeschäft*

Am 12.04.1990 eröffneten Günter Breitenstein und seine Frau Gudrun, geb. Lange, im großelterlichen Haus von ihr, ehemals Carl Gutjahr, ihr Elektrowarenfachgeschäft. Günter Breitenstein war in der Elektrofirma Lange beschäftigt und Gudrun Breitenstein, Pächterin, war für den Verkauf der Elektroartikel zuständig. Nach Geschäftsaufgabe 1997 pachtete Mario Reuter die Geschäftsräume und führte den Elektrowarenverkauf weiter (s. Reuter, Mario). (Angaben: Gudrun Breitenstein)

## Brell, Emil; Friedrichstraße 28 | *Versicherungsvertreter*

Emil Brell, geb. am 01.10.1877 in Gräfenroda, erlernte den Beruf eines Versicherungsvertreters. Er war lange Zeit im Gemeinderat von Gräfenroda tätig und später 1. Beigeordneter der Gemeinde Gräfenroda. Im Jahr 1919 wurde er zum Bürgermeister gewählt. Unter seiner Leitung erfolgte der Zusammenschluss der beiden Gemeinden Gräfenroda und Dörrberg. [Ehrhardt, Gran, Greßler, 2019]

## Brell, Emma; Friedrichstraße 28 | *Schneiderin*

Emma Brell, geborene Kießling, wurde am 07.04.1902 in Gräfenroda geboren. Sie heiratete 1928 August Brell, Sohn von Emil Brell, und zog in die Friedrichstraße. In ihrem Wohnhaus betrieb sie eine kleine Schneiderei. [GAGR]

## Brell, Hermann; Horst-Wessel-Straße / Bahnhofstraße | *Sägewerk und Zimmerei*

Zimmermeister Hermann Brell, geb. am 23.01.1867 in Gräfenroda, betrieb eine Schneidemühle und ein Sägewerk mit Wasserantrieb. Nach seinem Tod am 07.08.1946 wurde Sohn Ernst Brell, geb. am 05.05.1903, gelernter Schneidemüller, mit der Betriebsfortführung unter der Firmierung „Sägewerk" beauftragt. Die Abmeldung ders Betriebes erfolgte am 01.01.1952 durch Karl und Ernst Brell (Söhne von Hermann Brell). [HGT S. 41]

## Brell, Hermann; Ilmenauer Straße 34 | *Zimmermeister*

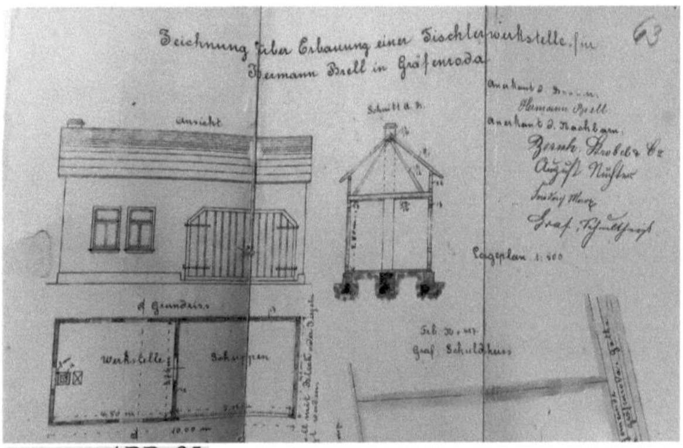

*ABB. 85*

Hermann Brell wurde am 23.01.1867 in Gräfenroda geboren. Er erlernte den Beruf eines Zimmermanns und legt seine Meisterprüfung ab. Er beantragte und erhielt im Juni 1905 die Genehmigung zur Errichtung einer eigenen Tischlerwerkstelle. Im November 1905 teilte er dem Landratsamt Ohrdruf mit, dass der Bau abgenommen werden kann.

## Brell, Wilhelm; Friedrichstraße 12 | *Holzarbeiter, Fabrikant*

Am 24. Januar 1941 verschied unerwartet unser langjähriger Mitinhaber und Arbeitskamerad

**Herr Wilhelm Brell**

im Alter von noch nicht ganz 66 Jahren.

Seine kameradschaftliche und offene Art hat zwischen ihm und uns enge Bande geschlungen, die auch der Tod nicht löst.

Seine Schaffensfreude, Treue und sein Pflichtgefühl sollen uns stets Ansporn sein.

Wir werden ihn nie vergessen!

**Betriebsführung und Gefolgschaft der Fa. C. A. Graf & Söhne K.-G.**

*ABB. 86*

Wilhelm Brell, geb. am 20.02.1875 in Gräfenroda, war einer der Gesellschafter der Genossenschaft Graf & Söhne und Mitarbeiter in dieser Firma bis zu seinem Tod. Brell starb am 24. 01.1941 nach kurzer schwerer Krankheit.

## Breuer Johanna; Schillerstraße 24 | *Kranzbinderei*

Johanna Breuer betrieb das Kranzbinden zu Hause als Nebenerwerbstätigkeit.

## Breuer, Dr. med. Johannes Emil (Hans); Friedrichstraße 28 (Wohnhaus) | *prakt. Arzt*

*ABB. 87*

Dr. Breuer kam am 22.04.1913 nach dem Wegzug von Dr. Neumeister nach Gräfenroda und ließ sich hier als praktischer Arzt nieder. Gleichzeitig übernahm er auch die weitere Ausbildung der von Dr. Neumeister gegründeten Sanitätskolonne. Seine Wirkungszeit in Gräfenroda endete im August 1914 mit den freiwilligen Eintritt in den Kriegsdienst. Breuer interessierte sich aber auch sehr für Musik.

Er war 1901 Mitbegründer der Wandervogelbewegung Berlin-Steglitz und wurde 1907 Führer des „Wandervogel Deutscher Bund für Jugendwandern". Im Jahr 1909 gab Breuer sein Buch „Der Zupfgeigenhansl" heraus, ein Liederbuch, das in der deutschen Jugendbewegung und im Fortgang in der Jugendmusikbewegung weite Verbreitung fand. Hans Breuer ist im April 1918 in Frankreich gefallen. An seinem ehemaligen Wohnhaus in der heutigen Goethestraße 28 weist eine Gedenktafel auf sein Wirken hin. [Greßler, Ehrhardt, Amtsblatt Nr. 23/2023; H. B.-Heft 11-2017]

## Brömel, Carl; Dörrberg | *Milchgeschäft*

Geschäfts-Eröffnung.

Ich mache der werten Einwohnerschaft hiermit bekannt, daß ich Sonntag, den 12. Februar d. J. ein

Milch-Geschäft

eröffne und liefere das Liter Vollmilch zu 30 Pfg. frei Haus.

Trotz des niedrigen Preises garantiere ich für reine Qualität.

Ich bitte die werte Einwohnerschaft von Gräfenroda mein junges Unternehmen gütigst unterstützen zu wollen und es wird mein Bestreben sein, die Wünsche aller zufrieden zu stellen.

Hochachtungsvoll

Carl Brömel, Gräfenroda-Dörrberg.

*ABB. 88*

Carl Brömel eröffnete am 12.02.1928 im Ortsteil Dörrberg in seinem Wohnhaus ein Milchgeschäft.

## Brömel, Remo; Ilmenauer Straße 28 | *Sanitär, Heizung, Bauklempnerei*

*ABB. 89*

Remo Brömel hat am 01.06.1990 sein Geschäft in der Ilmenauerstraße 28 eröffnet. Er ist als Gas- und Wasserinstallateurmeister sowie als Zentralheizungs- und Lüftungsbaumeister mit einem Beschäftigten tätig.

## Brömel; Wasserschlösschen | *Glasbläser*

Herstellung von Medizinglas; 1 Beschäftigter [HGT S. 118]

## Brückner, Carl; Dörrberg | *Forstmeister*

*ABB. 90*

Carl Brückner wurde am 21.12.1858 in Georgenthal geboren. Er war von 1889 bis 1920 Verwalter des Dörrberger Forstreviers. Dem Ersuchen an die gothaische Landesregierung, die alte Raubfeste auf der Alteburg ausgraben zu dürfen, wurde ihm genehmigt. Unter seiner Leitung wurde von 1905-1908 die noch bestehenden Reste der Burg freigelegt. Brückner starb am 04.03.1932 in Dörrberg.

Grabinschrift: Hier ruht der Forstmeister Carl Brückner geb. 21. Dezember 1858 zu Georgenthal gest. 4. März 1932 zu Dörrberg.
Von 1889 bis 1920 Verwalter des Dörrberger Reviers.

## Brückner, Hermann; Bahnhofstraße 46d, 47, 66 | *Sattler*

*ABB. 91*

Hermann Brückner wurde am 15.09.1901 in Elgersburg geboren. Er erlernte den Beruf eines Sattlers. Die Tätigkeiten von Hermann Brückner waren die Herstellung und Reparatur von Sattler- und Polsterwaren. Er vertrieb auch Sportartikel wie Ski- und Skistöcke und fertigte Fußbälle u. ä. an.

## Brückner, Manfred; Waldstraße 1 | *Reisebüro*

Manfred Brückner eröffnete 1989/90 das erste Reisebüro in Gräfenroda. Die Reisebuchungen (in erster Zeit vorwiegend Tages-oder Kurzreisen mit dem Bus in die BRD) erfolgten in der Waldstraße 24, in der zum Büro eingerichteten Garage. Ein erster Umzug erfolgte in die Waldstraße 32 und dann, bis zur Geschäftsaufgabe, in die Waldstraße 1. Heute befindet sich dort die Geschäftsstelle der „TUI TRAVEL Star Reiseteam Ilmkreis".

*ABB. 92*

## Brückner, Emma; Anspielgasse II/8 | *Rohproduktengeschäft, Altwarenhändlerin*

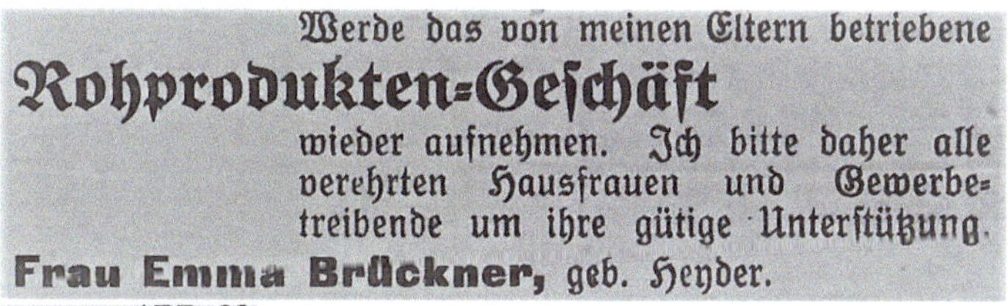
Werde das von meinen Eltern betriebene
**Rohprodukten-Geschäft**
wieder aufnehmen. Ich bitte daher alle verehrten Hausfrauen und Gewerbetreibende um ihre gütige Unterstützung.
**Frau Emma Brückner,** geb. Heyder.

*ABB. 93*

Emma Brückner, geb Heyder, wurde am 27.12.1901 in Gräfenroda geboren. Sie übernahm das von ihren Eltern, Ernst und Karoline Heyder, geb. Heißner, betriebene Rohproduktgeschäft und führte es weiter. Die gewerbliche Anmeldung hierzu war am 01.07.1935.

## Brühl, Eduard; Neue Straße 11 | *Flaschenbierhandlung*

Eduard Brühl war Tischler im VEB Möbelwerk. Die Flaschenbierhandlung wurde im Nebenerwerb betrieben und fand im Keller des Wohnhauses unter Mithilfe der Kinder statt. Der Verkauf erfolgte ausschließlich mit Suhler Bier. Bevor der Verkauf stattfinden konnte, wurde das im Faß bei Hedwig Strobel (Bierstrobel) angelieferte Bier in Flaschen abgefüllt. Die Kinder von Eduard Brühl holten dann mittels eines Handwagens die georderte Menge zum Außerhausverkauf ab. (Angaben: Rolf Brühl, Sohn von Eduard Brühl)

## Brunner, Gerhard; Waldstraße 10 | *Apotheker*

*ABB. 94*

Landespharmazierat Gerhard Brunner ist seit dem Jahr 1999 Eigentümer der „Wald-Apotheke". Die vorherige Eigentümerin war Elfriede Strümpfel.
[H. B.-Heft 11-2017; HGT S. 200-205]

## Brünninghaus, Dr. Walter; Neue Straße 13 (Am Wasserschlößchen) | *Zahnarzt*

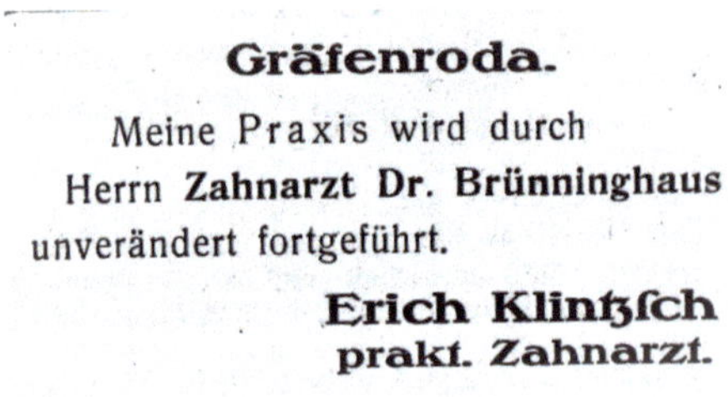
**Gräfenroda.**
Meine Praxis wird durch
Herrn **Zahnarzt Dr. Brünninghaus**
unverändert fortgeführt.
**Erich Klintzsch**
**prakt. Zahnarzt.**

*ABB. 95*

Dr. Brünninghaus übernahm von 1939-1940 die Vertretung des zum Wehrdienst einberufenen Zahnarztes Dr. Klintzsch. [H. B.-Heft 11-2017]

## Büchner Paul; Ohrdrufer Straße | *Handlungsgehilfe*

[Adressbuch 1924/25]

## Buhr, Wolfgang; Kirchholz; Ohrdrufer Straße 7 | *Autowäsche, Ford Autohaus*

Die Selbstständigkeit von Wolfgang Buhr begann am 01.10.1987 mit der Anmeldung seines Gewerbes zum Betreiben eines Kfz-Wasch- und Pflegedienstes auf seinem Grundstück im Kirchholz. Ab 1992 erweiterte er seinen Geschäftsbereich mit der Eröffnung einer Ford-Vertretung. 1996 eröffnete er in der Ohrdrufersraße 7, auf dem Gelände der abgebrannten Gastwirtschaft „Eschrichs Gasthof“ das Autohaus Buhr, Ford-Vertretung, mit Kfz-Reparaturwerkstatt. 2003 übergab Buhr die Geschäftsführung an seine Tochter Jana, die das Unternehmen bis zur Schließung im Jahr 2005, weiterführte. (Angaben: Wolfgang Buhr)

*ABB. 96*

*ABB. 97*

## Busch, Mario; Hirtenwiese 16 | *Forstunternehmen und Brennholzhandel*

*ABB. 98*

Mario Busch absolvierte nach der Schule eine Ausbildung zum Tischler mit der Fachrichtung Fensterbau. Von 1996 bis 2008 diente er als Zeitsoldat bei der Bundeswehr. Dort machte er 2006 eine weitere Ausbildung zum Bürokaufmann und von 2007 bis 2009 absolvierte er ein Studium zum Techniker für Hochbau. Dem schloss er ein weiteres Studium bis 2010 zum Techniker für Altbausanierung und Denkmalpflege an. Ab 01.10.2006 eröffnete er seinen Brennholzhandel. 2011 erweiterte er sein Unternehmensfeld mit Arbeiten im Forstbereich mit den Hauptaufgaben Seilkranarbeiten, Rücken von Holz und Holztransport. Seit 2023 befindet sich sein Holz- und Firmenplatz auf dem Gelände des Gewerbegebietes „An der Glashütte". Er ist Alleinunternehmer. (Angaben: Ivonn Busch, Ehefrau von Mario Busch)

## Buse & Buse; Ilmenauer Straße 25 | *Versicherung*

Buse & Buse Allianz

*ABB. 99*

Buse & Buse ist eine Versicherung der Allianzgruppe. Die Agentur übernahm die Nachfolge der Allianz Hauptvertretung Giradot.

## Bussemer, Ernst; Neue Straße 16 | *Gemüsehandlung*

Ernst Bussemer führte die vormals von Ernst und Elfriede Greßler betriebene Gemüsehandlung weiter.

## Buttlers, Elise | *Hebamme*

Wirkungszeit in Gräfenroda von 1903 bis 1906. [H. B.-Heft 11-2017]

# C

## Cafe; Alte Lache 1 | *Waldcafe „Alte Lache“*

*ABB. 100*

Das Waldcafe „Alte Lache“ wurde 1974 eröffnet. Bis zur Schließung im Jahr 2008 wurde die Gaststätte wie folgt geleitet: Wolfgang Buhr 1974-1980, Harry Thomasch 1980-1989, Frank Fiebig mit Ehefrau 1989-1990, 1990 (kurzzeitig) Karl Heyer. Danach wurde das Objekt den FSV Gräfenroda übereignet. Nach Leerstand übernahmen Edeltraut und Rolf Johannsen bis 2004 die Gaststättenleitung. Ab 2005 übernahm Steffen Heyder bis 2008 dieses Objekt parallel zu seiner Pension Biker- und Sportlerherberge. Heute befinden sich in den Räumen des ehemaligen Cafes eine Aussenstelle des Kindergartens Gräfenrodas. [H. B.-Heft 12-2016]

## Carl Kellner & Comp.; Ilmenauer Straße | *Ziegeleibesitzer*

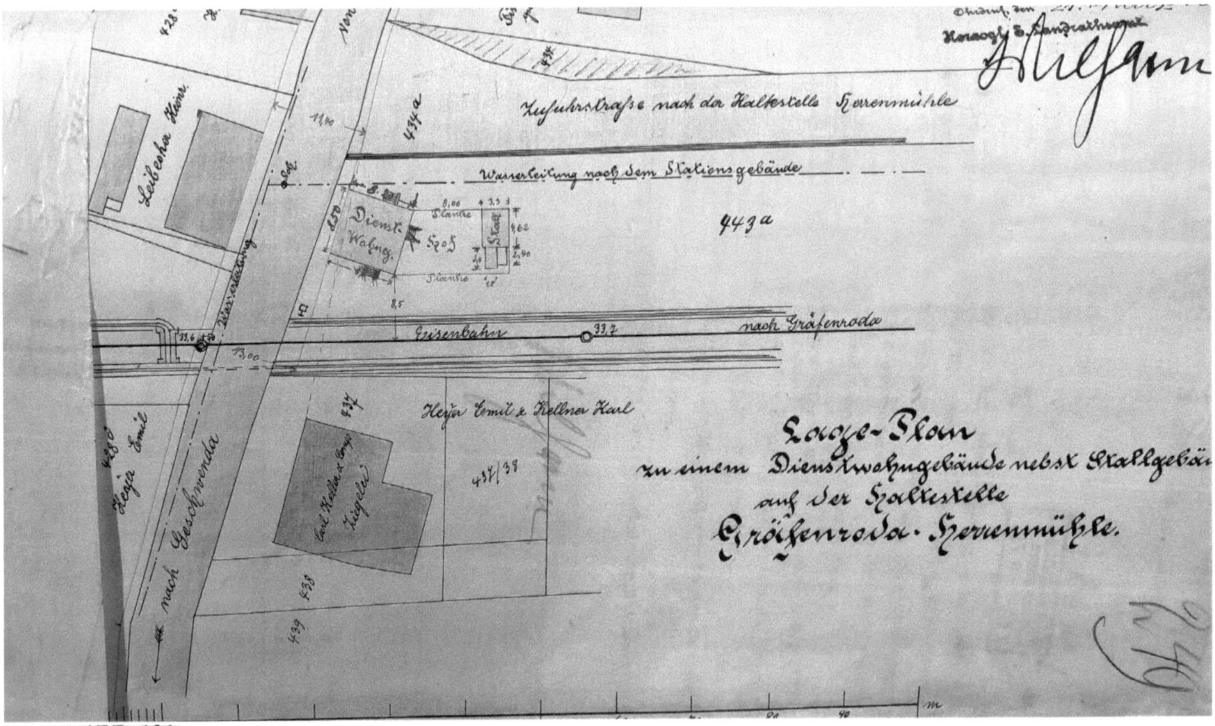


*ABB. 101*

Zu Carl Kellner & Comp. haben wir bei der Aktensichtung lediglich den Hinweis auf die Lage des Gebäudes (Wohn- und/oder Fabrikgebäude) erhalten. Dem Lageplan nach, ist es das spätere Grundstück und Gebäude von Alfred und Robert Frank.

## Carl Nüchter, Romeiß & Comp.; Geschwendaer Straße | *Tonwarenfabrik*

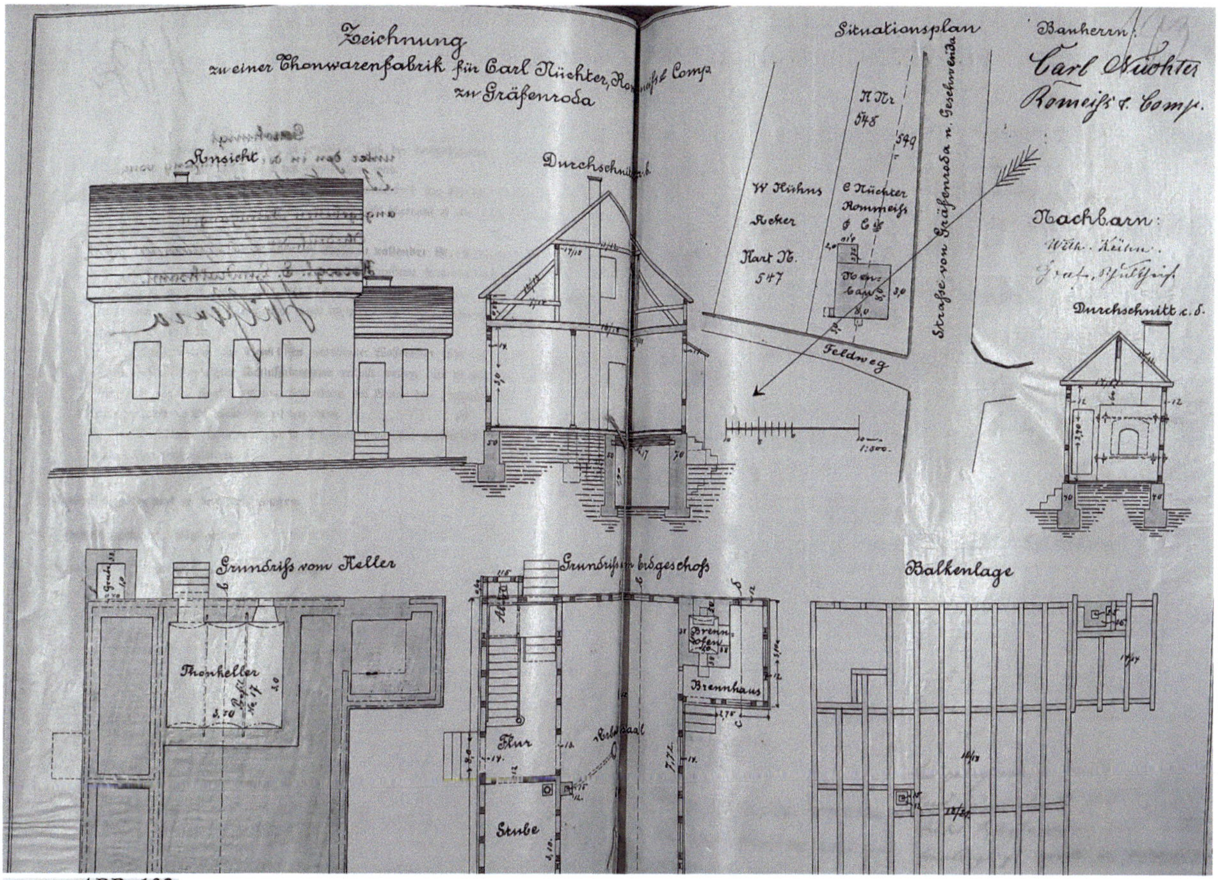


ABB. 102

Nach Antragstellung erhielten Carl Nüchter, Romeiß & Comp. im September 1901 die baupolizeiliche Genehmigung zum Bau einer Tonwarenfabrik in der heutigen Ilmenauerstraße. Die Baumaßnahme muss 1902 abgeschlossen sein, denn ein Schreiben vom Landratsamt Ohrdruf vom 10.04.1902 besagt, dass das Fabrikgebäude ohne Genehmigung in Benutzung genommen wurde. [HGT S. 152]

## Carstens, C. (Christian) & E. (Ernst); Waldstraße 1 | *Steingut- und Porzellanfabrik (Keramik)*

C. & E. Carstens war die Zweigniederlassung von 1922-1949 in Gräfenroda, der in Neuhaldensleben bestehenden Hauptniederlassung der Steingut und Porzellanfabrik. [HGT S. 169 ff.]

ABB. 103

Amalie Catterfeld, Witwe von Wilhelm Catterfeld, reichte im April 1914 Zeichnungen zum Bau eines Motorraumes und Aufstellung eines 1-2 PS Gasmotors ein. Sie muss also das Unternehmen ihres Mannes als Mühlenbauer weiter fortgeführt haben. Den Bauzeichnungen nach, diente der Motor als Antrieb für eine Schleiferei. (s. a. Catterfeld, Wilhelm)

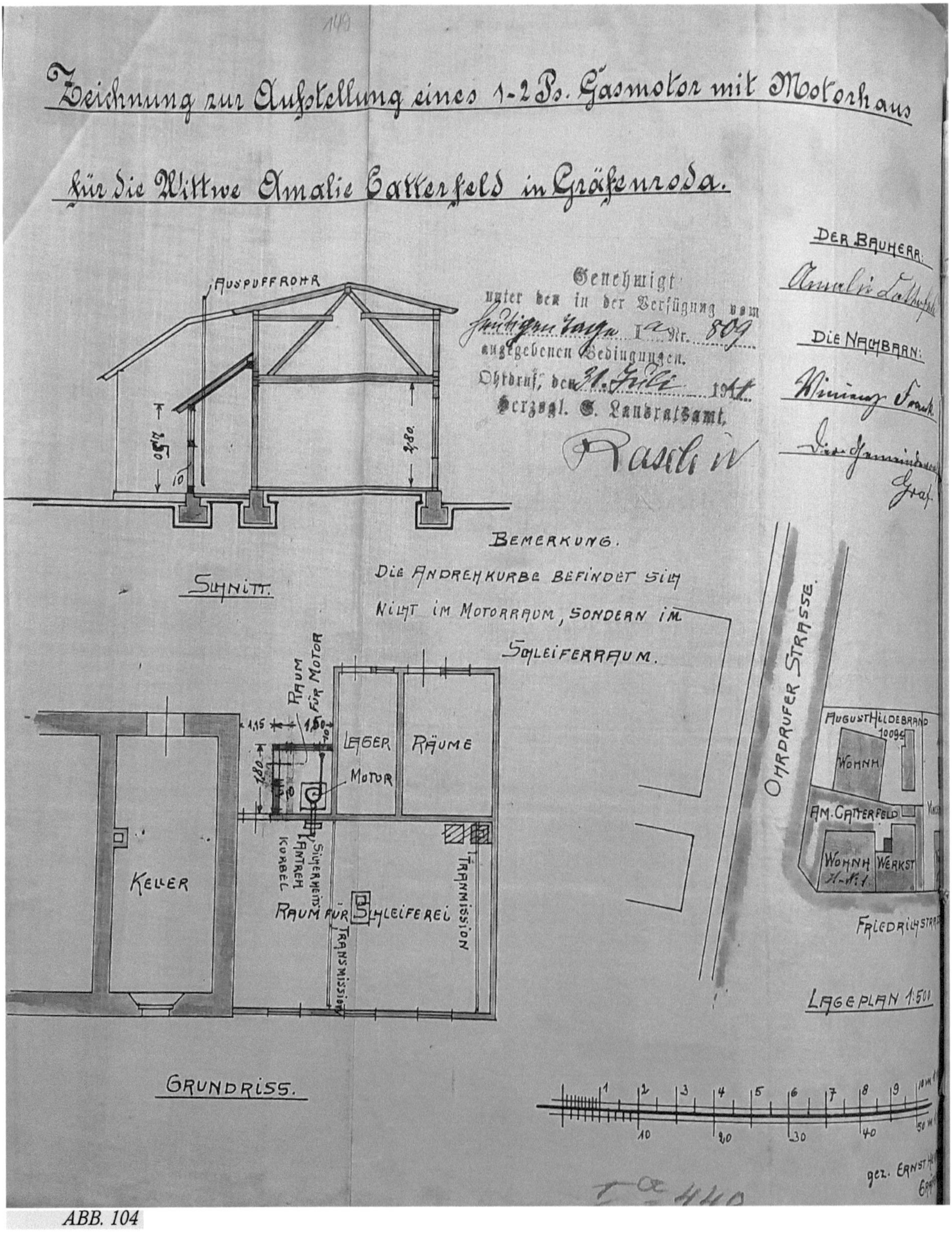


ABB. 104

## Catterfeld, Ernst; Waldstraße 14 | *Glasbläser*

*ABB. 105*

Ernst Catterfeld, geb. am 26.06.1897 in Gräfenroda, war von Beruf Glasbläser. Er betrieb eine Präzisionswerkstätte für Glas. Unter der Nummer 1451199 erhielt er 1938 den Gebrauchsmusterschutz für Büretten-Mischmensur. [HG 1938/52 S. 418]

## Catterfeld, Hermann; Ohrdrufer Straße 23 / Waldstraße 20 / Siedlung 1 | *Schneider*

Hermann Catterfeld wurde am 27.05.1895 in Gräfenroda geboren. Seinen Wohnsitze hatte er bis 1937/38 in der Ohrdrufer Straße 23, bei Gustav Großmann; danach in der Waldstraße 62 und am 01.03.1939 zog er mit Familie in die Siedlung 1. [Adressbuch 1937; GAGR]

## Catterfeld, Olli; Lindenplatz | *Tabakwaren und Spirituosen*

Olli Catterfeld führte das Geschäft von Fritz Kümmerling weiter. (s. a. Kümmerling, Fritz)

## Catterfeld, Wilhelm Friedrich Heinrich Louis; Schulstraße/Ohrdrufer Straße 78/ Friedrichstraße 1 | *Maschinenbauer, Mühlenbauer*

Wilhelm Catterfeld wurde am 23.02.1856 im Dorf Lütsche geboren. Er war der Sohn des Lütscheschultheiß Ernst Catterfeld. Am 15.04.1877 heiratete er in Gräfenroda Amalie Friedericke Stößel, geb. am 04.01.1856 in Gräfenroda. Im Stadt- und Kreisarchiv Arnstadt, im Heiratsbuch von Gräfenroda, ist die Trauung dokumentiert. Catterfeld war vom Beruf Maschinenbauer und hatte seinen ersten Wohnsitz in der Schulstraße. 1894 beantragte er den Bau einer Schlosserwerkstatt auf seinem Grundstück. Im Oktober 1910 stellte er als Mühlenbauer den Bauantrag zur Errichtung einer Werkstatt auf seinem Grundstück in der Friedrichstraße. Es muss also einen Umzug und Grundstückwechsel gegeben haben. Welche Art Mühlen Catterfeld herstellte, ist nicht vermerkt. Es ist aber anzunehmen, dass es sich um kleinere Mahlmühlen für Getreide, Öl o. ä. mit Handantrieb handelte. In einer Nachtragszeichnung wurde das Gebäude nochmals verändert und so auch gebaut, wie es heute noch Bestand hat. Erbauer des Wohnhauses in der Friedrichstraße 1 war Heinrich Gressler. (s. Gressler, Heinrich, Band 2)

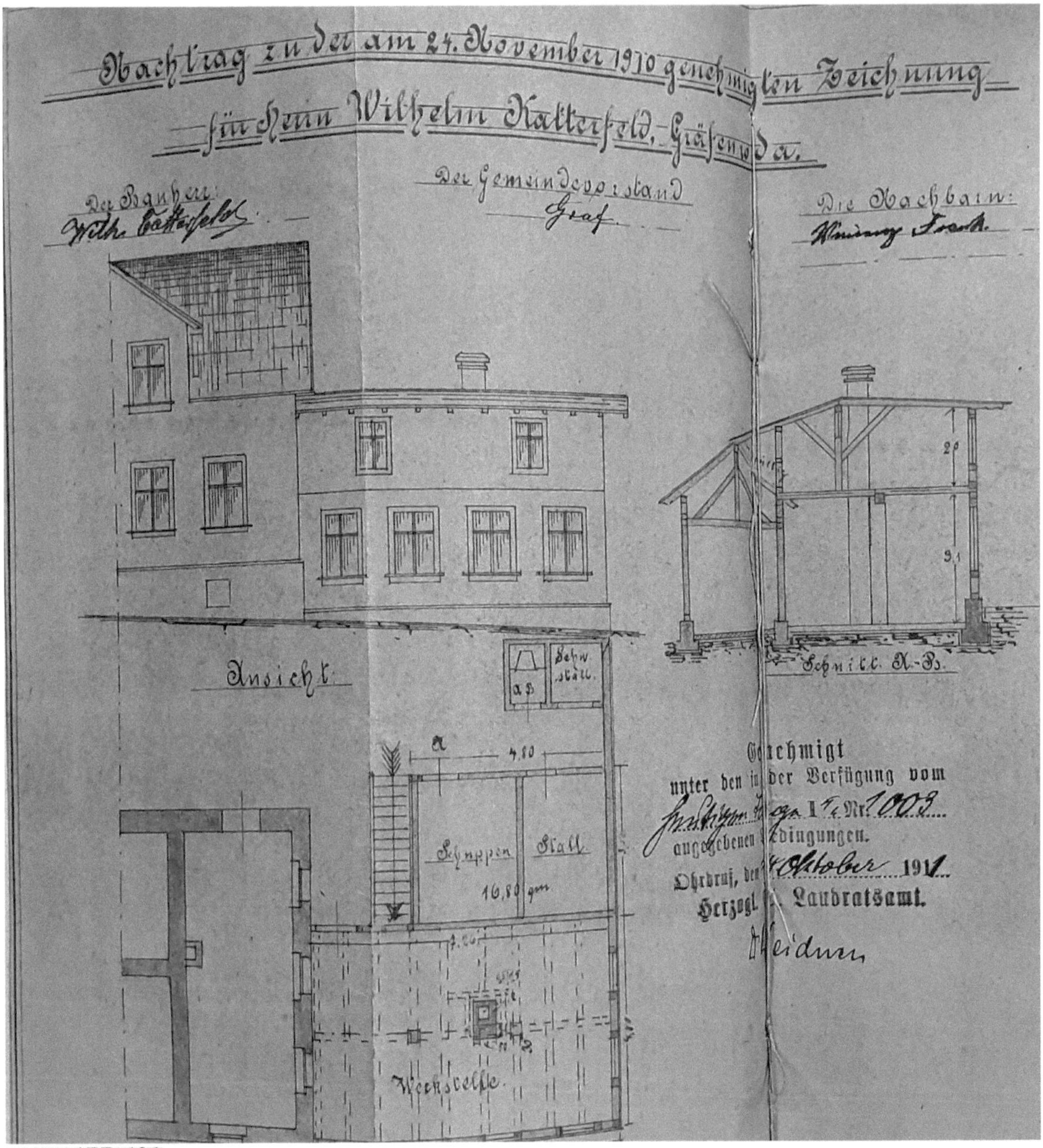


*ABB. 106*

## Consumverein e.G.m.b.H.; Waldstraße, Plan 92 | *Genossenschaft im Einzelhandel mit beschränkter Haftpflicht*

Der Consumverein, spätere Schreibweise auch mit „K", ist eine besondere Form der Genossenschaft im Einzelhandel. In Gräfenroda gründete sich dieser Verein im Jahr 1877. Die wesentliche Aufgabe besteht darin, Nahrungs- und Genußmittel und Waren des täglichen Bedarfs zu beschaffen und zu verkaufen. Die Gründung eines solchen Vereins basierte auf der Initiative von Verbrauchern, Gewerkvereinen und Sozialreformern aus bürgerlichen Kreisen. Ziel dabei war, die Lebenshaltung durch günstigere Warenversorgung zu verbessern. Im Dezember 1912 reichte der Verein Bauunterlagen zur Prüfung und Genehmigung für den Bau eines Wohn- und Geschäftshauses mit Ladengeschäft und Lager in der Waldstraße ein. Im März 1913 ist der Rohbau zur Abnahme bereit und zum 01.07.1913 soll die Eröffnung der Verkaufsstelle erfolgen, so die Mitteilung an das Landratsamt.

Zum 01.04.1924 stellte der Consumverein den Bauantrag zur Errichtung einer eigenen Bäckerei. Karl Griebel war 1931-33 Vorsitzender des Aufsichtsrates. Bis in die 1970/80er Jahre war dieses Gebäude Konsumverkaufsstelle.

ABB. 107

ABB. 109

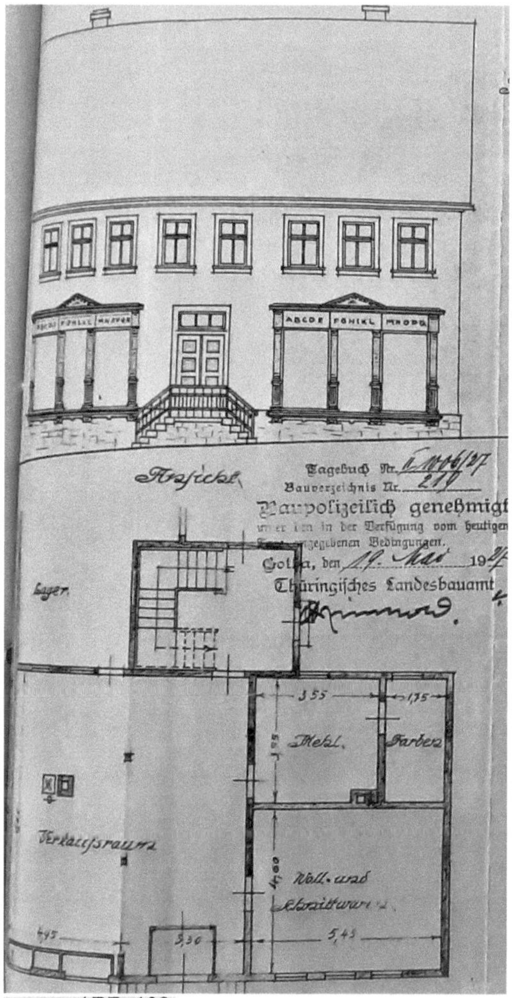

ABB. 108

## Cornelius, Dr. med. Evelyn; Waldstraße 10 (eigene Praxis) | *FA für Arbeitsmedizin, praktische Ärztin*

Die Wirkungszeit von Dr. Cornelius in Gräfenroda war von 1986-2015. Von 1986 bis 1990 war sie Betriebsärztin im VEB Glaswerk mit den von ihr betreuten Betrieben Keramik, Möbelwerk, Glasspritzen Gräfenroda und VEB Schraubenwerk Frankenhain. 1991 erfolgte die Niederlassung als praktische Ärztin mit eigener Praxis in der oberen Etage der Wald-Apotheke (ehemals die Räume der Gemeindeschwestern). [H. B.-Heft 11-2017]

## Cramer, Louis; Neue Straße 7 | *Zigarrenmacher*

Louis Cramer wurde am 15.12.1868 in Herrenhof geboren. Durch die Hochzeit mit Bertha Kellner, geb. am 19.01.1872 in Dörrberg, kam er nach Gräfenroda. [Adressbuch 1924/25; GAGR]

# D

## D.H.V. | *Deutschnationaler Handlungsgehilfen-Verband*

*ABB. 110*

Der DHV war eine Angestelltengewerkschaft mit völkischen, antisemitischen, ökonomischen und sozialpolitischen Interessen. Mitglieder waren nur Männer. Die Gründung des DHV erfolgte 1893. 1933 wurde er mit der DAF gleichgeschaltet und ging 1934/35 völlig in die DAF auf. Die Ortsgruppe Gräfenroda muss von E. Holland geleitet worden sein, wie eine Anzeige für Kurse zur Buchführung und Sprachkurs französisch belegt.

## Dagg, Norbert; Dörrberg 3 | *Gasthaus zur Alten Erbförsterei*

Norbert Dagg kaufte am 09.06.1993 das ehemalige „Alte Schulzenhaus", dessen Erbauer und erster Besitzer Peter Sauerbrei ab 1685 war. Dagg eröffnete in diesem Gebäude das „Gasthaus zur Alten Erbförsterei". Das Gebäude war der Wohnsitz der Erbförsterfamilie Gundermann und Sitz der Herzoglichen Oberförsterei Dörrberg. [Greßler 2008, S. 81]

## Deisinger, Anton; Lindenplatz 9 | *Geschenkartikel und Reiseandenken*

*ABB. 111*

Anton Deisinger wurde am 03.04.1918 in Pochlowitz/Eger geboren. Er kam 1946 nach Gräfenroda. Ab den 1950er Jahren unterhielt er hier ein Ladengeschäft für Reiseandenken und Geschenkartikel. Bei den Gräfenrodaern war er als „Toni Deisinger" bekannt. Urlauber kauften hier Erinnerungen an ihren Aufenthalt in Gräfenroda, wie Stocknägel, Ansichtskarten, Zwerge aus heimischer Produktion von Griebel, Nippesfiguren aller Art, Schmuck und Uhren. Gefragt waren besonders Fotoaufnahmen von den Begrüßungs-, Heim- und Abschiedsabenden, die Joachim Hugon aufnahm. Aber auch wir Gräfenrodaer kauften hier, hatte Toni doch auch kleine Dinge des täglichen Bedarfs. Natürlich fanden auch die Kinder hier eine reiche Auswahl an Spielsachen. „Toni Deisinger" engagierte sich auch im Fußballverein der BSG Chemie Gräfenroda. Holgert Straubing übernahm dieses Geschäft, als Anfang der 90er Jahre die Konsumverkaufstelle (ehemals Mille) geschlossen wurde. Im Haus von „Toni Deisinger" eröffnete er ein Geschäft für Haus- und Spielwaren. (s. a. Straubing, Holgert)

## DEKOGARD; Bahnhofstraße 16 | *Textilwaren*

DEKOGARD war eine Verkaufsstelle für Raumtextilien. Gardinen, Stores, Vorhänge u. a. konnten hier gekauft werden.

## Deutsche Angestelltenschaft (DA) | *Ortsgruppe Gräfenroda*

Deutsche Angestelltenschaft
Dienstag, den 12. Juni
abends 8½ Uhr im Felsenkeller
1. Versammlung
des Gesamt-Verbandes der Angestellten. Sämtliche Angestellten, männlich und weiblich, müssen pünktlich und vollzählig erscheinen.
Der Leiter.

*ABB. 112*

Die DA ging aus der DHV hervor und war in die DAF integriert. Es war eine Zwangsvereinigung aller Angestellten, sowohl männlich als auch weiblich.

## Deutsche Bau- und Siedlungsgemeinschaft Darmstadt (DBS) | *Bausparkasse*

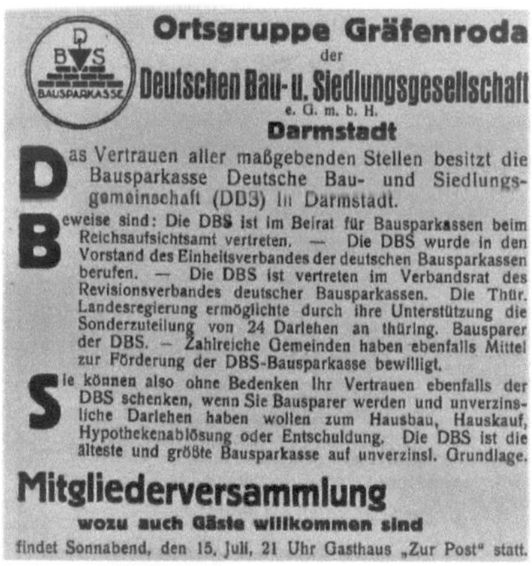
Ortsgruppe Gräfenroda
der
Deutschen Bau- u. Siedlungsgesellschaft
e. G. m. b. H.
Darmstadt
Das Vertrauen aller maßgebenden Stellen besitzt die Bausparkasse Deutsche Bau- und Siedlungsgemeinschaft (DBS) in Darmstadt.
Beweise sind: Die DBS ist im Beirat für Bausparkassen beim Reichsaufsichtsamt vertreten. — Die DBS wurde in den Vorstand des Einheitsverbandes der deutschen Bausparkassen berufen. — Die DBS ist vertreten im Verbandsrat des Revisionsverbandes deutscher Bausparkassen. Die Thür. Landesregierung ermöglichte durch ihre Unterstützung die Sonderzuteilung von 24 Darlehen an thüring. Bausparer der DBS. — Zahlreiche Gemeinden haben ebenfalls Mittel zur Förderung der DBS-Bausparkasse bewilligt.
Sie können also ohne Bedenken Ihr Vertrauen ebenfalls der DBS schenken, wenn Sie Bausparer werden und unverzinsliche Darlehen haben wollen zum Hausbau, Hauskauf, Hypothekenablösung oder Entschuldung. Die DBS ist die älteste und größte Bausparkasse auf unverzinsl. Grundlage.
Mitgliederversammlung
wozu auch Gäste willkommen sind
findet Sonnabend, den 15. Juli, 21 Uhr Gasthaus „Zur Post“ statt.

*ABB. 113*

Im Rahmen des geplanten Wohnungsbaus in der Siedlung wurde in Gräfenroda eine Ortsgruppe der DBS gegründet.

## Deutsche Stenografenschaft | *Ortsgruppe Gräfenroda*

Deutsche Stenografenschaft
Ortsgruppe Gräfenroda
Sonntag, den 28. Jan., 14 Uhr
Jahres-Hauptversammlung
im Felsenkeller.
Der Ortsgruppenführer.

*ABB. 114*

Im Zuge der Gleichschaltung aller Kurzschriftverbände und Vereine Deutschlands nach der Machtübernahme der Nationalsozialisten wurde aus dem Deutschen Stenografenbund, dessen Gründung auf das Jahr 1868 zurückgeht, am 30.09.1933 die „Deutsche Stenografenschaft“ gebildet, um somit eine einheitliche Gesamtorganisation auf dem Gebiet der Kurzschrift zu schaffen. Die Leitung der Ortsgruppe Gräfenroda sowie die Unterrichtung in Kurzschrift lag in den Händen von August Schmidt.

## Deutscher Fabrikarbeiter-Verband; Waldstraße 21 / Bahnhofstraße 25 / Ilmenauer Straße 29 | *Gräfenroda*

**Bekanntmachung.**

Infolge Umwandlung der hiesigen V.-Ortsgruppe in eine V.-Sektion wird die bisherige Geschäftsstelle Waldstraße 21, „Waldtor", mit sofortiger Wirkung aufgehoben. Die Weiterführung der Geschäfte übernimmt Herr Ernst Pfeuffer, Gräfenroda, Bahnhofstraße Nr. 25, Telefon Nr. 290 (Otto Kohlstock). Die laufenden Geschäfte werden in der bisherigen Weise weitergeführt.

Sprechstunden täglich von 5 bis 7 Uhr abends.

**Deutscher Fabrikarbeiter-Verband**
**Verbandssektion Gräfenroda.**

*ABB. 115*

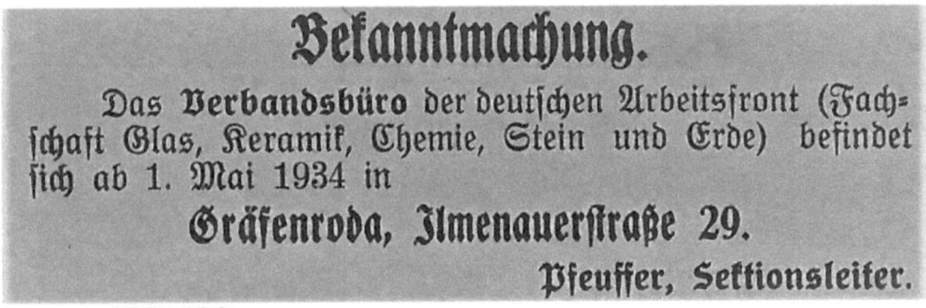

**Bekanntmachung.**

Das **Verbandsbüro** der deutschen Arbeitsfront (Fachschaft Glas, Keramik, Chemie, Stein und Erde) befindet sich ab 1. Mai 1934 in

**Gräfenroda, Ilmenauerstraße 29.**

**Pfeuffer, Sektionsleiter.**

*ABB. 116*

1890 wurde der Fabrikarbeiterverband (FAV) gegründet. Er war die Vorläuferorganisation der 1946 gegründeten Gewerkschaft IG Chemie, Papier, Keramik. In der Zeit des Nationalsozialismus wurde diese Vereinigung der Deutschen Arbeitsfront zugeordnet. Im Februar 1934 wurde die Geschäftsstelle von der Waldstraße 21 (Waldtor) in die Bahnhofstraße 25 verlegt. Ernst Pfeuffer übernahm ab diesem Zeitpunkt die Leitung. Ab 01.05.1934 wurde das Verbandsbüro in die Ilmenauer Straße verlegt.

## Die Haushaltsgehilfen; Straße des Friedens 1 | *Haushaltsservice*

„Die Haushaltsgehilfen" war eine Zweigstelle Gräfenroda der Agentur Erfurt-Gotha. [T2015]

## Diener, Hans-Walter; Bahnhofstraße 82 | *Dachdeckermeister*

Dachdeckermeister **Hans-Walter Diener** 99330 Gräfenroda/Thür.

Bahnhofstraße 82
99330 Gräfenroda
Tel./Fax: (036205) 5 81

*ABB. 117*

*ABB. 118*

Hans-Walter Diener gründete im Jahr 1976 die „Dachdeckerfirma Diener" in Gräfenroda. Er führte und betrieb das Unternehmen als Einzelperson, bis 1978 sein Bruder Jürgen als erster Mitarbeiter kam. Schrittweise kamen weitere Mitarbeiter hinzu.

Die Aufträge wuchsen und es wurde Lagerkapazität für das Material benötigt. 1982 kaufte die Firma daher das Gebäude der ehemaligen „Brellschen Schneidemühle" in der Bahnhofstraße von der PGH Maler Gräfenroda ab. Nach Abriss, Um- und Anbau entstand die neue Lagerhalle. 1985 trat Schwiegersohn Andreas Greßler, der bis dahin im VEB RFT Arnstadt als Elektriker tätig war, ins Unternehmen ein. Er qualifizierte sich zum Dachdecker und legte 1994 seine Meisterprüfung ab.

Mit Erreichen des Rentenalters übergab Hans-Walter Diener das Geschäft an Andreas Greßler, der es als Inhaber unter dem Namen „Dachdeckerfirma Diener“ weiter betreibt (s. Greßler, Andreas, Band 2). (Angaben: Hans-Walter Diener)

## Dietrich, Hans; Bahnhofstraße 97a (am Bahnhof) | *Buchhalter*

**Durch mich verschwinden Ihre Buchführungssorgen!**

Bin jüngerer bilanzsicherer Buchhalter, übernehme jede Art von Buchführungs-Arbeiten, wie Weiterführung bestehender Buchführungen, Neu-Einrichtung bezw. Umstellung auf neuzeitliche Methoden. Erledigung von sämtlichen Steuersachen, Aufstellung von Bilanzen, Gewinn- und Verlustrechnungen, Geschäfts-Rentabilitäts-Prüfung.

Vorgenommene Arbeiten werden je nach Wunsch stunden-, tage- oder wochenweise ausgeführt. Fester Jahresabschluß stellt sich billiger. Auskunft oder persönliche Rücksprache kostenlos.

**Hans Dietrich, Gräfenroda, Bahnhofstr. 97a [am Bahnhof].**

*ABB. 119*

Hans Dietrich war selbstständiger Buchhalter. Er bot seine Dienste zur Buchführung, Bilanzrechnung und auch in Steuerfragen an.

## Dietrich, Lydia; Gräfenroda 97a (am Bahnhof) | *Privat-Handarbeits-Unterricht*

Lydia Dietrich war die Frau von Hans Dietrich. Sie gab Privatunterricht in Handarbeit.

## Dietrich, Walter; Ohrdrufer Straße | *Apotheker*

Walter Dietrich, Schwiegersohn von Apotheker Walter Schmidt, der 1902 die Apotheke von Franz Colberg übernommen hatte, führte die Apotheke von 1924-1925 (nach dem Tod seines Schwiegervaters) weiter. [Adressbuch 1924/25; HGT S. 202]

## Diller, Ernst; Neue Straße 3 | *Postfahrer mit Pferd, Geschirrhalter*

Seine Königliche Hoheit der Herzog

CARL EDUARD

von Sachsen-Coburg und Gotha

Gotha, am 12. April 1917.

Herzogl. Sächsisches Staatsministerium

*ABB. 120*

Ernst Diller wurde am 22.07.1892 in Gräfenroda geboren. Seine gewerbliche Anmeldung erfolgte am 01.04.1933. Ihm wurde 1917 vom Herzog von Sachsen-Coburg und Gotha die Verdienstmedaille in Silber verliehen. [HGT S. 41]

## Dittrich, Ingrid; Stadel 9 | *Partyservice*

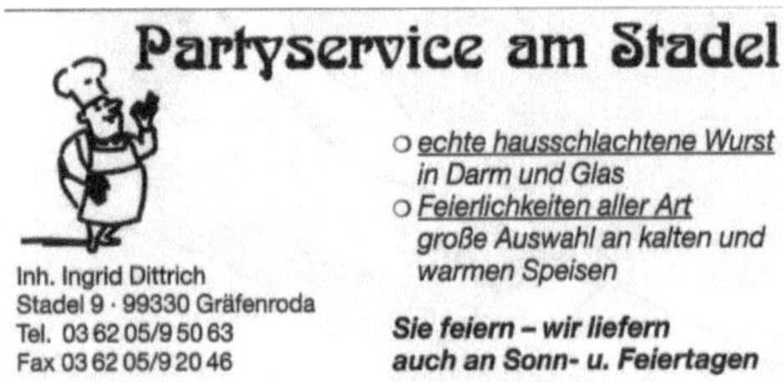


*ABB. 121*

Das Ehepaar eröffnete im eigenen Haus am Stadel 9 ein Geschäft für Partyservice. Frank Dittrich stellte auch Wurstwaren her. Heute ist das Geschäft geschlossen.

## Dittrich, W.; Bahnhofstraße 67 | *Fremdsprachenunterricht*

*ABB. 122*

W. Dittrich gab im Rahmen des DHV Anfängerkurse für englische Sprache.

## DLK; Schillerstraße 32 | *Annahmestelle*

In dem Wohn- und Geschäftshaus eröffnete das Dienstleistungskombinat Arnstadt eine Zweigstelle (s. Benzler, Wilhelm).

## Döll, Gabriela; Ohrdrufer Straße 1 | *Lebensmittelhandel*

*ABB. 123*

Nach Abwicklung der Konsumgenossenschaft übernahm Gabriela Döll die Nachfolge des Konsumgeschäftes. Heute befinden sich in den Räumlichkeiten Wohnungen.

## Donius, Sylvia; Goethestraße 16, Ilmenauer Straße 24 | *Versicherungsbüro*

Sylvia Donius eröffnete ihr Versicherungsbüro der Concordiaversicherung um 1991 im eigenen Haus in der Goethestraße 16 und zog dann in die Ilmenauer Straße 24 (ehemaliges Ladengeschäft von Griebel für Lacke und Farben). In diesem Gebäude befindet sich heute der „Sultan Döner".

## Donner, Mario; Hirtenwiese 20 | *Car-Sound by M.D. Donner*

Telekommunikation, Auto-HiFi-Anlagen, existiert nicht mehr. [T2001]

## Donner, Werner; Burgstraße 1 | *Förster*

Werner Donner war bis zu seiner Pensionierung Revierförster für das Revier *Arlesberg*.

## Dorfclub Gräfenroda

Der Dorfclub Gräfenroda war ab ca. der 1960er Jahre bis 1989/90 für das kulturelle Leben im Ort zuständig. Über einen langen Zeitraum hatte Erich Nagel, Kirchholz, den Vorsitz inne.

## Döring, Hans; Bahnhofstraße / Schillerstraße 5 | *Schneidermeister*

Ausgeklagte Forderung
über 150.— RM.
an den Schneidermeister Hans Döring, Gräfenroda billig zu verkaufen.
Zu erfragen unter Nr. 200 an die Expedition d. Bl.

*ABB. 124*

Hans Döring wurde am 31.08.1899 in Elberfeld geboren. Schneidermeister Döring hatte mit seiner Frau Selma, geb. Schirmer, seinen Wohnsitz in den Jahren 1924 bis 1927 in der Bahnhofstraße. Nach seiner Scheidung, 1928, wohnte und arbeitete er in der Schillerstraße 5.

## Dornheim, Berta; Bahnhofstraße (Ried ) | *Blumenhandel*

Zur Konfirmation
empfehle
Blumenstöckchen
in großer, schöner Auswahl.
Azalien auf Bestellung!
Berta Dornheim,
Ried

*ABB. 125*

Berta Dornheim, geb. Völlger, wurde am 22.10.1876 in Etzleben geboren. Nach der Hochzeit mit Otto Dornheim 1904 zog sie nach Gräfenroda. In der heutigen Bahnhofstraße, unmmittelbar gegenüber der Gastwirtschaft „Zum Ried", hatte Berta Dornheim ihr kleines Blumengeschäft.

## Dornheim, Erich; Horst-Wessel-Straße 3b / Bahnhofstraße 11 | *Glasermeister*

Lehrling Erich Dornheim, geb. am 03.04.1914 und Sohn von Hermann Dornheim, legte im September 1932 vor dem Prüfungsausschuss der Tischler- und Glaserinnung seine Gesellenprüfung mit Erfolg ab. Er führte das Geschäft seiners Vaters später weiter. [HG 1932/39 S. 255]

## Dornheim, Friedrich; Waldstraße 91 | *Holzwarenfabrik, Sägewerk*

Friedrich Dornheim, geb. am 16.09.1909 in Gräfenroda erlernte den Beruf eines Holzarbeiters. Er stellte u. a. Gärtnereibedarfsartikel her. Das Unternehmen hatte 4 Beschäftigte. [HGT S. 41; GAGR]

## Dornheim, Hermann; Horst-Wessel-Straße 3b / Bahnhofstraße 11 | *Glaserei, Bautischlerei*

*ABB. 126*

Glasermeister Hermann Dornheim, geb. am 04.05.1884 in Gräfenroda, betrieb eine Glaserei und Bautischlerei. Er stellte u. a. Bilderrahmen und versenkbare Schiebefenster her. Hermann Dornheim wurde 1932 der Gebrauchsmusterschutz auf Schubkastensammelschrank für Bürozwecke erteilt. [HG 1932/21 S. 134; HGT S. 103]

## Dornheim, Wilhelm; Straße nach Liebenstein (Bahnhofstraße) | *Fuhrmann*

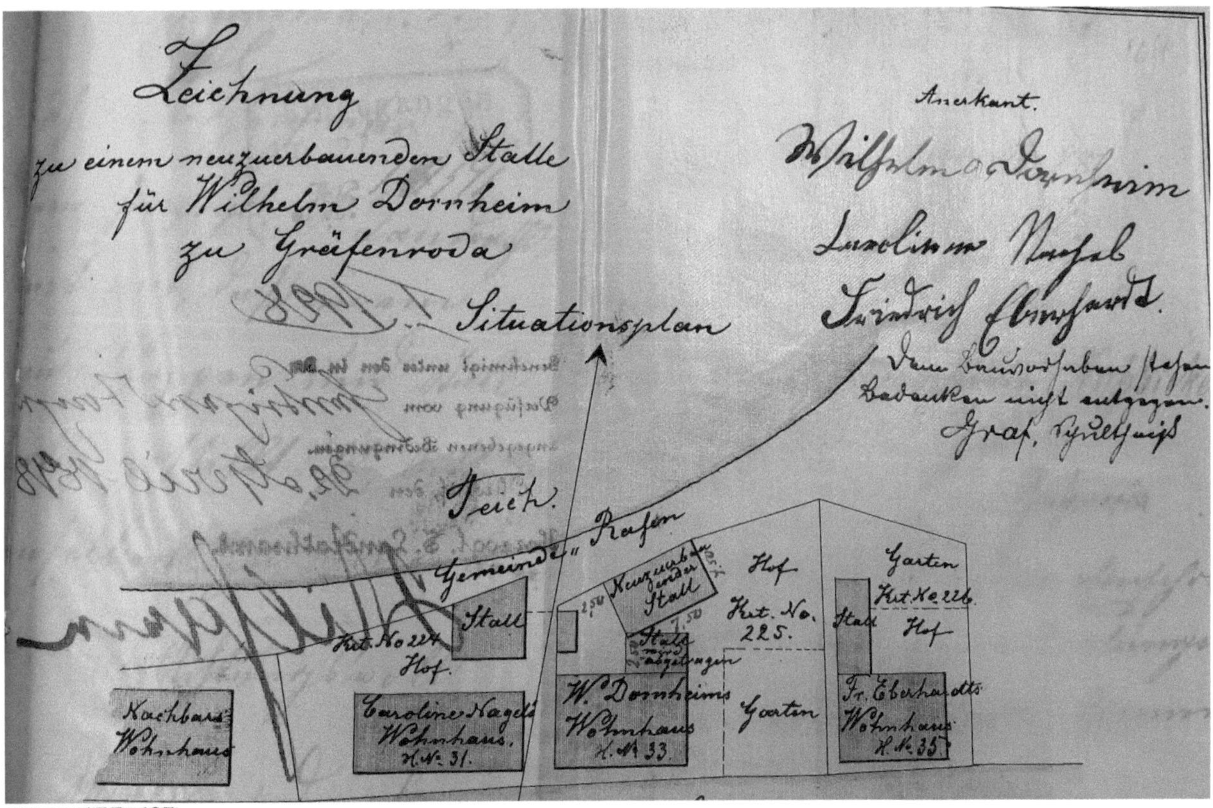


*ABB. 127*

Fuhrmann Wilhelm Dornheim erhielt im April 1898 durch den Gemeindevorstand von Gräfenroda die Genehmigung zum Neubau eines Stalles. Vermutlich hatte der Bau zur weiteren Pferdehaltung gedient.

## Dornheim, Koch & Fischer; Bahnhofstraße 58 | *Porzellan- und Tonwarenfabrik*

Das Gründungsjahr der Fa. Dornheim, Koch & Fischer geht auf das Jahr 1864 zurück. In diesem Jahr errichtete Heinrich Dornheim eine Tonwarenfabrik. 1879 dann eine Porzellanfabrik. 1883 kam es zur Antragstellung für die Errichtung eines Porzellan-Fabrikgebäudes. Nach dem Tod von Heinrich Dornheim im Dezember 1884, waren Robert Koch, Kaufmann und Fabrikant, und der Modelleur und Techniker Hermann Fischer die Inhaber. Fischer ist 1913 aus dem Unternehmen ausgeschieden. Zum 21.07.1938 ist die Fa. erloschen.

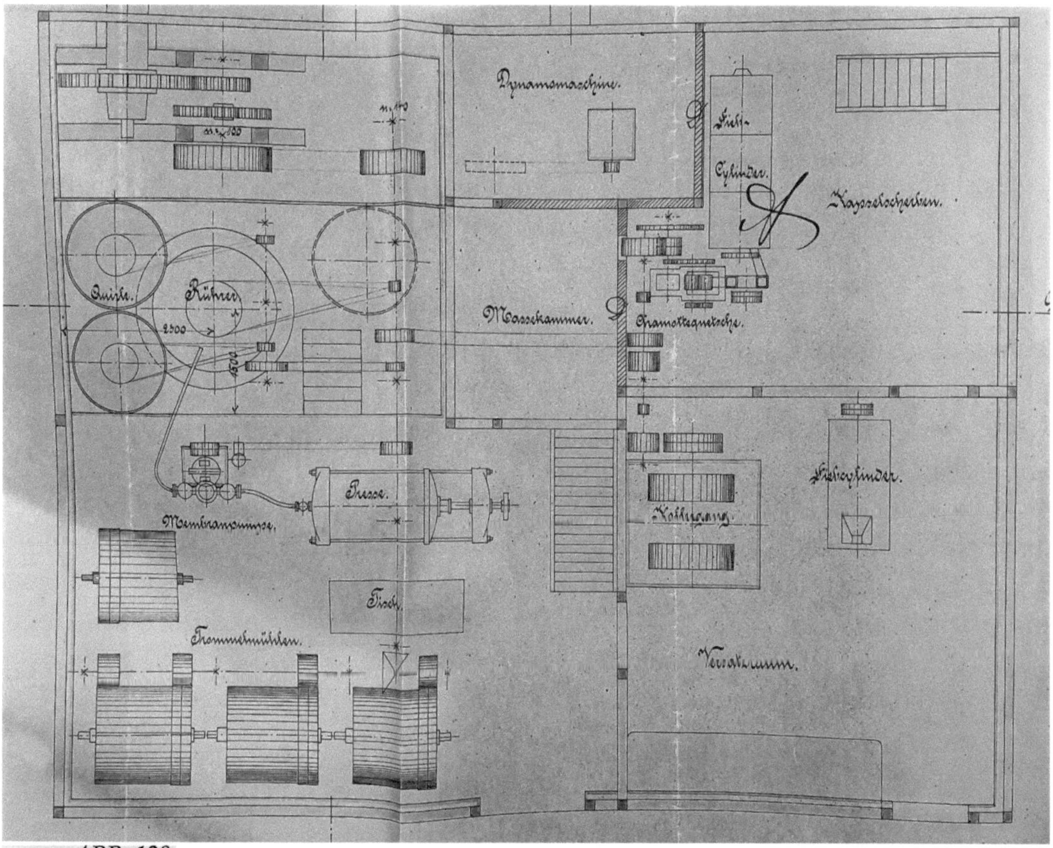

*ABB. 128*

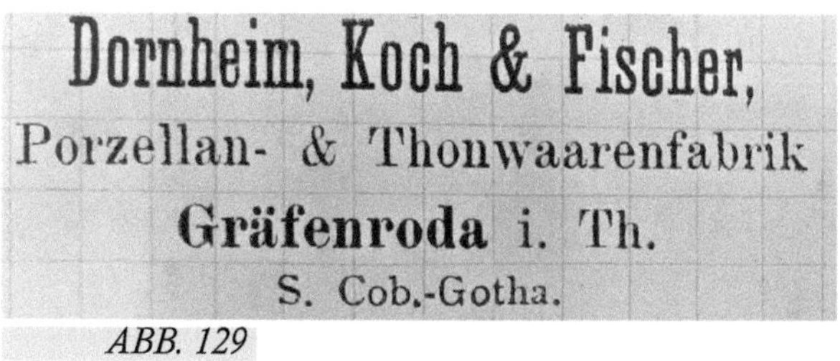


*ABB. 129*

Im November 1898 erhielt die Fa. Dornheim, Koch & Fischer die baupolizeiliche Genehmigung zum Bau einer Massemühle mit Elektomotorenantrieb. [HGT S. 143]

## Dornheim, Dr. Karl-Fridolin | *Tierarzt und Fleischbeschauer*

Er praktizierte von 1901 bis ca. 1925 in Gräfenroda und war der erste Tierarzt des Ortes. [H. B.-Heft 11-2017]

## Driefholt, Dieter/Tobias; Lindenplatz 10 | *Bestatter*

Driefholt
Bestattungsinstitut
Lindenplatz 10 9 51 07

*ABB. 130*

Dieter Driefholt eröffnete in den 1990er Jahren in Gräfenroda das Bestattungsinstitut Driefholt. Er führte es bis zu seinem Tod im Jahr 2017. Bis 2018 führte Ehefrau Christel das Institut. Danach übernahm Sohn Tobias mit seiner Frau Diana das Familienunternehmen. (Angaben: Tobias Driefholt)

## DRK; Waldstraße 72 / Ilmenauer Straße 7 | *Deutsches Rotes Kreuz - Kreisverband Arnstadt e.V., Sozialstation*

Nach Umbau des Wohn- und Geschäftshauses in der Ilmenauer Straße (ehemals „Mille“) befinden sich hier die Geschäftsräume des Deutschen Roten Kreuzes.

## Droigk/Hendrich, Manfred/Andreas; Dörrberg 11 | *Forstbetrieb*

Manfred Droigk erlernte den Beruf eines Werkzeugmachers. Das Forstunternehmen entwickelte sich aus der Freundschaft mit dem Gräfenrodaer Andreas Hendrich, der ihn auf den Gedanken brachte, gemeinsam in und für den Wald tätig zu werden. Von 1990 bis 1996 kümmerte sich das Duo vorrangig um den Holzeinschlag und die so genannten Rückungen mit der Seilbahn. Die Region nördlich und südlich des Rennsteigs wurde von den beiden Enthusiasten betreut. Nach einem tragischen Arbeitsunfall, den Andreas 1996 erleiden musste, hat Manfred die „Waldgeschäfte“ bis ins Jahr 2022 allein weiterbetrieben. Das Forstunternehmen wurde durch Manfreds Eintritt in den Ruhestand nach 32 Jahren faktisch stillgelegt. (Interviewprotokoll: Rotraut Greßler)

## DSK; Bahnhofstraße 104/105 | *Alten- und Pflegeheim / Betreuungsdienst*

Betreuungsdienst Thüringen GmbH. Nicht mehr existent. [T2001]

## Dumont, Dr. med.vet. Artur William; Neue Straße 12 (12a) | *praktischer Tierarzt*

Artur Dumont wurde am 05.05.1882 in Falkenberg geboren. Am 01.11.1938 kam er von Freistadt nach Gräfenroda und übernahm die Praxis von Dr. Sattler. Neben seiner Tätigkeit als Tierarzt führte er auch Fleischbeschauungen durch. 1948 beendete er seine Arbeit als Tierarzt. Er starb am 28.03.1949 in Gräfenroda. [H. B.-Heft 11-2017]

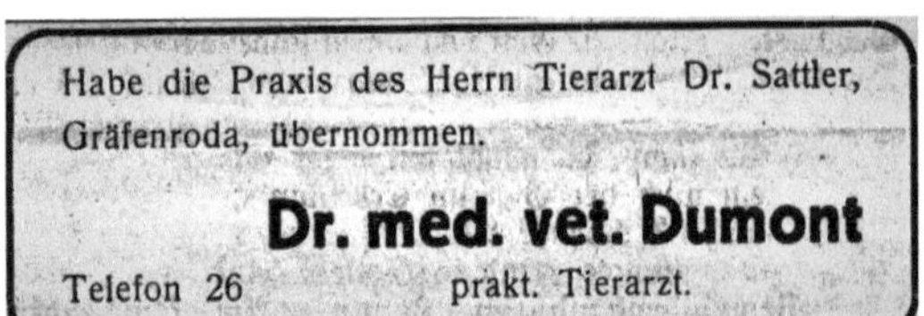
Habe die Praxis des Herrn Tierarzt Dr. Sattler, Gräfenroda, übernommen.
Dr. med. vet. Dumont
Telefon 26 prakt. Tierarzt.

*ABB. 131*

Ich bitte, im Interesse einer ordnungsmäßigen Fleischbeschau alle Hausschlachtungen
am Tage vor der Schlachtung
anzumelden.
Dr. Dumont
Gräfenroda, Tel. 26. prakt. Tierarzt.

*ABB. 132*

## Dunnrath, Dr. | *Tierarzt*

In der Akte 5-34-1100/0422 im Staatsarchiv Rudolstadt ist lediglich noch vermerkt, dass er in Gräfenroda als Tierarzt tätig war. Der Zeitraum seiner Tätigkeit ist nicht benannt.

## Dürer, Erich; Schulstraße 16 / Heinrich-Heine-Straße 16 | *Klempnermeister*

*ABB. 133*

Erich Dürer wurde am 10.11.1912 in Gräfenroda geboren. Er erlernte den Beruf eines Bauklempners. In seiner Werkstatt hinter seinem Wohnhaus in der Schulstraße, später Heinrich-Heine-Straße, unterhielt er eine kleine Klempnerwerkstatt.

## Dürer, Ernst; Bahnhofstraße 58 (Vogelstange) | *Büchsenmacher*

Ernst Dürer, geb. am 28.05.1877 in Ebertshausen, war der Vater von Erich und Fritz Dürer. Seine Werkstatt zur Herstellung von kleinkalibrigen Schreckschusspistolen und Zimmerstutzen hatte er im Hintergebäude seines Wohnhauses in der heutigen Bahnhofstraße 110. Zudem stellte er Glasbohrer her und war Zulieferer für die Glasspritzenindustrie. Er verstarb 1929. (Angaben: Reinhard Schmidt) [Adressbuch 1924/25]

## Dürer, Fritz; Bahnhofstraße 58 (Vogelstange) | *Hartgummidreherei, Werkstatt für Ledermaschinen*

*ABB. 134*

Fritz Dürer wurde am 16.03.1903 in Ebertshausen geboren. Er war der ältere Bruder von Erich Dürer und unterhielt mit 3 Beschäftigten auf der „Vogelstange“ seine Hartgummidreherei nebst einer Werkstatt für Ledermaschinen.

# E

## E.ON; Waldstraße 42 | *E.ON Thüringer Energie AG*

Diese Stelle existiert heute nicht mehr.

## Eberhardt, Heinrich; Plan | *Werkmeister, Tischlermeister und Kalkulator*

Heinrich Eberhardt war Mitglied im Männer-Turnverein Gräfenroda. 1935 erhielt er das Reichssportabzeichen in Silber. [HG 1935/49 S. 391; Adressbuch 1937]

## Eberhardt, Oscar; Ohrdrufer Straße | *Schneider*

[Adressbuch 1924/25]

## Eckardt, Albert; Friedrichstraße 17 | *Tischlermeister*

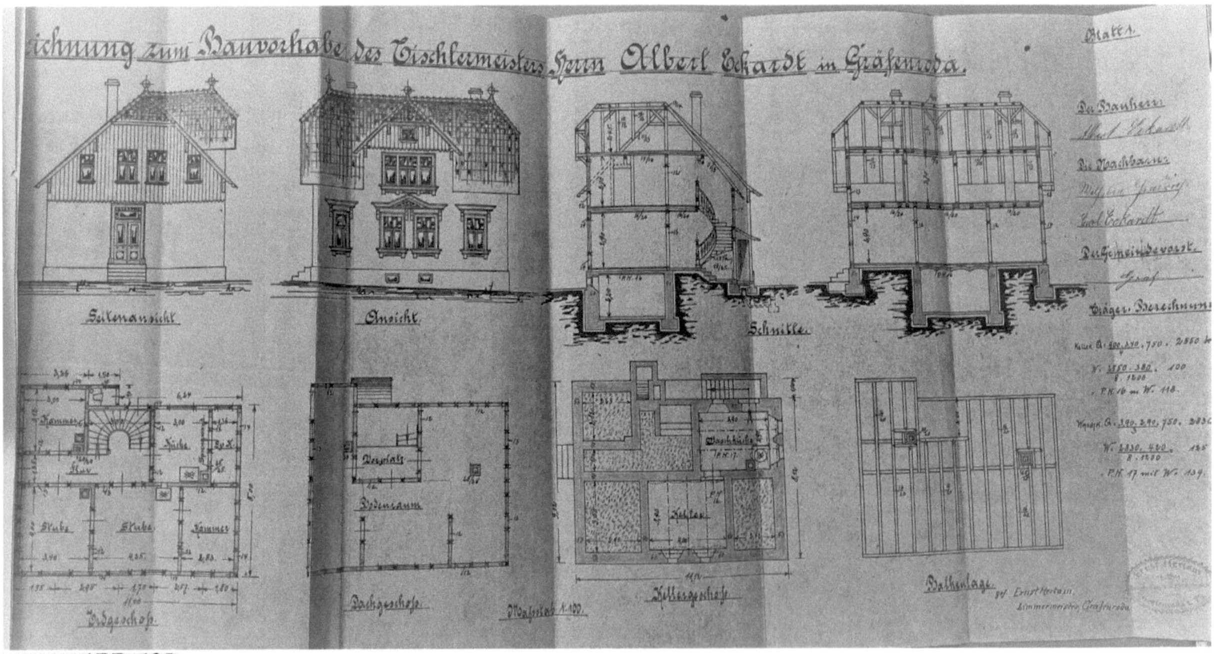


*ABB. 135*

Albert Eckardt, geb. am 30.01.1884 in Gräfenroda, erlernte den Beruf eines Tischlers. Er stellte im Januar 1915 den Bauantrag zur Errichtung seines Wohnhauses mit einem Hintergebäude für seine Tischlerwerkstatt. [Adressbuch 1924/25]

## Eckardt, Artur; Waldstraße | *Büchsenmacher*

[Adressbuch 1924/25]

## Eckardt, August; Herrenmühle / Kirchholz 76 | *Korbmacher*

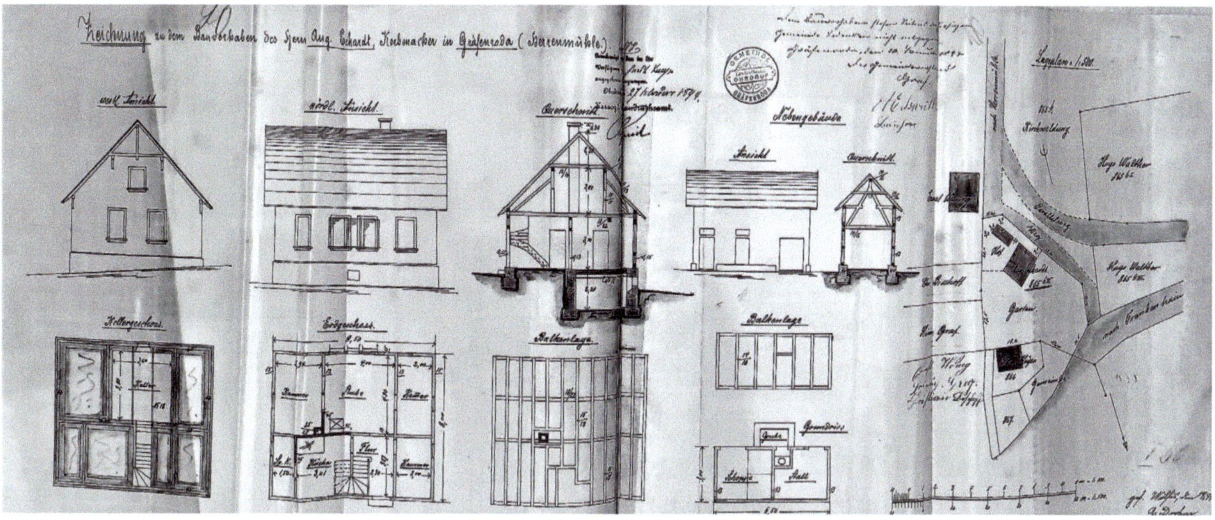

*ABB. 136*

August Eckardt reichte im Januar 1894 Bauunterlagen mit Zeichnungen zum Bau seines Wohnhausbau mit Nebenanlage ein.

## Eckardt, Detlef; Ilmenauer Straße | *Imkerei*

Bei Detlef Eckardt kann man Honig aus seiner Imkerei erwerben.

## Eckardt, Dieter; Waldstraße 95 | *Gasthaus „Treffpunkt"*

Dieter Eckardt eröffnete zwischen 1989/91 die Gaststätte „Treffpunkt". Nach seinem Weggang aus Gräfenroda übernahm im Jahr 2013 Joachim Ehrhardt die Gaststätte. Sie ist heute geschlossen (Wohnhaus). [H. B.-Heft 12-2018]

## Eckardt, Erich; Ohrdrufer Straße 54 | *Tonmaler / Malermeister*

*ABB. 137*

Erich Eckardt, Schwiegersohn von Hermann und Berta Griebel, wurde am 11.10.1916 in Gräfenroda geboren. Er erhielt bei der Fa. Eckardt & Mentz, Waldstraße 8, seine Ausbildung zum Tonmaler. Er wechselte die Berufsrichtung, arbeitete bei Malermeister Fridolin Heyer, erwarb den Meistertitel, machte sich selbstständig. Dora Eckardt unterstützte ihn als so genannte mithelfende Ehefrau. Erich Eckardt spezialisierte sich auf eine ganz besondere Möbelgestaltung, die er perfekt beherrschte: die so genannte Furnierstrukturentechnik. Derartige Darstellungen lagen im Trend der damaligen Zeit und nach dem Zweiten Weltkrieg schmückten diese besonderen Darstellungen Wäschetruhen, Schränke und ähnliches

Mobilar. Obendrein gründete er mit Martin Schappach die „PGH Maler“ in der Bahnhofstraße, gegenüber der ehemaligen Tankstelle Lange. Erich Eckardt war auch Dirigent des Blasorchesters Gräfenroda und spielte Posaune in der eigenen Band.Er ist im Jahr 1958 verstorben. (Angaben: Manfred Eckardt, Sohn von Erich Eckardt)

## Eckardt, Ernst; Bahnhofstraße | *Fabrikant*

[Adressbuch 1924/25]

## Eckardt, Hans; Karl-Marx-Straße 5 / Waldstraße 5 | *Tischlermeister*

Hans Eckardt wurde am 24.09.1922 in Gräfenroda geboren. Er war der Sohn von Tischlermeister Karl Eckardt. Am 01.05.1950 erfolgte die gewerbliche Anmeldung des Unternehmens, welches er mit 3 Beschäftigten betrieb. Mit dem Tod von Hans Eckardt erlosch auch die Firma.

## Eckardt, Helmut; Waldstraße 33 | *Getränkehandel*

Helmut Eckardt wurde am 02.02.1934 in Gräfenroda geboren. Er war der Sohn von Fuhrmann Otto Eckardt und dessen Frau Senta, geb. Böttner. Im Jahr 1990/91 eröffnete er im Hintergebäude seines Wohnhauses einen Getränkehandel (Straßenverkauf) für Flaschenbier und alkoholfreie Getränke. Mit der Eröffnung der ersten Märkte und Discounter im Ort wurde das Geschäft geschlossen.

## Eckardt Heinrich (Heini); Waldstraße 33 | *Holzhändler und Geschirrführer*

*ABB. 138*

Heinrich Eckardt, im Volksmund „Heini“ genannt, wurde am 13.06.1929 in Gräfenroda als jüngerer Bruder von Otto Eckardt geboren. Mit ihm übernahm er das elterliche Fuhrgeschäft. Im Januar 1907 stellte Heinrich Eckardt den Antrag auf Vergrößerung seines Pferdestalles mit Einbau eines Futterbodens. Da der Stall in der Nähe der Bahnlinie nach Gotha lag, war auch die Zustimmung der Königlichen Eisenbahndirektion erforderlich. Nach dem Krieg verlagerte Heini seinen Geschäftsbereich auf den Holzhandel und fertigte aus den gelieferten Stangen u. a. Riegel und Gartenzäune. Wenn man Derartiges benötigte, ging man allgemein zum „Stangelkerscht“. Seine 93jährige Ehefrau Nelly, die mit Sohn und Schwiegertochter in Frankenhain wohnt, erinnerte sich, dass ihr Mann auch Mitglied der Holzgenossenschaft war.

## Eckardt, Helene; Ilmenauer Straße 35b | *Gartenbau*

*ABB. 139*

Helene Eckardt, geb. am 26.02.1894 in Angstedt, war die Schwiegertochter von Carl Eckardt aus der Waldstraße. In ihrem Gärtnereibetrieb erfolgte der Verkauf von Blumen und Pflanzen sowie der Handel mit Gartenbauerzeugnissen. Sie war mit dem Gärtner Oscar Eckardt verheiratet.

## Eckardt, Hermann; Quergasse | *Fabrikant*

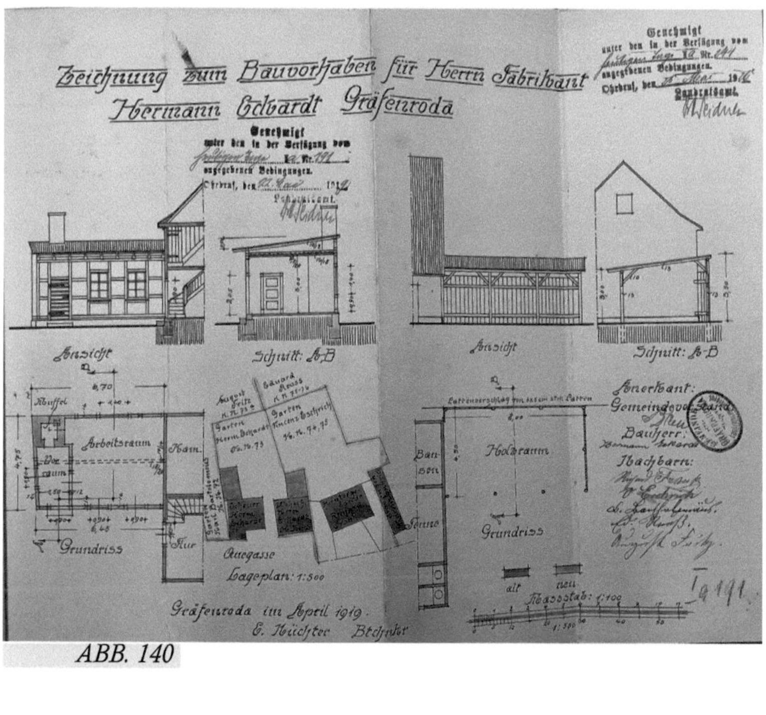

*ABB. 140*

Hermann Eckardt war Mitinhaber der Fa. „Schmidt, Eckardt und Nagel“. Eckardt stellte im Mai 1920 den Bauantrag für zwei Hintergebäude.

## Eckardt, Hermann; Waldstraße 33 | *Geschirrhalter, Fuhrgeschäft und Holzhandel*

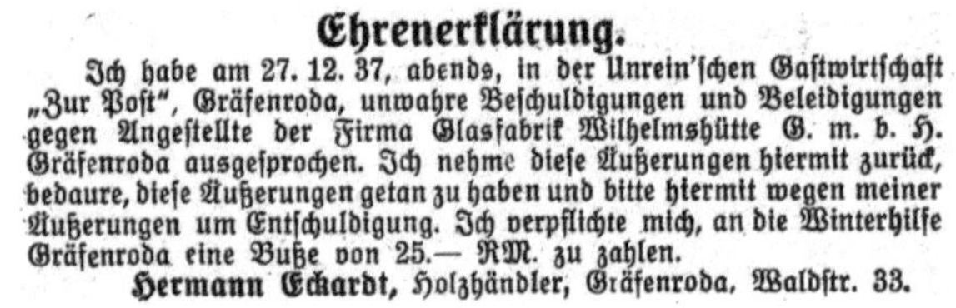

**Ehrenerklärung.**

Ich habe am 27. 12. 37, abends, in der Unrein'schen Gastwirtschaft „Zur Post", Gräfenroda, unwahre Beschuldigungen und Beleidigungen gegen Angestellte der Firma Glasfabrik Wilhelmshütte G. m. b. H. Gräfenroda ausgesprochen. Ich nehme diese Äußerungen hiermit zurück, bedaure, diese Äußerungen getan zu haben und bitte hiermit wegen meiner Äußerungen um Entschuldigung. Ich verpflichte mich, an die Winterhilfe Gräfenroda eine Buße von 25.— RM. zu zahlen.

**Hermann Eckardt,** Holzhändler, Gräfenroda, Waldstr. 33.

*ABB. 141*

Hermann Eckardt wurde am 26.09.1882 in Gräfenroda geboren. Er betrieb als Geschirrhalter ein Fuhrgeschäft und einen Holzhandel mit zwei weiteren Beschäftigten und war der Inhaber des Unternehmens. Die Nachfolge trat sein Sohn Otto Eckardt an, ebenso als Geschirrhalter und Holzhändler. 1938 entschuldigte sich der Vater öffentlich für Äusserungen während eines Gaststättenbesuchs. [HGT S. 41 ff.]

## Eckardt, Hugo; Schulstraße 14 / Heinrich-Heine-Straße 14 | *Tischlermeister*

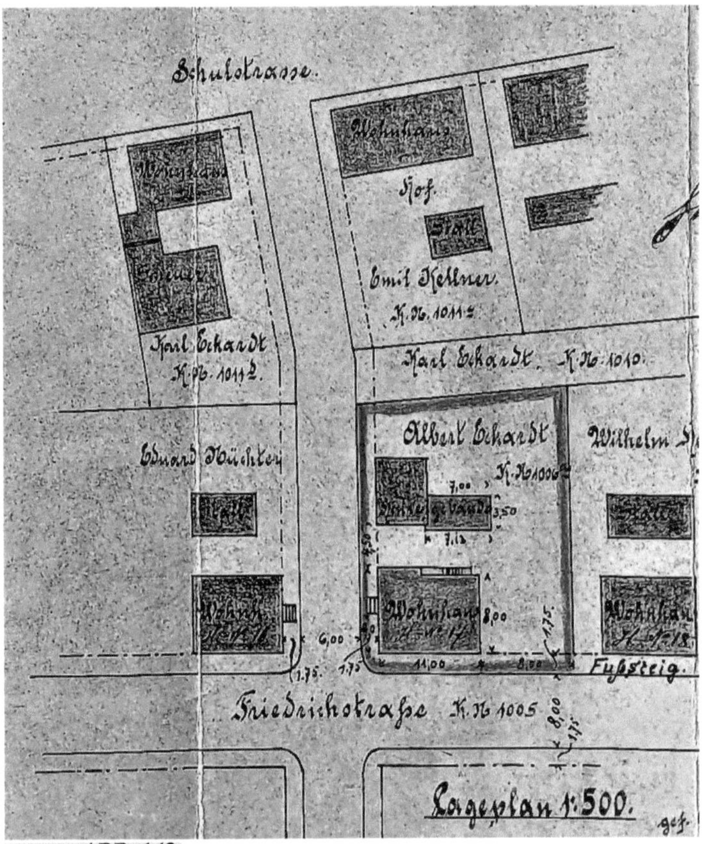


*ABB. 142*

Hugo Eckardt wurde am 13.11.1896 in Gräfenroda geboren. Er erlernte den Beruf eines Tischlers. Die Tischlerwerkstatt befand sich im Hintergebäude seines Wohnhauses Schulstraße/Ecke Fritzegasse. Nach Stand 30.04.1952 hatte er noch einen Mitarbeiter.

## Eckardt, Karl; Quergasse / Hintergasse 38 / Waldstraße / Anspielgasse | *Tischler*

*ABB. 143*

Im Adressbuch von 1924/25 ist der Wohnsitz und sicherlich auch seine Werkstatt in der Quergasse angegeben. 1928 fanden wir seine Adresse in der Hintergasse, 1931/32 in der Waldstraße und 1937 in der Anspielgasse. Seine Haupttätigkeit war die Herstellung von Kleiderschränken.

## Eckardt, Karl; Rosental 5 | *Kunstharzpresserei*

*ABB. 144*

Die Firmengeschichte der Kunstharzpresserei Karl Eckardt ist sehr vielseitig. Die nachfolgenden Daten dazu erhielten wir von Karin Eckardt, Ehefrau des im Jahr 2022 verstorbenen Enkelsohns von Karl Eckardt, Jürgen Eckardt. Karl Eckardt wurde am 10.11.1878 in Gräfenroda geboren. Er erlernte den Beruf eines Maurers und legte seine Meisterprüfung ab. Einige der Häuser im Rosental, wie auch in Gräfenroda, wurden von ihm gebaut. In den HG 1933/49 S. 329 inserierte Karl Eckardt zur Einstellung von 10 Mädchen. Für welche Tätigkeit konnte nicht ermittelt werden, denn erst 1937 gründete er seine Firma „Karl Eckardt, Kunstharz-Presserei, Rosental“. Sohn Wilhelm Eckardt übernahm ab 1941 die kaufmännische Leitung des Betriebes und es erfolgte auch die Umschreibung auf seinen Namen. Die Firmierung lautete „Wilhelm Eckardt, Kunstharz-Presserei“.

*ABB. 145*

*ABB. 146*

Wilhelm wurde zur Wehrmacht eingezogen und Karl Eckardt beantragte mit Datum vom 15.08.1941 die erneute Rückführung der Betriebsbezeichnung auf seinen Namen, da das Gewerbe als Kunstharzpresserei nach wie vor auf ihn zugelassen war. Ab diesem Zeitpunkt leitete Karl Eckardt wieder vollständig und allein das Unternehmen. Da Sohn Wilhelm im Zweiten Weltkrieg gefallen war, übernahm Sohn Friedrich (Fritz), nach dem Tod von Karl Eckardt 1953, die Betriebsleitung ab 1954 bis 1972. Bis 1976 war der Betrieb halbstaatlich und wurde 1976 zwangsenteignet. Fritz Eckardt forderte 1989 das Unternehmen zurück. Ab 1990 bis zu seinem Tod 1996 leitete er den Betrieb mit 16 Mitarbeitern. Zu dieser Zeit entwickelte sich auch die Zusammenarbeit mit der Firma Giebler Kunststofftechnik. Enkelsohn Jürgen wurde dort angestellt und seine Frau Karin übernahm bis zur Schließung der Firma im Jahr 2017 die Firmenleitung.

Wie vielfältig die Unternehmensbezeichnung in all den Jahren war, belegt die folgende Aufstellung:
1937 gegründet als Karl Eckardt Preßwerk,
1951 Karl Eckardt Kunstharzpresserei,
1972 VEB Kunststoffpresserei,
1976 VEB Plasteverarbeitung,
1990 VEB ACOSTA Thal, Werk Plastverarbeitung Gräfenroda,
1990 Karl Eckardt Kunstharzpresserei-Fritz Eckardt,
1996 Karl Eckardt Kunstharzpresserei-Karin Eckardt, bis zur Schließung
(Angaben: Karin Eckardt, Ehefrau von Jürgen Eckardt)

## Eckardt, Karl; Waldstraße 3 | *Tischlermeister*

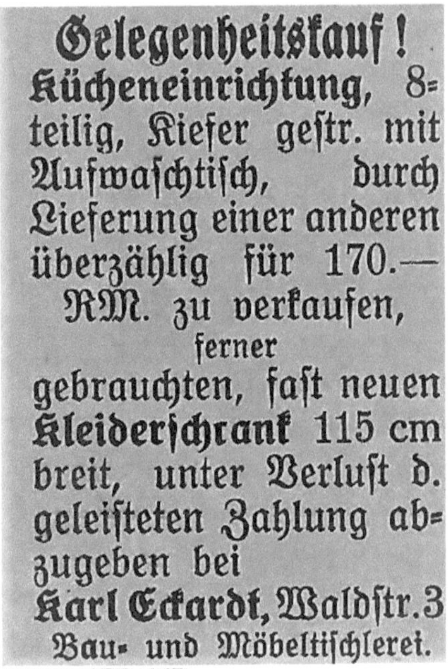

Gelegenheitskauf!
Kücheneinrichtung, 8-teilig, Kiefer gestr. mit Aufwaschtisch, durch Lieferung einer anderen überzählig für 170.— RM. zu verkaufen,
ferner
gebrauchten, fast neuen Kleiderschrank 115 cm breit, unter Verlust d. geleisteten Zahlung abzugeben bei
Karl Eckardt, Waldstr. 3
Bau- und Möbeltischlerei.

*ABB. 147*

Karl Eckardt, geb. am 21.12.1889 in Gräfenroda, betrieb eine Bau- und Möbeltischlerei. Er wurde umgangssprachlich auch „Der Kunstschreiner" genannt.

## Eckardt, Louis; Anspielgasse | *Tischlermeister*

Heute morgen ½6 Uhr entschlief sanft nach langem, schwerem, mit großer Geduld getragenem Leiden, mein lieber Mann, unser guter Vater, Schwiegervater, Großvater und Onkel
Tischlermeister
**Louis Eckardt**
im Alter von 75 Jahren.
Gräfenroda, den 25. Oktober 1934.

*ABB. 148*

Tischlermeister Louis Eckardt verstarb am 25.10.1934 im Alter von 75 Jahren. [Traueranzeige HG 1934/43 S. 338]

## Eckardt, Martina; Lindenplatz 9 / Ilmenauer Straße 21 | *Nähkästchen*

Nach der Schließung ihres Geschäftes auf dem Lindenplatz 9 im Jahr 2005, erfolgte der Umzug in die Ilmenauer Straße 21. In den Räumen der ehemaligen HO-Verkaufstelle eröffnete sie eine Änderungsschneiderei. Zudem verkaufte sie auch Wolle, Decken und Kleinartikel.

## Eckardt, Minna; Kirchholz 76

Trag- und Waschkörbe aller Sorten
empfiehlt Wtw. Minna Eckardt, Kirchholz 76.

*ABB. 149*

Minna Eckardt war die Witwe von Korbmacher August Eckardt-Herrenmühle. Nach dessen Tod führte sie das Geschäft weiter mit dem Vertrieb von Trag- und Wäschekörben aller Sorten.

## Eckardt, Oskar; Ilmenauer Straße 41 | *Gärtner*

Gärtner Oskar Eckardt, geb. am 02.11.1893 in Gräfenroda, firmierte unter dem Namen „Eckardt & Sohn Gartenbau“. Er war mit Helene Eckardt, geb. Schramm verheiratet. [Adressbuch 1946/47; GAGR]

## Eckardt, Otto; Bahnhofstraße | *Händler*

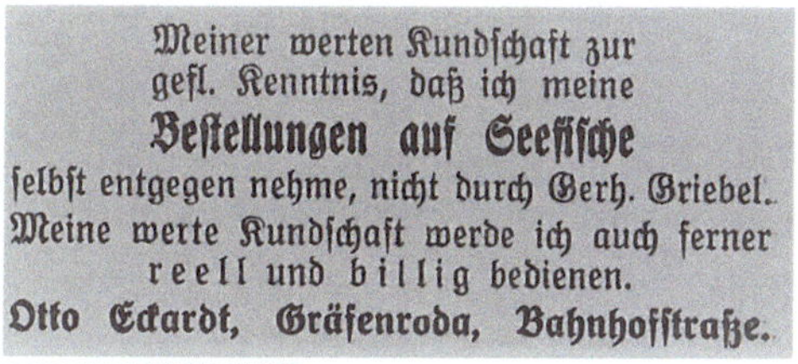

Meiner werten Kundschaft zur gefl. Kenntnis, daß ich meine
**Bestellungen auf Seefische**
selbst entgegen nehme, nicht durch Gerh. Griebel.
Meine werte Kundschaft werde ich auch ferner reell und billig bedienen.
**Otto Eckardt, Gräfenroda, Bahnhofstraße.**

*ABB. 150*

Otto Eckardt verkaufte neben seinen Waren in seinem Geschäft für Richard Griebel auch Seefische. Ab März 1933 untersagte ihm Richard Griebel die Bestellannahme und den Verkauf und übernahm Bestellung und Lieferung seines Fisches in eigene Regie (s. Band 2, Griebel, Richard).

## Eckardt, Otto; Bahnhofstraße 58c | *Gärtnereibetrieb, Versicherungsvertreter*

**Ausführung sämtl. Gartenarbeiten**
mit jetziger Zeit angepaßten Preisen nimmt entgegen
**sowie Sämereien und Pflanzen empfiehlt**
**Otto Eckardt**
Gräfenroda, Bahnhofstraße 58c.

*ABB. 151*

Otto Eckardt hatte einen Gartenbetrieb und warb in den „Heimat-Glocken“ mit der Ausführung sämtlicher Gartenarbeiten. Zudem leitete er noch die Geschäftsstelle Gräfenroda des Allgemeinen Volks- und Lebensversicherungsverein für Stadt und Land „Harmonie“. [HG 1930/28 S. 176]

## Eckardt, Otto; Hintergasse 15 | *Maler, Modelleur, Töpfer*

*ABB. 152*

*Nicht in der Staatlichen Porzellanmanufaktur Meißen, sondern zu Hause bei dem 69jährigen Otto Eckardt in Gräfenroda entstand dieses Bild. Otto Eckardt war viele Jahre als Formgestalter in der keramischen Industrie tätig. Er und sein Sohn finden Freude daran, formschöne Dinge nach klassischem Vorbild entstehen zu lassen, so hier eine Deckelvase nach asiatischem Muster.* *Foto: ZB/Ludwig*

*ABB. 153*

Otto Eckardt war der Bruder des Tonmalers und Malermeisters Erich Eckardt. Otto erlernte den Beruf eines Töpfers, den er später als Tonformer, besonders als Entwickler von Modellen für die „Keramik" ausübte. Seine zeichnerische Begabung ließ ihn auch als Kunstmaler tätig werden. Mit seinem Hobby, dem Filmen mit seiner Schmalfilmkamera, nahm er die damals beliebten Unterhaltungsabende für die Feriengäste auf. Diese wurden auch öffentlich präsentiert, oft zusammen mit Aufnahmen seines „Kollegen", dem in Gräfenroda umtriebigen Fotograf Joachim Hugon.

## Eckardt, Otto; Waldstraße 33 | *Geschirrführer, Lohnfuhrwerk*

**Otto Eckardt · Lohnfuhrwerk**
5214 Gräfenroda/Thür.

*ABB. 154*

Otto Eckardt übernahm von seinem Vater Hermann das Fuhrgeschäft. Er war überwiegend für die heimische Bevölkerung tätig, wenn es darum ging, für diese die Ernte mit dem Fuhrwerk einzubringen, Kohlen zu liefern oder das im Wald geschlagene Holz nach Hause zu transportieren.

## Eckardt, Otto | *Bäckermeister*

In der Namensliste der Konfirmanden von 1938 wird Fritz Eckardt als Sohn des verstorbenen Bäckermeisters Otto Eckardt genannt. [HG 1938/12 S. 1] In den Adressbüchern konnten wir keinen Hinweis auf Otto Eckardt finden.

## Eckardt, Uwe; Kirchholz 48 | *Klempnermeister*

*ABB. 155*

Der Meisterbetrieb Uwe Eckardt führt Klempnereiarbeiten und Gas-Wasser-Installationen aus.

## Eckardt, Werner; Friedrichstraße 17 | *Tischlermeister*

Werner Eckardt, geb. am 03.11.1913, erlernte den Beruf eines Tischlers. Er war der Sohn von Tischlermeister Albert Eckardt und legte im September 1939 seine Meisterprüfung ab. In den HG von 1939/35 S. 283 wird seine bestandene Meisterprüfung bekanntgegeben. Zu diesem Zeitpunkt war sein Vater bereits verstorben.

## Eckardt, Wilhelm; Waldstraße | *Geschirrhalter*

Im März 1936 erlitt Eckardt beim Abfahren von Langholz im Lindental, unweit der „Wegscheide", einen schweren Unfall. Beim Bedienen der Vorderradbremse geriet er auf tragische Weise unter die Räder seines vollbeladenen Wagens, wobei ihm beide Beine gebrochen wurden und er auch schwere Verletzungen an Hand und Kopf davontrug. Der Verunglückte verstarb in Folge seiner Verletzungen im Krankenhaus Arnstadt. Bereits einige Jahre zuvor geriet er im Forstort „Buch" ebenfalls unter seinen Wagen und verletzte sich am Fuß so schwer, dass er nur noch unter größter Anstrengung seine Arbeit verrichten konnte. [HG 1936/13 S. 103; Adressbuch 1945/25]

## Eckardt & Mentz; Waldstraße 8 | *Fabrik feiner Tonwaren*

*ABB. 156*

Diese Firma wurde im Jahr 1864 gegründet und stand unter der Leitung der Kaufmänner Ernst Eckardt, Hermann Eckardt und des Modelleurs August Eckardt. [HGT S. 147 ff.]

## Eckardt, Gebr. & Co. | *Thermometer- und Glasinstrumentenfabrik*

Gebr. Eckardt & Co. [Adressbuch 1924/25]

## Eckardt-Vogel, Andrea; Waldstraße 72 | *Physiotherapeutin*

1992 erfolgte die Eröffnung der Gemeinschaftspraxis für Physiotherapie mit Corina Lindner. Nach dem Ausscheiden von Corina Lindner im Jahr 2017 wird die Praxis als Einzelpraxis geführt. [H. B.-Heft 11-2017]

## Eckstein; Försterhaus Waldsberg | *Oberförster*

Über seine Person, seinen Tätigkeitsbereich und dessen Zeitraum konnten wir keine Angaben finden. [THSTARu]

## Ehrhardt, Karl | *Gastwirt*

*ABB. 157*

Karl Ehrhardt übernahm im Oktober 1934 den Restaurationsbetrieb von Otto Oemler, im Bahnhof Ort (s. Oemler, Otto).

## Ehrhardt, Richard; Kirchholz 26 | *Friseurmeister*

Richard Ehrhardt wurde am 29.11.1889 in Erfurt geboren. Er erlernte den Beruf eines Herrenfriseurs. Seine gewerbliche Anmeldung als Friseur in Gräfenroda erfolgte am 01.03.1931. [GAGR]

## Eichelroth, Jürgen; Wiesenweg 40 | *Holz- und Kunststoffverarbeitung, Tischlerei, Fensterbau*

*ABB. 158*

Jürgen Eichelroth arbeitete als Meister in der Firma Holz- und Kunststoffverarbeitendes Handwerk Qualität e. G. PGH „Qualität". Ab 1990-1995 war er dort Geschäftsführer. Mit der Auflösung des Unternehmens ab 1995/96 ging er in die Selbstständigkeit als Fensterbauer, bis 2002. (Angaben: Jürgen Eichelroth)

## Eichhorn & Schweitzberger Adolf/Karl Hugo Oscar | *Glasinstrumente und Thermometerfabrik*

*ABB. 159*

Die Firma „Eichhorn & Schweitzberger" wurde am 25.08.1900 gegründet. Inhaber war Hugo Schweitzberger. Bereits mit Datum vom 01.05.1901 wurde das Unternehmen aufgelöst. Das Geschäft wurde nach Frankenhain verlegt und unter der Leitung von Hermann Fliedner wiedereröffnet. 1927 erlosch das Unternehmen.

# Eichler | *Tankanlage*

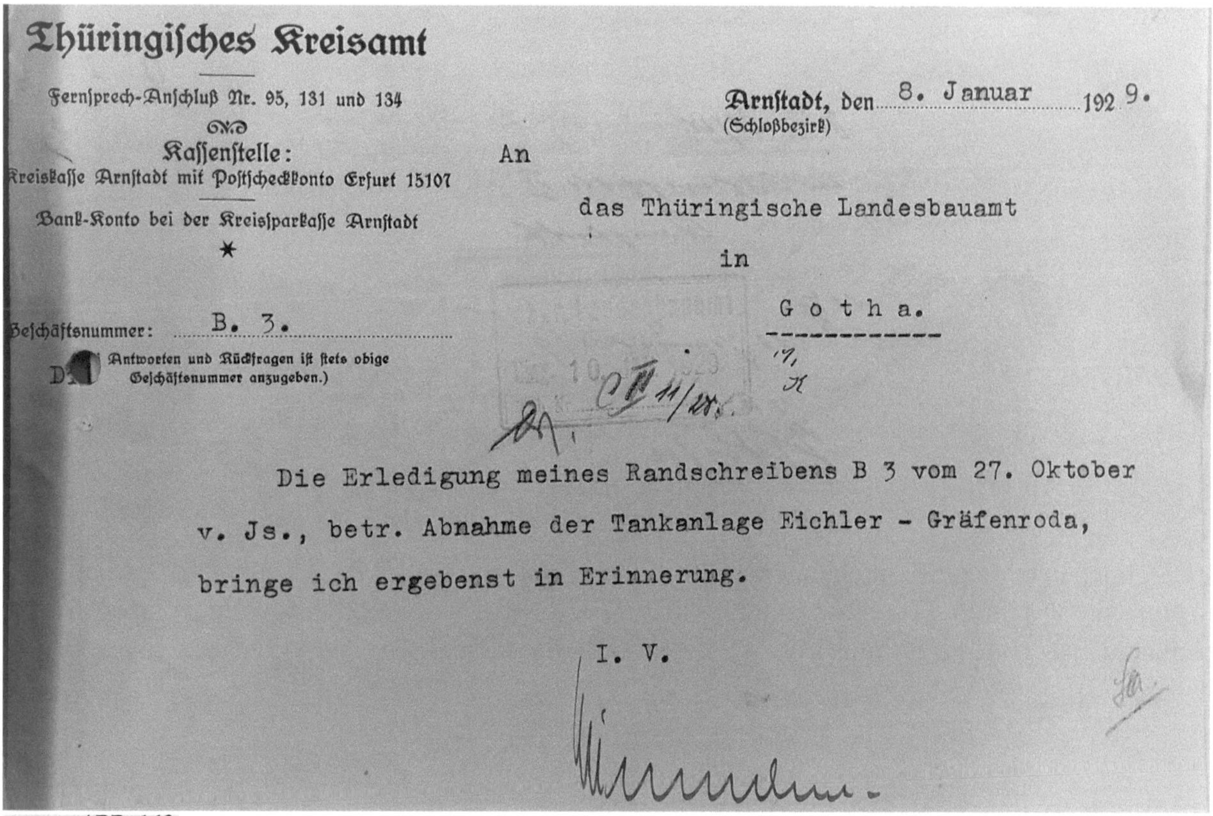

Thüringisches Kreisamt

Fernsprech-Anschluß Nr. 95, 131 und 134

Kassenstelle:
Kreiskasse Arnstadt mit Postscheckkonto Erfurt 15107

Bank-Konto bei der Kreissparkasse Arnstadt

Arnstadt, den 8. Januar 1929.
(Schloßbezirk)

Geschäftsnummer: B. 3.

Antworten und Rückfragen ist stets obige Geschäftsnummer anzugeben.)

An

das Thüringische Landesbauamt

in

G o t h a.

Die Erledigung meines Randschreibens B 3 vom 27. Oktober v. Js., betr. Abnahme der Tankanlage Eichler - Gräfenroda, bringe ich ergebenst in Erinnerung.

I. V.

*ABB. 160*

Zu dem Vorgang Eichler-Tankanlage aus dem Jahr 1929 haben wir außer dem oben abgebildeten Schriftstück nichts weiter in den Akten gefunden. Worum es sich genau gehandelt hat und wo diese Abnahme erfolgte oder erfolgen sollte, ist nicht bekannt. Im Adressbuch Gräfenroda von 1928 haben wir einen Wilhelm Eichler, Schlosser in der Waldstraße, gefunden.

# Eichler/Dille Dr. jur. Fr./Curt; Plan 16a | *Anwaltskanzlei und Notare*

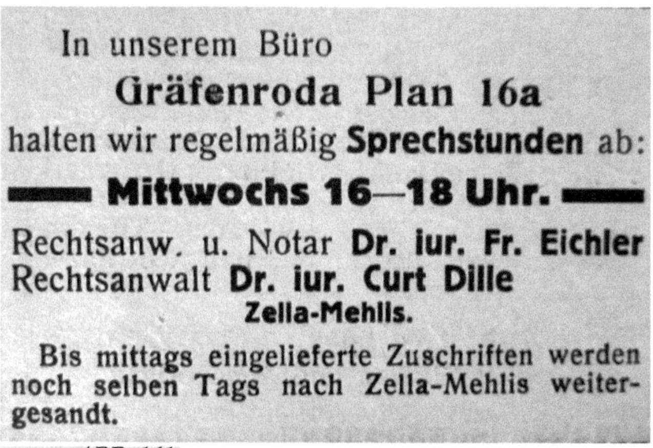


*ABB. 161*

Der Hauptsitz der Kanzlei war in Zella-Mehlis. In Gräfenroda unterhielten sie lediglich eine Zweigstelle.

## Eichner, Johanna; Horst-Wessel-Straße 15 | *Porzellan, Glas- und Steingutwaren-Geschäft*

*ABB. 162*

Johanna Eichner, geb. Tippmann, wurde am 30.11.1872 in Bayreuth geboren. Sie war die Frau von Karl Eichner und betrieb das von ihrem Mann gegründete Geschäft nach dessen Tod weiter. [HGT S. 178]

## Eichner, Karl; Horst-Wessel-Straße 15 | *Kaufmann*

Karl Eichner betrieb ein Porzellan, Glas- und Steingutwaren-Geschäft. Er starb im April 1928 im Alter von 56 Jahren. [Todesanzeige HG 1928/17 S. 72] Seine Frau Johanna führte danach das Geschäft weiter. Im Adressbuch von 1924/25 wurde die Hintergasse als Wohnsitz angegeben. [HGT S. 178]

## Einicke, San.-Rat, Dr. Gerhard; Waldstraße 72 | *Zahnarzt*

Dr. Einicke war Facharzt für allgemeine Stomatologie. Er übernahm 1958, nach dem Tod von Dr. Wilke, dessen Praxis als angestellter Zahnarzt und wurde später Leiter der zahnärztlichen Abteilung mit zahntechnischem Labor. Seine Wirkungszeit in Gräfenroda war von 1959-1991. [H. B.-Heft 11-2017]

## Engel, Carl; Försterhaus Waldsberg | *Oberförster*

Im Staatsarchiv Rudolstadt fanden wir einen Hinweis aus dem Jahr 1873, dass zu diesem Zeitpunkt Carl Engel als Oberförster im Försterhaus Waldsberg wohnte und sicher auch als solcher tätig war. Seine Tochter Marie Friedericke heiratete 1878 Hironimus Traugott Friedrich Leonhard Winter. [STKAArn]

## Engelhardt, Franz; Bahnhofstraße 2/10 | *Druckerei*

Franz Engelhardt wurde am 01.05.1871 in Schönau geboren. Seine Übersiedlung nach Gräfenroda erfolgte zwischen 1887/88. Vermutlich gründete er im Jahr 1888 die „Engelhardt`sche Buchdruckerei" (s. a. Bräunlich, Ernst). Hier wurde die erste Gräfenrodaer Lokalzeitung, die „Gräfenrodaer Nachrichten", gedruckt. 1904 stellte Franz Engelhardt den Antrag zum Umbau seines Wohnhauses in der Bahnhofstraße 2. Neben einer Buchdruckerei- und Binderei betrieb er auch eine Buchhandlung. Hinzu kamen der Verkauf von Kartonagen und Büroartikeln.

ABB. 163

ABB. 164

Im Engelhardt`schen Haus befand sich auch die Ausgabestelle und Inseratannahme des „Arnstädter Anzeigers“. Engelhardt war verantwortlich für Druck und Herausgabe der „Heimat-Glocken“ sowie für Druck und Verlag des „Geratal-Boten“, erschienen seit 1915; eingetragen ab 1923. Nachfolger waren: Rudolf Kreidel, Druckerei Kiesewetter, bis Mai 2019 „Schreibwaren Uwe Adorf“, bis 2016 mit Post- und Paketstelle. Die Geschäftsräume werden heute durch Markus Müller „Raumausstattung & Heimtextilien“ genutzt (s. Müller, Markus).

## Engelhardt, Paul; Bahnhofstraße2/10 | *Kaufmann*

Paul Engelhardt, geb. am 18.01.1900 in Gräfenroda, war der Sohn von Franz Engelhardt. [Adressbuch 1924/25]

## Engert, Liselotte | *staatlich geprüfte Heilgymnastin*

Bin von der Allgemeinen Ortskrankenkasse Arnstadt bestimmt als

**Heilgymnastin.**

**Massage und orthopädische Gymnastik besonders auch Säuglingsmassage**

*Liselotte Engert,*
*staatl. gepr. Heilgymnastin.*

ABB. 165

Liselotte Engert erhielt im November 1935 als staatlich geprüfte Heilgymnastin von der Allgemeinen Ortskrankenkasse Arnstadt die Zulassung als Heilgymnastin für speziell Massage und orthopädische Gymnastik und Säuglingsmassage. Ihre Wirkungszeit in Gräfenroda war von 1935-1939. [H. B.-Heft 11-2017]

## Engert, Dr. theol. Thaddäus Hyazinth; Bahnhofstraße 10 | *Theologe, Oberpfarrer*

ABB. 166

Dr.Thaddäus Engert kam 1912 als Pfarrer nach Gräfenroda. Ab 1927 bis 1941 beschäftigte er sich ausführlich mit der Heimatgeschichte Gräfenrodas, fand alte Urkunden und Texte und übersetzte diese in eine für alle lesbare Form. Er wurde gemeinsam mit Franz Engelhardt Initiator zur Gestaltung und Herausgabe des Wochenblattes „Heimat-Glocken“, einer Zeitung für die Gemeinden Gräfenroda und Umgebung. Engert ist 1945 im Alter von 69 Jahren verstorben. [Siehe auch: Greßler, Schwientek, Siefert, 2016, S. 49]

## Enke, Ramon; Siedlung 12 | *Förster*

Forstverwaltungs-Sitz des Thüringer Forstreviers Gräfenroda. [GS2015; T2016/17]

## Eschrich, August; Friedrichstraße | *Glasbläser*

Ob August Eschrich einen kleinen Betrieb mit Angestellten innehatte, oder als Heimarbeiter tätig war, konnte nicht ermittelt werden. [Adressbuch 1937]

## Eschrich, C. W. | *Glasfabrikant*

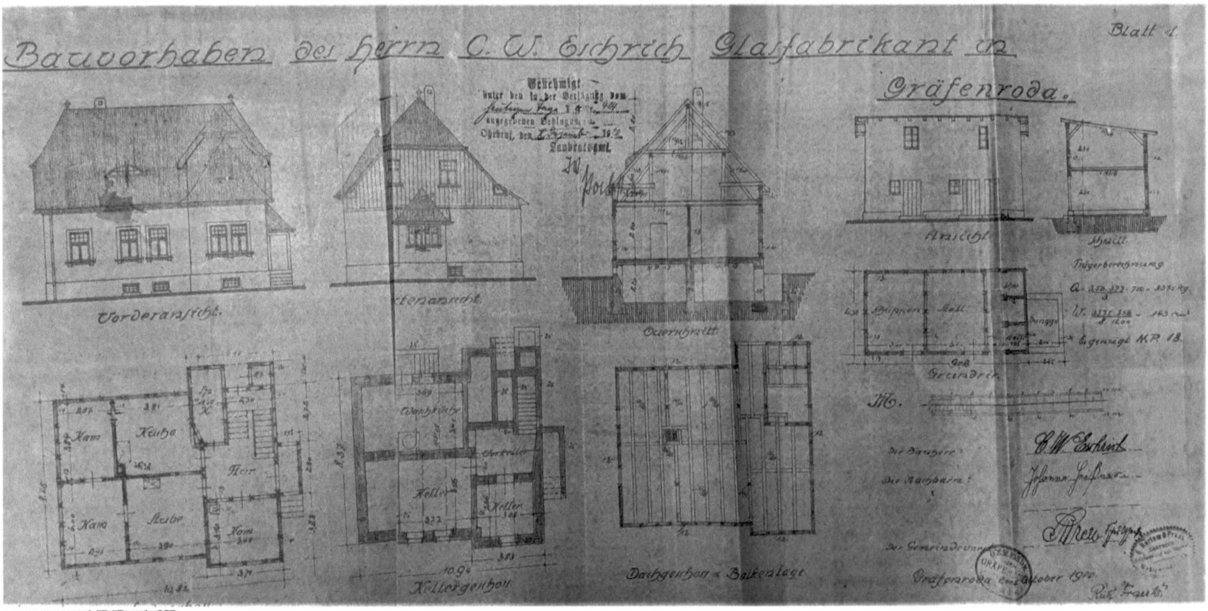


*ABB. 167*

C.W. Eschrich stellte im Oktober 1920 den Antrag zum Bau seines Wohnhauses. Aus den gesichteten Unterlagen war nicht zu entnehmen, wo der Wohnhausbau entstehen soll.

## Eschrich, Daniel; Waldstraße 38 | *Sachverständiger*

Daniel Eschrich ist selbsständiger Sachverständiger für Gebäudeschadstoffe. Er firmiert unter S-D-E.

## Eschrich, Emil; Südstraße (Arbeitsamt, Wohnhaus Haffner)

*ABB. 168*

Welchen Beruf Emil Eschrich ausübte, konnten wir nicht ermitteln. Er annoncierte aber in den HG von 1936 für Bestellung und Verkauf von Weihnachtsbäumen. [Adressbuch 1937]

## Eschrich, Ernst; Bahnhofstraße | *Fabrikant*

Ernst Eschrich war der Miteigentümer der Fa. Ernst Eschrich & Co. in der Waldstraße 63 oder 69. Dort wurden Ganzglasspritzen hergestellt. Sein Wohnhaus stand in der Bahnhofstraße. (s. a. HGT S. 104, sowie unter Ernst Eschrich & Comp) [Adressbuch 1924/25; Thür. Findbuch THSTA-Ru HRA 616]

## Eschrich, Ernst; Ohrdrufer Straße 7 | *Kaufmann*

Ernst Eschrich, geb. am 16.10.1906 in Gräfenroda, Sohn von Gastwirt Karl Eschrich, erlernte den Beruf eines Kaufmanns und eröffnete am 10.10.1931 das „Ernst Eschrich Rhön-Bekleidungshaus Vacha", Filiale Gräfenroda. 1932 folgte im Vorraum der Kegelbahn die Geschäftseröffnung seines Spezialgeschäfts für Strümpfe und Trikotagen unter „Chemnitzer Strumpfhaus Ernst Eschrich". Neben dem Stammsortiment entwickelte sich das Geschäft vor allem zu einem Spezialgeschäft für Uniformen, Fahnen, Abzeichen und alle Artikel zur Ausstattung der NSDAP. 1933 erhielt er die alleinige Zulassung des Vertriebs parteiamtlicher Bekleidungs- und Ausrüstungsgegenstände. 1943 übernahm Eschrich den Gasthof von seinem Vater, und Emma Kiesel ab diesen Zeitpunkt das Trikotagengeschäft. [H. B.-Heft 12-2018]

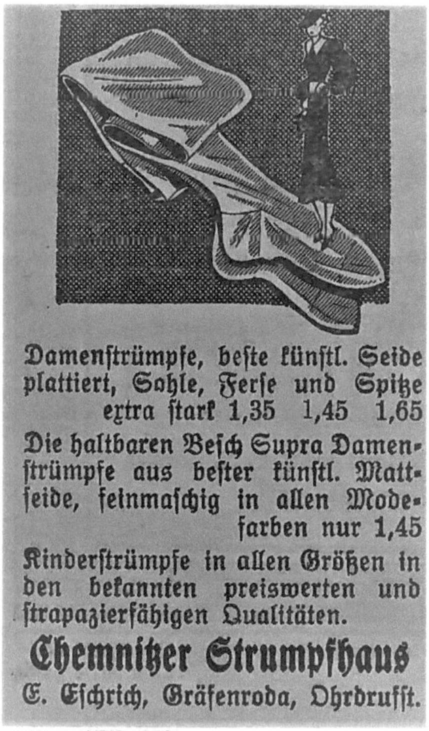


ABB. 169

ABB. 170

## Eschrich, Ernst & Co.; Waldstraße 271 (63/69) | *Glasbläserei*

Die Besitzer der Firma Ernst Eschrich & Co. waren der Fabrikant Ernst Eschrich und der Glasbläser August Graf. Das Unternehmen fertigte chemisch-pharmazeutische Glaswaren mit sieben Beschäftigten.

*ABB. 171*

Im April 1921 erhielt die Firma die Baugenehmigung für einen Anbau an das bestehende Fabrikgebäude. Zum 26.10.1938 erfolgte die Abmeldung der Firma und damit wohl auch die Einstellung der Produktion. August Graf arbeitete danach bei der Firma „Fischer & Söhne“ in Frankenhain und Ernst Eschrich in Zella-Mehlis bei der Röhm-Gesellschaft. [HGT S. 104]

## Eschrich, Heinrich | *Brauereibesitzer*

| | Gräfenroda | | |
|---|---|---|---|
| 1a | Brauerei Heinrich Eschrich | 1883 | |
| 1b | Brauerei Eschrich & Wächter | | 1920 |
| 2a | Brauerei Heinrich Strobel | 1876 | |
| 2b | Brauerei Gebr. Strobel | | 1920 |

*ABB. 172*

Im Jahr 1920 kam es zum Zusammenschluß von Heinrich Eschrich und Emil Wächter zu Eschrich & Wächter.

## Eschrich, Heinz; Siedlung | *Werbedruck*

Heinz Eschrich führte in den 1990er Jahren im Keller seines Wohnhauses in der Siedlung Bedruckung und Beflockung von Sportkleidung durch. Nachdem das Geschäft nicht mehr so florierte, betätigte er sich auch als Versicherungs- und Immobilienmakler. (Angaben: Marianne Eschrich, Ehefrau)

## Eschrich, Hermann | *Schuhmacher*

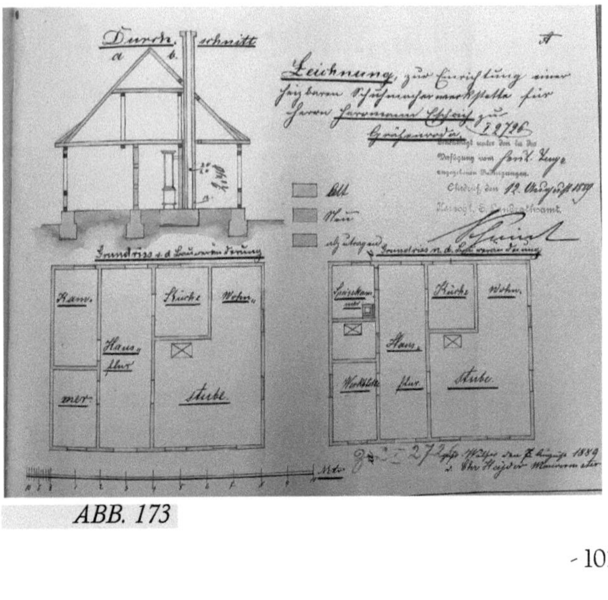

*ABB. 173*

Hermann Eschrich stellte im August 1889 den Antrag durch Umbau in seinem Haus dort eine heizbare Schuhmacherwerkstatt einrichten zu können. Leider ist aus der Zeichnung und den zugehörigen Unterlagen nicht ersichtlich, wo sich diese Schuhmacherwerkstatt befand.

## Eschrich, Karl; Ohrdrufer Straße 7 | *Gastwirt, Gasthaus „Eschrichs Gasthof“*

*ABB. 174*

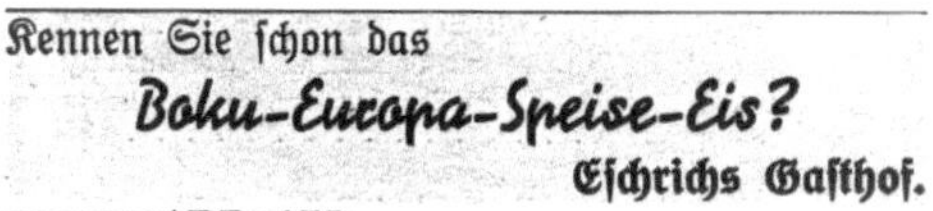

*ABB. 175*

Karl Eschrich, geb. am 03.12.1880 in Gräfenroda, führte seit 1911, nach dem Tod von Emil Wächter, den Gasthof weiter. Ab welchen Zeitpunkt er unter seinem Namen als „Eschrichs Gasthof“ firmiert hat, ist nicht bekannt. Im September 1929 wurde in der öffentlichen Gemeinderatssitzung der Antrag der Brikett-Vertriebs G.m.b.H. Erfurt zur Errichtung einer Tankstelle auf dem Grundstück von Karl Eschrich beraten und Zustimmung erteilt, wenn die notwendigen Lagepläne vorgelegt werden können. Die Tankstelle existierte bis ca. Ende der 1950er Jahre mit einer Zapfsäule und Handpumpe zur Kraftstoffentnahme. 1943 übernahm Ernst Eschrich, Sohn von Karl Eschrich, den Gasthof mit Herstellung und Verkauf von Kunst-Speise-Eis. Karl Eschrich starb am 18.12.1945 in Gräfenroda. Der letzte Gastwirt im „Eschrichs Gasthof“ war Heinz Golze.

Das gesamte Gebäude der Gastwirtschaft fiel im Juli 1981 einem Brand zum Opfer.

## Eschrich, Karl I; Waldstraße | *Glasschleifer*

Die Firma Eschrich, Frankenberg & Co. wurde im Juni 1921 von Glasschleifer Karl W. Eschrich, Glasbläser Fridolin Frankenberg, Glasbläser Heinrich Strobel und Glasschleifer Ernst Kellner gegründet. Der Firmensitz war am Wiesenweg. Am 08.10.1926 firmierte sie sich neu unter „Eschrich und Strobel“. [Adressbuch 1924/25; THSTARu; HGT S. 104]

## Eschrich, Karl II; Wiesenweg 9/10 / Waldstraße | *Glasschleifer*

Karl Eschrich und Heinrich Strobel meldeten ihr Gewerbe unter dem Namen „Eschrich & Strobel Instrumentenfabrik“ am 01.01.1937 an. 7 Mitarbeiter waren dort tätig. [HGT S. 104]

## Eschrich, Karl Hermann Friedrich | *Schuhmacher*

Am 13.01.1884 heiratete der Schuhmacher Eschrich in Gräfenroda Caroline Hermine Emilie Heyer. Wo sich seine Werkstatt befand, war nicht zu eruieren. [STKAArn; Heiratsbuch Gräfenroda]

## Eschrich, Meike; Alte Lache 1 | *TITAN Dienstleistungen*

TITAN Dienstleistungen war ein privates Vermittlungsunternehmen von Arbeitskräften. Das Unternehmen existiert nicht mehr.

## Eschrich, Paul; Bahnhofstraße | *Kaufmann*

[Adressbuch 1924/25]

## Eschrich, Ralf; Schillerstraße 22 | *Versicherung Winterthur*

Ralf Eschrich war in den 1990er Jahren als Vertreter für das Versicherungsunternehmen Winterthur tätig. Das Unternehmen existiert nicht mehr.

## Eschrich, Richard; Waldstraße | *Fleischer*

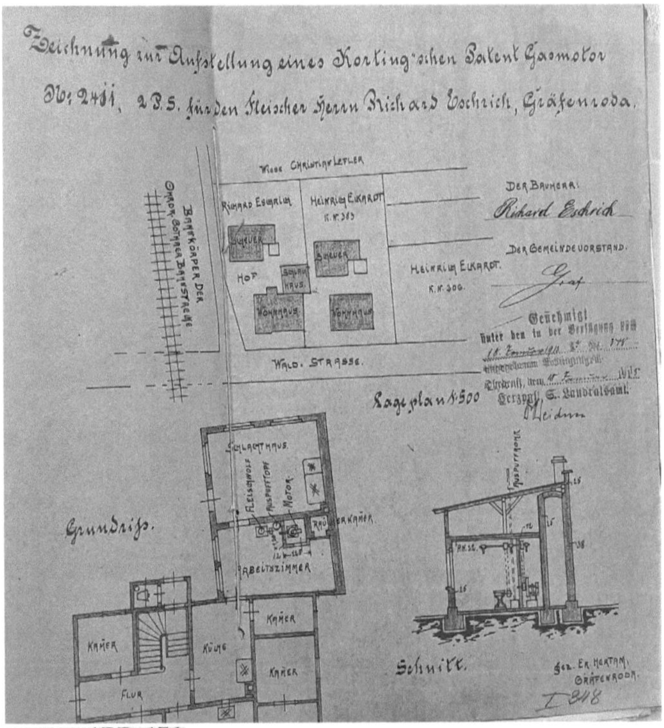


*ABB. 176*

Richard Eschrich stellte 1910/11 den Antrag zur baupolizeilichen Prüfung und Genehmigung zum Bau eines Wohnhauses mit Schlachthaus und Nebengebäude. Im Januar 1911 muss die Genehmigung erteilt worden sein, denn bereits im Mai 1911 gab es hierzu einen Nachtrag. Die Rohbaufertigstellung meldete Eschrich dem Landratsamt mit Schreiben vom 11.05.1911 und die Fertigstellung zur Abnahme mit Schreiben vom 10.09.1911. Im Januar des Jahres 1913 beantragte Eschrich die Aufstellung eines 2PS Gasmotors. Aus der Zeichnung ist zu entnehmen, dass der Motor als Antrieb des Fleischwolfes dienen sollte.

## Eschrich, Wilhelm; Straße nach dem Grund (heute Waldstraße) | *Schuhmacher*

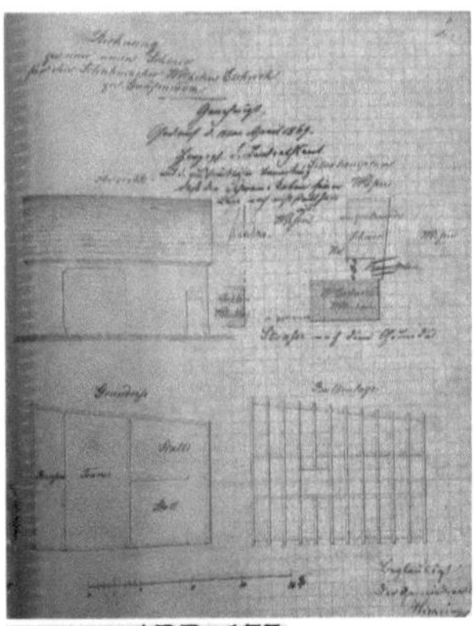

*ABB. 177*

Wilhelm Eschrich stellte 1869 den Antrag zur Errichtung einer Scheune. Wo, ist aus diesem Plan nicht zu erkennen.

## Eschrich, Wilhelm; Waldstraße 37a / Rosental 2 | *Kaufmann, Glaswarengroßhandel*

Wilhelm Eschrich wurde am 03.07.1898 in Gräfenroda geboren. Er erlernte den Beruf eines kaufmännischen Angestellten. Eschrich betrieb einen Glaswarengroßhandel. Das Wohnhaus befand sich im Rosental. [Adressbuch 1924/25; GAGR]

## Eschrich und Wächter, Karl, Max; Ohrdrufer Straße | *Gastwirte und Gasthofbesitzer*

Im März 1912 reichten Karl Eschrich und Max Wächter Bauunterlagen zum Umbau der Gastwirtschaft „Der Gasthof“ und einen Saalanbau an diesen zur Prüfung und Genehmigung ein. Aus den Bauzeichnungen geht hervor, dass der Gasthof auch eine Kegelbahnanlage hatte.

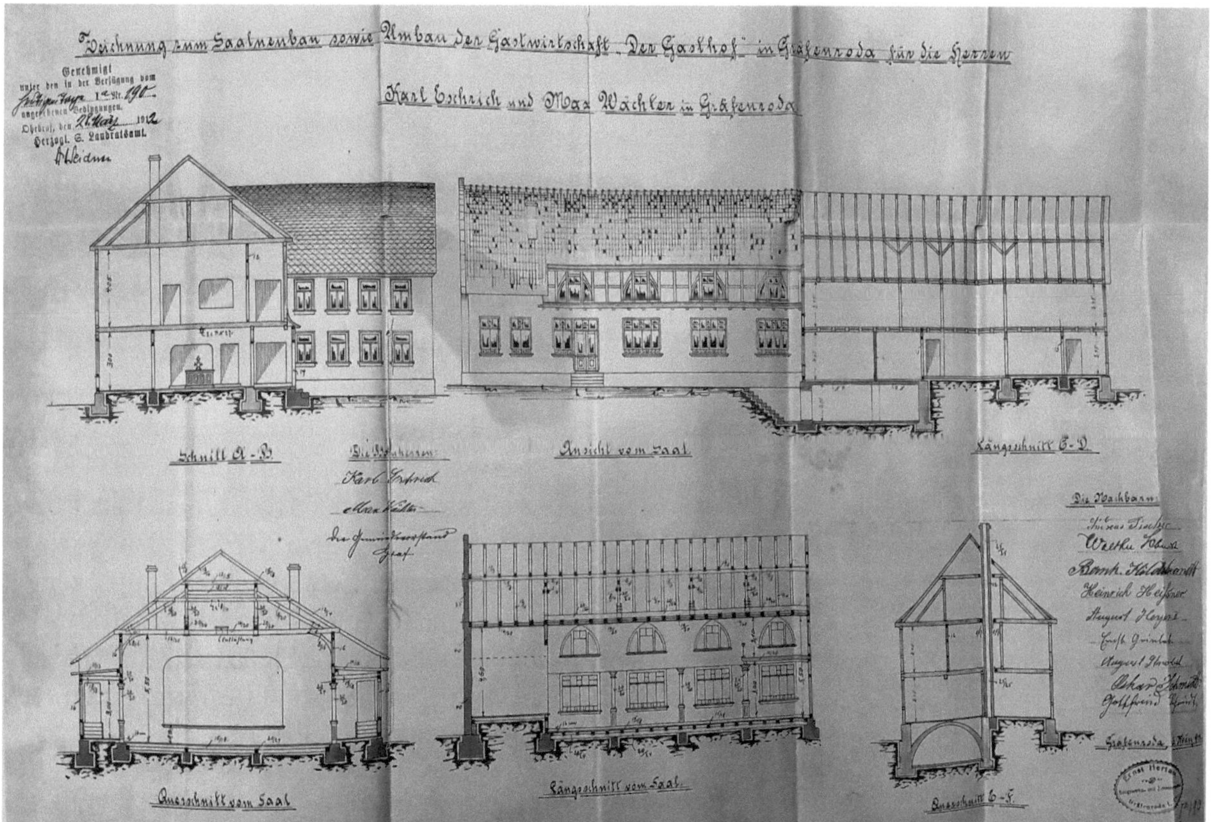


ABB. 178

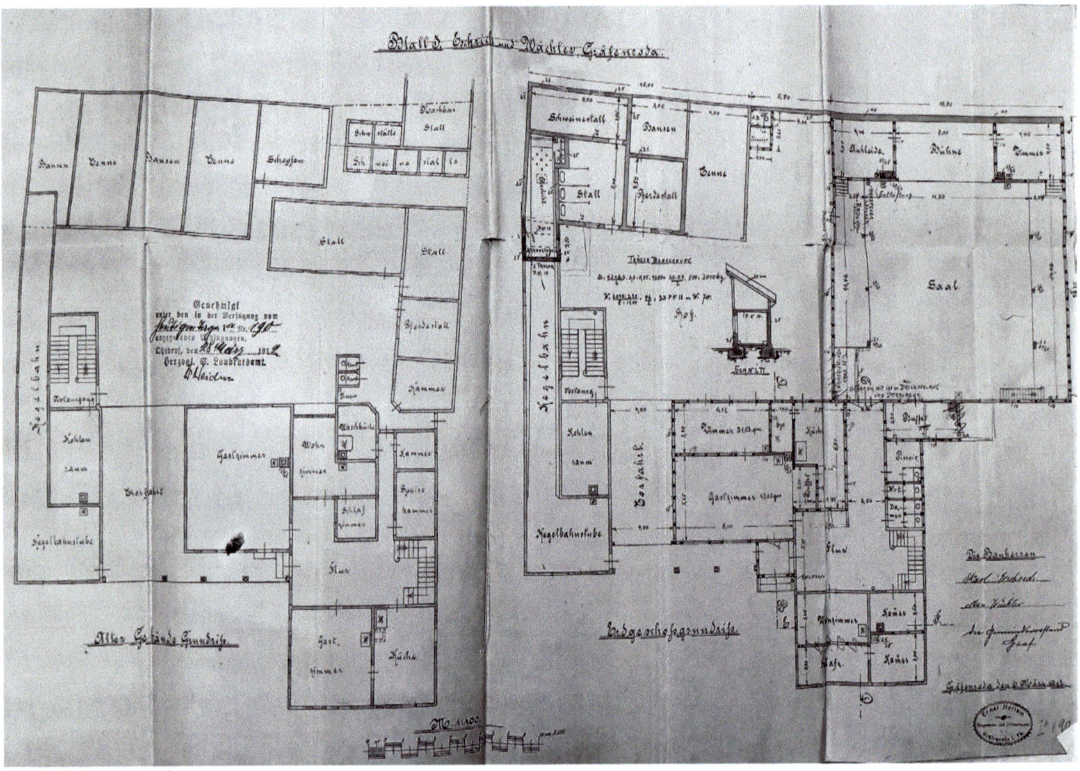

ABB. 179

## Eschrich und Griebel, Robert, Hermann; Waldstraße | *Glasfabrikanten*

ABB. 180

Robert Eschrich und Hermann Griebel erwarben und übernahmen 1884 die Glashütte von Ferdinand Heißner und Landwirt Martin Heyer. Das Werk hatte damals einen Glasofen und acht offene Häfen mit fünfzig Beschäftigten. Die direkte Feuerung geschah noch mit Holz. 1896 stellten sie einen Antrag zu einem Anbau an den Lagerraum. Im Juli 1919 erhielten Eschrich & Griebel die Genehmigung für den Bau eines Schornsteins. [HGT S. 81 ff.]

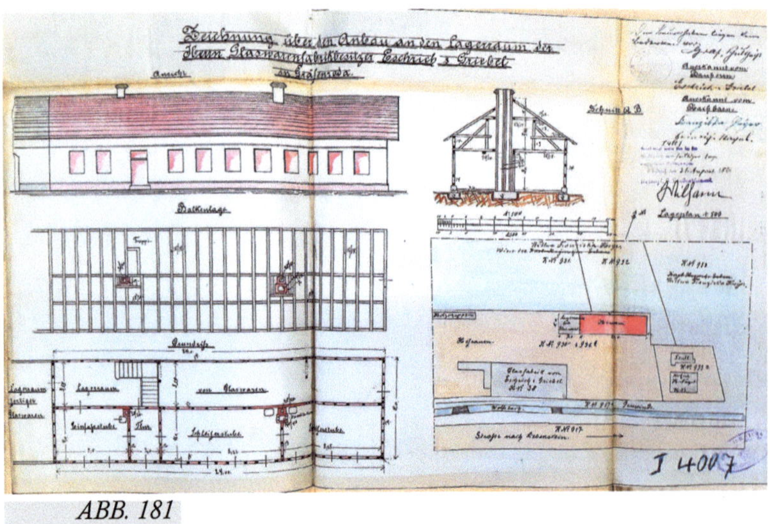

ABB. 181

## Euchler, Otto; Schillerstraße 26 | *Elektrotechnisches Geschäft, Fahrradreparatur, Tankstelle*

*ABB. 182*

Otto Euchler wurde am 14.04.1892 in Wölfis geboren. Er erlernte den Beruf eines Elektrikers. Seine gewerbliche Anmeldung als Elektromeister erfolgte am 01.12.1922. Mit 3 weiteren Beschäftigten führte er Installationen von Licht- und Radioanlagen aus. Er reparierte elektrische Haushaltungsmaschinen und auch Fahrräder.

Bis Mitte der 1950er Jahre stand vor seinem Haus eine Handzapfsäule für Mineralkraftstoff.

*ABB. 183*

*ABB. 184*

## Evangelischer Kindergarten; Neue Straße 4

Der Ursprung der Gründung eines unter der Führung der evangelischen Kiche stehenden Kindergartens geht auf das Jahr 1889 mit der Eröffnung einer Kleinkinderschule mit einem Zimmer im Pfarrhaus zurück. Da die Räumlichkeit bald zu klein war, wurde nach einem Bauplatz und finanziellen Mitteln gesucht. Es war Julius Möller, der Kaufmann und Mäzen, der der Gemeinde 1900, mittels einer Stiftung von 15.000 Mark, den Bau dieser Einrichtung ermöglichte. Baubeginn war 1901 und 1902 wurde das Haus zum Andenken an die vom Stifter hochverehrten Mütter seiner ehemaligen Zöglinge Helene von Kalmutzky und Nadin von Krupensky nach deren Vornamen „Helenen-Nadinen-Haus" eröffnet. Julius Möller ist im Jahr 1913 verstorben. [Ehrhardt, Gran, Greßler, 2019; Leo Jäger-Heft "Julius Möller"]

# F

## Fahrenbach, Walter; Südstraße / Hintergasse 9 | *Glasbläserei*

Walter Fahrenbach, geb. am 15.03.1908 in Geschwenda, hatte eine kleine Glasbläserei mit 3 Beschäftigten. [HGT S. 119]

## Falkenberg, Elke; Ilmenauer Straße 3 | *Wäscheshop*

Elke Falkenberg, vormals verh. Becker, betrieb nach dem Weggang im Jahr 2005 aus den Geschäftsräumen in der Ilmenauerstraße 21/23, in den ehemaligen Räumen der Lindendrogerie einen Wäscheshop und ein Geschäft für Geschenkartikel. Das Ladengeschäft fungierte auch als Annahmestelle für chemische Reinigung. Mit dem Tod von Elke Falkenberg im Jahr 2018 wurde das Geschäft geschlossen. (Angaben: Thomas Becker)

## Faust, Caspar; Hintergasse 39 (9) | *Hofarbeiter*

Empfehle mich zum
Flechten von
Rohrstühlen
und
für Reparaturen
an Korbmöbeln.
Caspar Faust,
Hintergasse 39.

*ABB. 185*

Caspar Faust wurde am 25.05.1864 in Herleshausen geboren. In den Adressbüchern von 1924 bis 1932 wird die berufliche Tätigkeit von Caspar Faust als Hofarbeiter angegeben. Vermutlich in seiner Freizeit und Nebentätigkeit fertigte und reparierte er Korbmöbel aller Art. Faust war seit 1909 mit Karoline Faust, geb. Strobel, geb. am 12.04.1877 in Gräfenroda, verheiratet. Karoline Faust war gelernte Schneiderin. Über ihre Tätigkeit in diesem Beruf konnten wir keine Unterlagen finden. Man kann vermuten, dass sie ebenfalls diesen in Nebentätigkeit ausübte. [GAGR]

## Feldmann; Bahnhofstraße 57

Wegen Geschäftsaufgabe
verkaufe billigst
Rieschel-Wellsieb Grude, fast neuen Füllofen, einfachen Kleiderschrank, Kaffee-Maschine kompl. 25 Lt. Inhalt (Mark. Schwabenld.), Fleischklotz, 3 Reduzierventile für Kohlensäureflaschen, 3 Biertabletts (nickel plattiert), 2 Bratpfannen (Gr. 61×38 u. 53×34), Kopierpresse, Weinkaraffen und verschiedenes.
Feldmann,
Bahnhofstraße 57.

*ABB. 186*

Außer dieser Anzeige zur Geschäftsaufgabe, konnten wir keinerlei weitere Angaben zu seiner Person finden.

## Feuerlöschpolizei | *Freiwillige Feuerwehr Gräfenroda*

*ABB. 187*

Die Feuerlöschpolizei gilt als der Vorgänger der späteren Freiwilligen Feuerwehr Gräfenroda. Oberbrandmeister Fröhlich war deren Leiter. Otto Gutjahr fungierte als Kreiswehrführer. [HG 1939/49 S. 388]

## Fiedler, Kurt; Waldstraße / Lindenplatz | *Kaufmann*

Weitere Angaben konnten nicht eruiert werden. [Adressbuch 1924/25; 1931/32]

## Fischer, Andreas; Hintergasse 21 | *Maurer*

*ABB. 188*

Andreas Fischer, geb. am 09.07.1873 in Gräfenroda, betrieb ein Maurergeschäft. Ob sich dort auch das Geschäft befand und wieviele Mitarbeiter er hatte, ist nicht bekannt.

## Fischer, Eberhard; Saft, Werner; Wiesenweg 35 | *Kraftfahrzeugpolsterei*

*ABB. 189*

Eberhard Fischer eröffnete ab 1987 auf seinem Grundstück eine Kraftfahrzeugpolsterei, die er bis ca. 1991 betrieb.

## Fischer, Eberhard; Wiesenweg 35 | *Glastechnik GmbH*

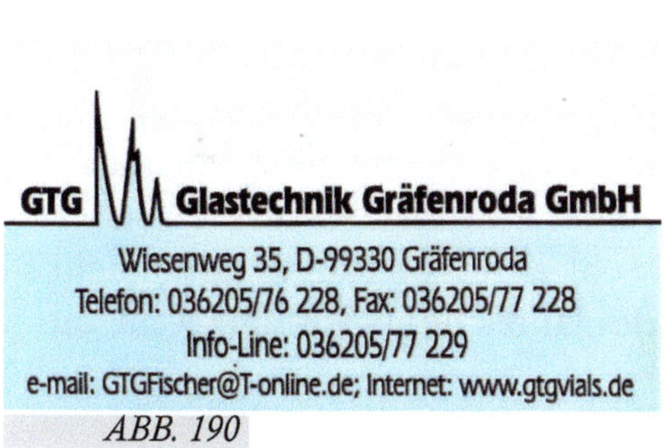


*ABB. 190*

Unter dem Firmennamen „Glastechnik GmbH Gräfenroda" gründete sich Ende des Jahres 1991 ein Unternehmen in der ehemaligen Glasbläserei „Alfred Hopf & Co". Fünf junge Männer modernisierten und begannen, aus Konkursmassen Produktionsmaschinen aufzubauen. Mit einem Schweizer Unternehmen, die „infochroma ag", entwickelte sich eine fruchtbare Zusammenarbeit.

Es wurden mehrere Patente und Gebrauchsmuster geboren. Aufgrund der guten Auftragslage wurde auf dem ehemaligen Gelände des Glaswerkes ein 3-geschossiges Produktionsgebäude errichtet. Geschäftsführer waren Eberhard Fischer und Werner Saft. Ab 2016 legte Eberhard die Geschäfte in die Hände seines Sohnes Friedrich. Eberhard Fischer bewirtschaftet seit geraumer Zeit landwirtschaftliche Flächen durch Viehhaltung, Kühe und Pferde, um Gräfenroda herum und sorgt so in seiner Nebentätigkeit als Landwirt für ein gesundes Maß an Eigenbedarf, Verkauf und vor allem für einen intakten Nutzen der Ressource „Natur". [HGT S. 121 ff.]

## Fischer, Edmund; Ohrdrufer Straße 64 | *Maurermeister/Architekt*

Edmund Fischer wurde am 09.08.1907 in Frankenhain geboren. Er erlernte den Beruf eines Maures und legte die Meisterprüfung ab. Mit Datum vom 01.05.1928 erfolgte die gewerbliche Anmeldung Edmund Fischers für sein Maurergeschäft. Er betrieb es bis in die 1950er Jahre mit 3 Beschäftigten. [Adressbuch 1946/47]

## Fischer, Emil; Ilmenauer Straße 4 | *Kastrierer (Schweineschneiden), Hausschlachtung*

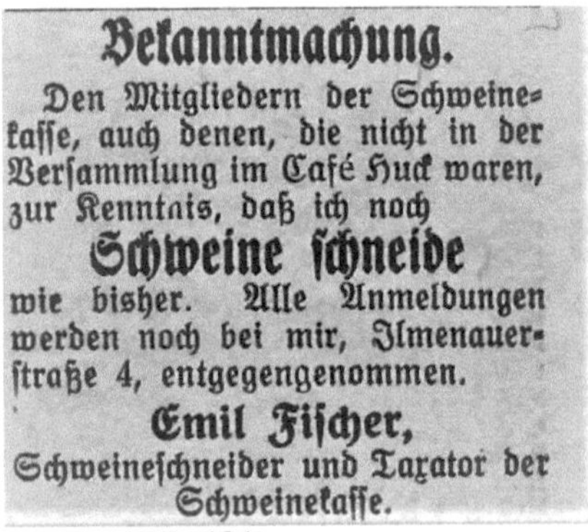

Bekanntmachung.

Den Mitgliedern der Schweinekasse, auch denen, die nicht in der Versammlung im Café Huck waren, zur Kenntnis, daß ich noch

Schweine schneide

wie bisher. Alle Anmeldungen werden noch bei mir, Ilmenauerstraße 4, entgegengenommen.

Emil Fischer,
Schweineschneider und Taxator der Schweinekasse.

*ABB. 191*

Emil Fischer wurde am 14.11.1884 in Frankenhain geboren. Infolge seiner Hochzeit mit Friedericke Amling zog er nach Gräfenroda. Er übte den Beruf eines Kastrierers aus. Nebenher betrieb er auch Hausschlachtung. 1935 war er der Initiator zur Gründung eines Ziegenzuchtverein. Inwieweit es dazu kam, ist unklar. Anhaltspunkte der Existenz eines solchen Vereins haben wir nicht gefunden. Fischer suchte 1936 den Tod (durch Suizid) infolge unerträglicher Schmerzen. [HG 1936/37 S. 306]

## Fischer, Emil; Schulstraße 5 | *Fabrikant*

Emil Fischer wurde am 03.09.1898 in Gräfenroda geboren. Er war einer der Geschäftsinhaber der Firma Reuß & Co. Diese betrieb eine Glasschleiferei (s. Reuß & Co.). [Adressbuch 1928; GAGR]

## Fischer, Ferdinand; Schulstraße 5 | *Büchsenmacher / Glasfabrikant*

Ferdinand Fischer wurde am 08.07.1873 in Gräfenroda geboren. Mit Datum vom 04.03.1899 reichte Ferdinand Fischer den Bauantrag mit Zeichnung zur Errichtung eines Wohnhauses mit Nebengebäude ein. Im März 1911 gab er den Bauantrag zur Prüfung und Genehmigung, um auf die Werkstatt ein Stockwerk errichten zu können sowie den Bau eines Motorhauses an die Werkstelle. Bei der Werkstelle muss es sich um die Glasbläserei- und Schleiferei von Paul Reuß handeln. Die Baugenehmigung muss erteilt worden sein, denn im April des Jahres 1911 beantragte Reuß die Aufstellung des Motors. [s. Reuß, Paul]

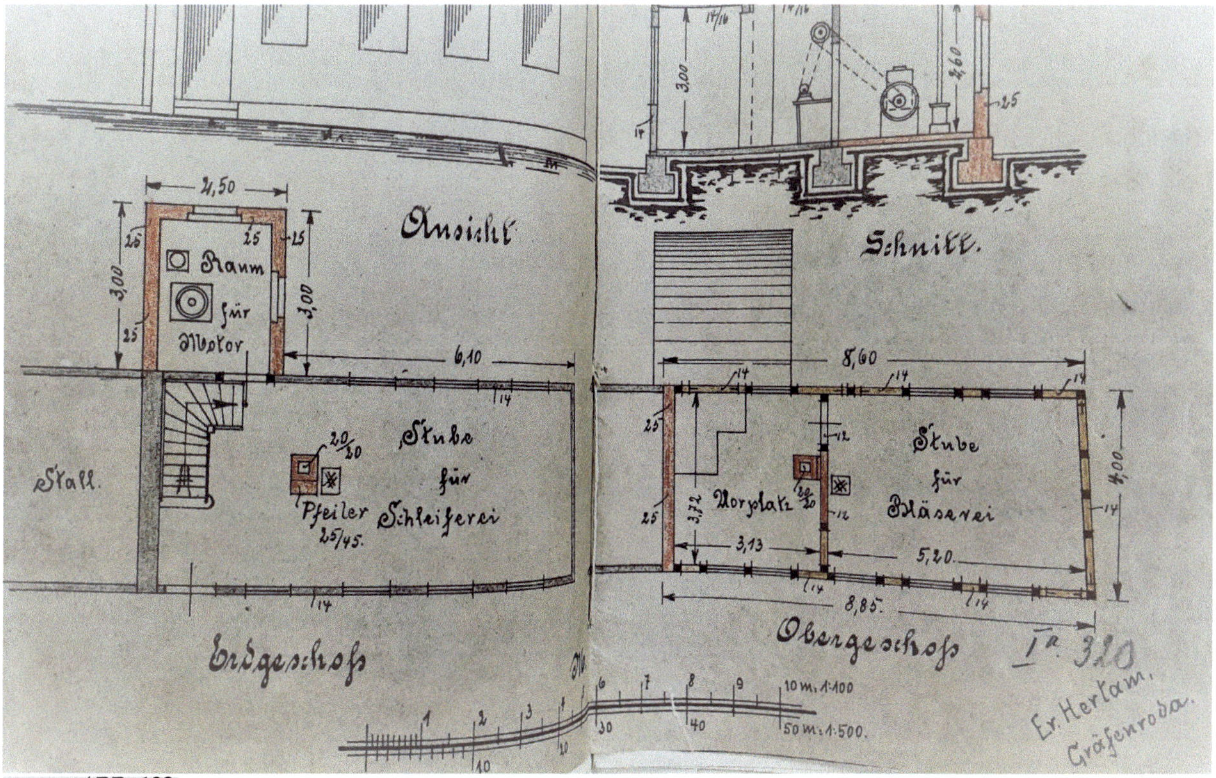

ABB. 192

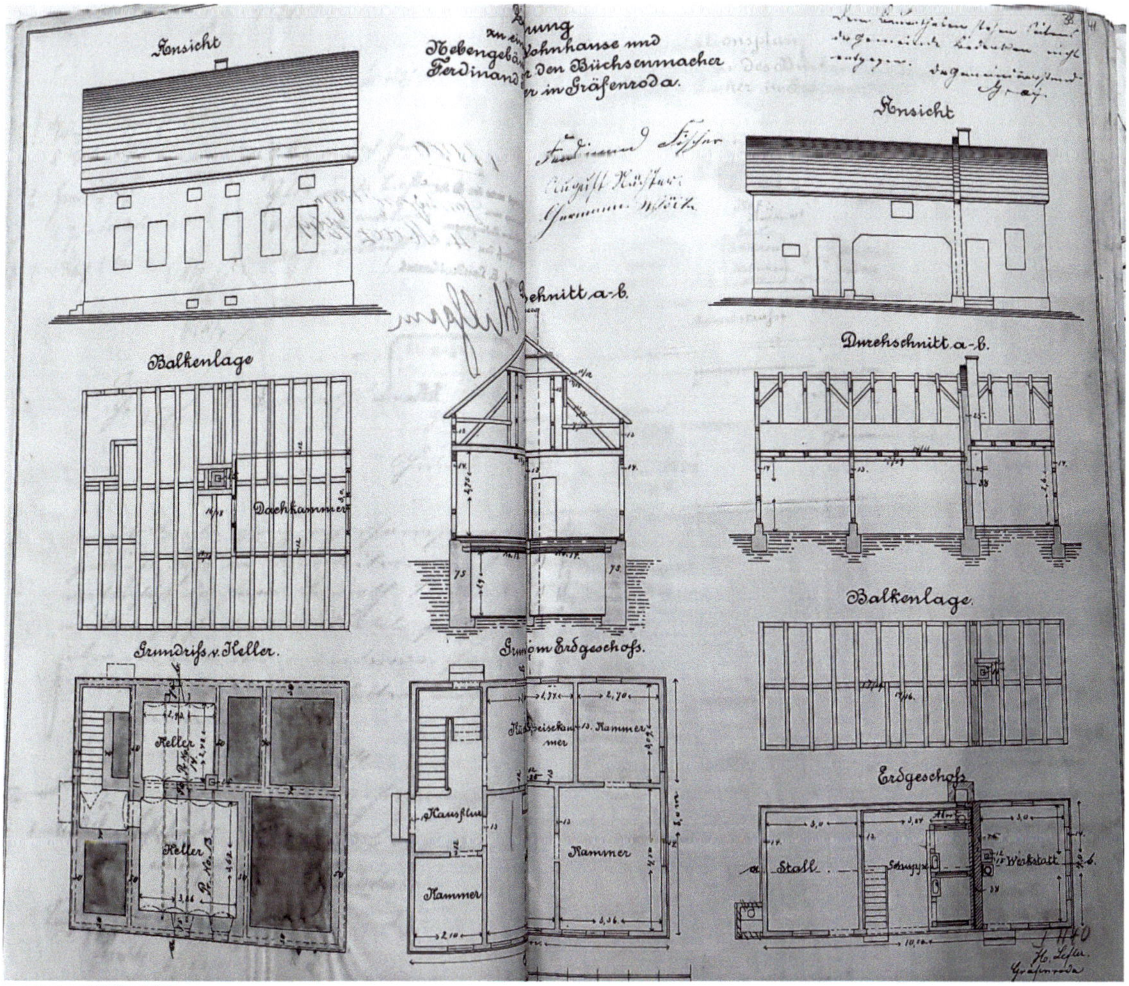

ABB. 193

## Fischer, Friedrich; Frankenhainer Straße (heute Ohrdrufer Straße 64) | *Maurermeister*

Friedrich Fischer übernahm von Edmund Fischer das Maurergeschäft.

## Fischer, Friedrich; Gewerbegebiet „An der Glashütte 3" | *Angestellter Geschäftsführer*

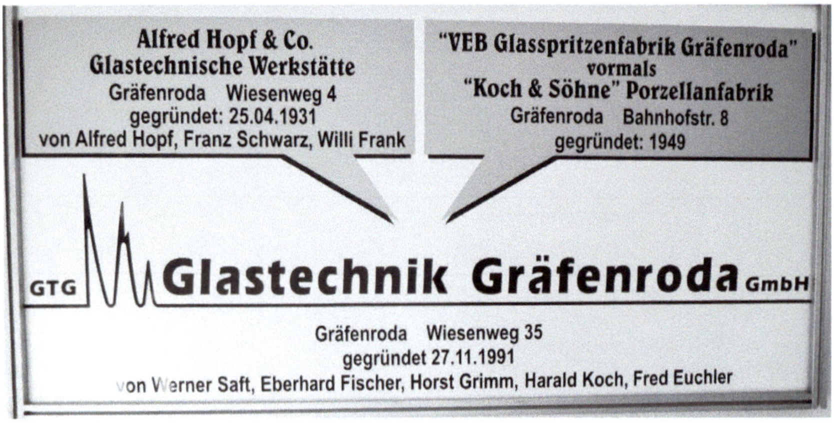


*ABB. 194*

Friedrich Fischer, ältester Sohn von Eberhard Fischer, absolvierte eine dreijährige Ausbildung zum Glasapparatebauer bei der Firma „Schott AG" in Jena. Seit dem 01.04.2016 fungiert er als Angestellter Geschäftsführer der „Glastechnik Gräfenroda GmbH". Er leitet das Unternehmen mit 40 Angestellten.

*ABB. 195*

Die Abbildung zeigt Florian Härtel und Tommy Lehmann an einer Glasbearbeitungsmaschine.
Foto: Rotraut Greßler, 2023

## Fischer, Guido; Ilmenauer Straße | *Fleischer*

[Adressbuch 1924/25]

## Fischer, Hermann; Ilmenauer Straße | *Modelleur und Techniker*

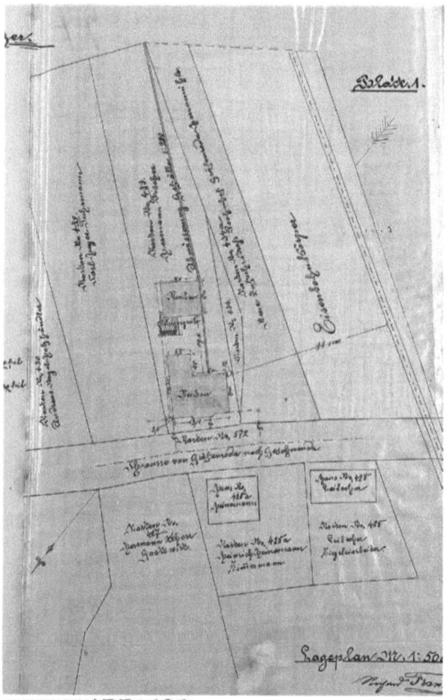
*ABB. 196*

Hermann Fischer war mit Richard Koch der Inhaber der Porzellanfabrik Dornheim, Koch & Fischer. 1893 stellte Hermann Fischer den Bauantrag zu Errichtung eines Wohnhauses und eines Tonwarenfabrikgebäudes. Dem Lageplan nach beherbergte das Gebäude ab 1927 die Ortskrankenkasse Gräfenroda und in den Jahren 1950/60 bis Ende der 1980er Jahre das Postamt. [HGT, S. 143 ff.; H. B.-Heft 17-2022]

## Fischer, Hermann und Karoline; Waldstraße 43 | *Milchhandlung*

Hermann Fischer, geboren am 11.11.1902, war der jüngere Bruder von Walter Fischer. Auch er erlernte zunächst den Beruf eines Schlossers. 1930 heiratete er Karoline Anna Fröhlich. Im Mai 1931 übernahm er mit seiner Frau die Milchhandlung von Alfred Freitag. Karoline war für das Ladengeschäft zuständig. So ergab es sich, dass sie im Ort allgemein als „Milchline“ genannt und bekannt wurde. Hermann Fischer betrieb auch noch ein Fuhrgeschäft. [HGT, S. 81]

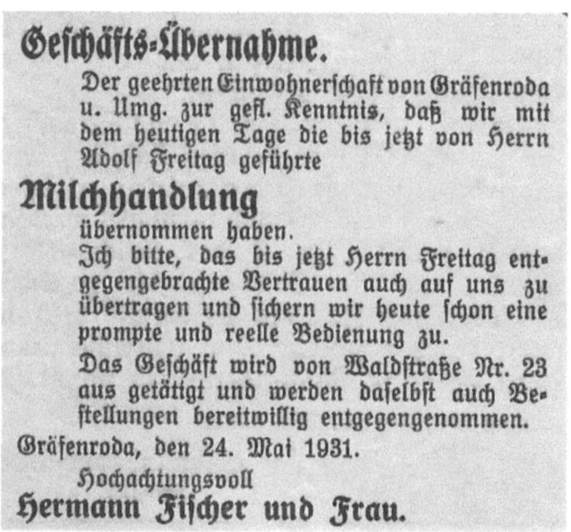
**Geschäfts-Übernahme.**

Der geehrten Einwohnerschaft von Gräfenroda u. Umg. zur gefl. Kenntnis, daß wir mit dem heutigen Tage die bis jetzt von Herrn Adolf Freitag geführte

**Milchhandlung**

übernommen haben.

Ich bitte, das bis jetzt Herrn Freitag entgegengebrachte Vertrauen auch auf uns zu übertragen und sichern wir heute schon eine prompte und reelle Bedienung zu.

Das Geschäft wird von Waldstraße Nr. 23 aus getätigt und werden daselbst auch Bestellungen bereitwillig entgegengenommen.

Gräfenroda, den 24. Mai 1931.

Hochachtungsvoll

**Hermann Fischer und Frau.**

*ABB. 197*

*ABB. 198*

## Fischer, Horst; Waldstraße 43 | *Maschinenschlosser*

*ABB. 199*

Horst Fischer, Sohn von Walter Fischer, wurde am 28.02.1931 in Gräfenroda geboren. Er erlernte den Beruf eines Maschinenschlossers. Es folgte später ein Studium der Fachrichtung „Technisches Prüforgan" (TKO). In dieser Funktion arbeitete er bis zum Renteneintritt im „VEB Meteorwerk Zella-Mehlis". In seiner Freizeit und auch als Hobby reparierte er in einem Nebengebäude seines Elternhauses Autos. Zu DDR-Zeiten hauptsächlich die Typen „Trabant" und „Wartburg". Wurden für diese Fahrzeuge Ersatzteile benötigt, oder wenn Werkstatttermine in weiter Ferne lagen, wandte man sich an Horst Fischer. Seine Kunden gingen einfach zum „Fischer`s Horst". In den meisten Fällen konnte geholfen werden. Auch nach der so genannten „Wende" blieb er diesem Hobby treu, besonders bei den „Trabis" und den „Wartburgs". Horst Fischer starb am 29.03.2013 in Gräfenroda. (Angaben: Waltraud Fischer, Ehefrau)

## Fischer, Karl; Kirchgasse 6 | *Geschirrhalter*

Karl Fischer wurde am 30.07.1865 in Gräfenroda geboren. Mit Datum vom 08.07.1928 stellte er den Bauantrag zum Einbau eines Autoschuppens, eines Bierkellers und einer Kühlanlage in sein Nebengebäude. [Adressbuch 1928; THSTAGo; GAGR]

## Fischer, Karl; Waldstraße 34 | *Handelsmann*

Karl Fischer wurde am 06.01.1897 in Gräfenroda geboren. Er übte den Beruf eines Handelsmannes aus und handelte mit Strumpf- und Wollwaren. [GAGR, Adressbuch 1928]

## Fischer, Marion; Lindenplatz 8 | *Gaststätte „Zur Rast und Ruh"*

*ABB. 200*

2010 eröffnete Marion Fischer im Hintergebäude ihres Wohnhauses ihre Gaststätte „Zur Rast und Ruh". Neben einem Frühstücks- und Mittagsangebot gab es auch Kaffee und Kuchen. Auch kleinere Feierlichkeiten konnten hier veranstaltet werden. Momentan ruht der Geschäftsbetrieb. [H. B.-Heft 12-2018]

## Fischer, Marta; Karl-Liebknecht-Straße 6 | *Händlerin*

*ABB. 201*

Marta Fischer unterhielt einen kleinen Kolonialwarenladen in der heutigen Poststraße. Sie empfiehlt zu Weihnachten u. a. Baumbehang, Lebkuchen, Tee- und Kaffeegebäck und Marzipan.

## Fischer, Otto; Ilmenauer Straße 43 | *Glasfabrikant*

Otto Fischer wurde am 06.04.1887 in Gräfenroda geboren. In den HG Nr. 43 vom 26.10.1934 wird die Silberne Hochzeit des Glasfabrikanten Otto Fischer und Frau Berta, geb. Heyer angezeigt. [GAGR]

## Fischer, Paul; Kirchgasse | *Fabrikant*

Paul Fischer wurde am 21.04.1895 in Gräfenroda geboren. Den Angaben des Adressbuches von Gräfenroda aus dem Jahr 1928 zufolge, hatte Paul Fischer in der Kirchgasse eine Chabesofabrik. Fischer zog 1939 nach Weimar. [GAGR]

## Fischer, Robert; Ilmenauer Straße 61a | *Maschinen Fischer*

Die Firma „MFG“ (Maschinen Fischer Gräfenroda) fabriziert Dreh- und Fräsarbeiten für den Glasmaschinenbau. Zudem werden Glasmaschinen instandgehalten. Die Gründung der Firma erfolgte im März 2017 mit zwei weiteren Beschäftigten. Robert Fischer ist der jüngere Bruder von Friedrich Fischer und einer der Söhne von Eberhard Fischer.

## Fischer, Walter; Waldstraße 43 | *Schlosser- und Dreherei*

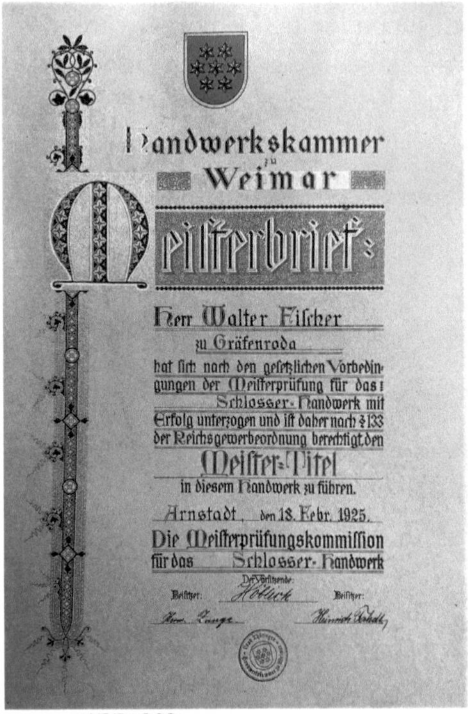
Handwerkskammer zu Weimar

Meisterbrief:

Herr Walter Fischer zu Gräfenroda hat sich nach den gesetzlichen Vorbedingungen der Meisterprüfung für das Schlosser-Handwerk mit Erfolg unterzogen und ist daher nach § 133 der Reichsgewerbeordnung berechtigt den Meister-Titel in diesem Handwerk zu führen.

Arnstadt, den 18. Febr. 1925.

Die Meisterprüfungskommission für das Schlosser-Handwerk

*ABB. 202*

Walter Fischer wurde am 25.05.1901 in Gräfenroda geboren. Er erlernte bei der Fa. „Rudi Ley Maschinenfabrikgesellschaft“ den Beruf eines Schlossers und legte im Juni 1918 seine Gesellenprüfung ab. Am 28.02.1925 bestand er vor der Handwerkskammer Weimar seine Meisterprüfung für das Schlosser-Gewerbe. Die gewerbliche Anmeldung seiner Schlosserei, bzw. Dreherei erfolgte am 01.01.1936. Er hatte 2 Beschäftigte. Neben seiner Arbeit als Schlosser war er auch als Ölmühlenbauer tätig. Walter Fischer starb am 07.08.1984 in Gräfenroda. (Angaben: Waltraud Fischer)

## Fischer, Wilhelm/August; Waldstraße 47 (69) | *Glasinstrumentenfabrik*

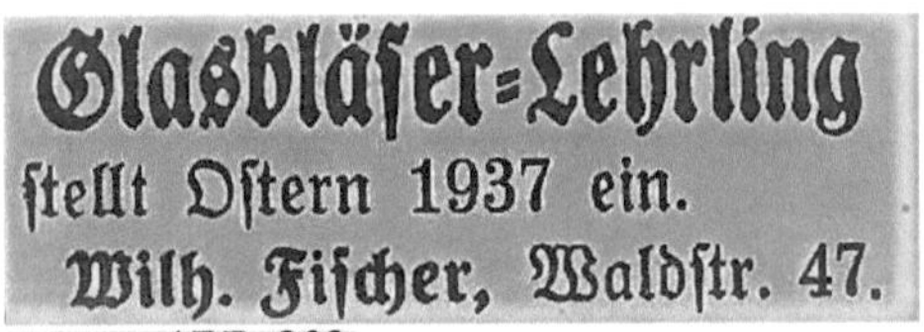
Glasbläser-Lehrling
stellt Ostern 1937 ein.
Wilh. Fischer, Waldstr. 47.

*ABB. 203*

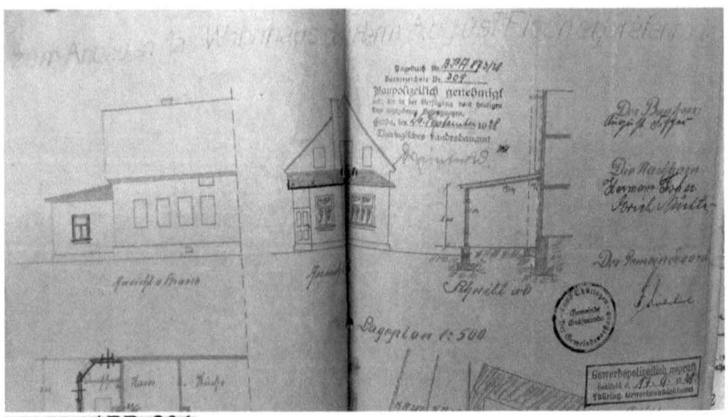


*ABB. 204*

Wilhelm Fischer wurde am 20.08.1896 in Gräfenroda geboren. Er erlernte den Beruf eines Glasbläsers. Mit Datum vom 01.04.1926 meldete er seine Glasbläserei an, die sich später zu einer Glasinstrumentenfabrik entwickelte Hier erfolgte die Herstellung von Laborgeräten und diversen Glaswaren mit 3 weiteren Beschäftigten. Sein Vater, der Handarbeiter August Fischer, geboren am 02.08.1867, stellte für ihn mit Datum vom 10.09.1928 den Bauantrag zu einem Glasbläsereianbau an sein Wohnhaus. In dieser Zeichnung ist der Wohnort mit Waldstraße 47 angegeben. In einer Anzeige in den HG von 1940 Nr. 15 S. 100 ist die Waldstraße 67 vermerkt, wie auch in den Unterlagen des Gemeindearchivs. [HGT S. 104]

## Fischer, Wilhelm | *Maurermeister*

1883 beantragte Fischer den Einbau einer Feuerung in den 2. Stock seines Wohnhauses.

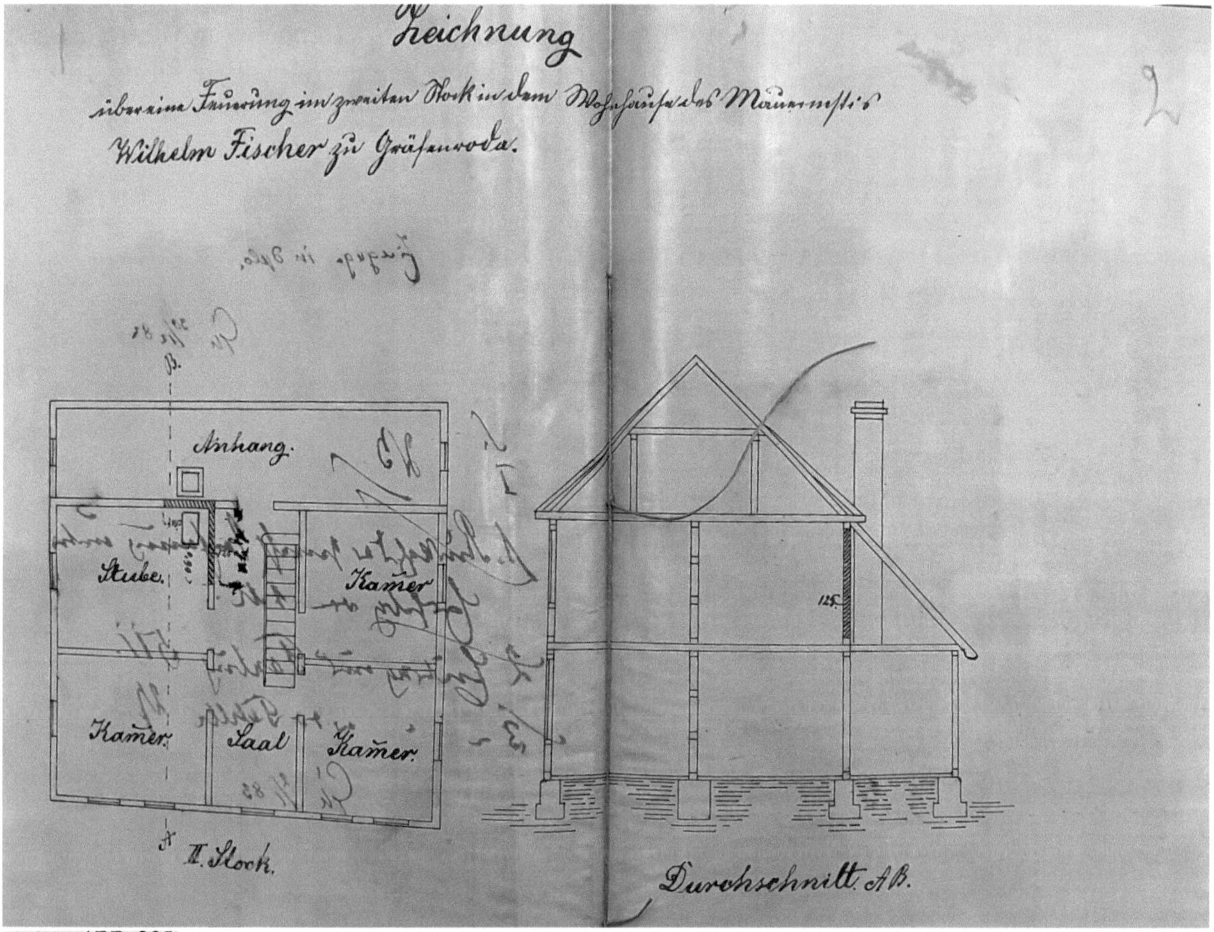


ABB. 205

## Fischer, Willy | *staatlich geprüfter Masseur und Bademeister*

ABB. 206

Willy Fischer war von 1930-1933 Schwimmmeister im Volksbad Gräfenroda. In den HG 1930/30 auf Seite 186 wird mitgeteilt: „*Unser Schwimm-Meister Herr Willy Fischer, beabsichtigt im Volksbad einen Kursus im Rettungsschwimmmen abzuhalten*". Fischer war nicht nur Schwimm-Meister. Als staatllich geprüfter Masseur bot er Massagen jeder Art in und außer Haus an.

Das Volksbad wurde am 08.07.1928 mit einer großen Festveranstaltung feierlich eröffnet

## Fischer & Bischoff; Bahnhofstraße | *Glasbläser*

Die Firma Fischer & Bischoff stellte Glasspritzen her und hatte zwei Beschäftigte. [HGT S. 118]

## Fleischerei; Waldstraße 4 | *Landfleischerei Kirchheiligen*

ABB. 207

Die Landfleischerei Kirchheiligen pachtete 2011 die Räumlichkeiten des Lebensmittelgeschäftes von Birgitt Müller und eröffnete nach Umbau, im gleichen Jahr, darin ihre Filiale. (Angaben: Birgitt Müller)

## Fleisch- und Wurstwaren; Waldstraße 67

Im Okay-Markt Gräfenroda befand sich eine Filiale der Fleisch- und Wurstwaren Schmalkalden GmbH. Diese vorgenannte Marktkette ist in Gräfenroda nicht mehr vertreten. [T2001]

## Flick, Christa; Waldstraße 31 | *Blumengeschäft*

Christa Flick eröffnete 1990 in ihrem Garten einen kleinen Verkaufsraum, in dem Schnittblumen und Topfpflanzen, Kakteen und Sukkulenten angeboten und verkauft wurden. Erweitert wurde das Angebot mit Gemüsepflanzen und Frischgemüse aus eigenem Anbau. Nach Eröffnung des Ladengeschäftes in der Waldstraße wurden hier ausschließlich Blumen und Pflanzen verkauft. 2021 erfolgte durch Eintritt in den Ruhestand die Geschäftsaufgabe. (Angaben: Christa Flick)

ABB. 208

## Frank, Alfred; Ohrdrufer Straße 8 | *Schmied*

Alfred Frank wurde am 25.09.1908 in Gräfenroda geboren. Er erlernte bei Schmiedemeister Ernst Schmidt in der Bahnhofstraße den Beruf eines Schmieds. In den HG Nr. 15 S. 119 des Jahres 1933 wird „die Geburt der Tochter Marianne Hermine Anna des Schmieds Alfred Frank“ angezeigt. Später wechselte er die Branche und gründete mit seinem Bruder Robert am 01.01.1937 die Firma „Robert & Alfred Frank-Holzhandlung“. (Angaben: Elsbeth Schuchardt, Nichte von Alfred Frank) [HGT S. 27 ff.]

## Frank, August; Hintergasse | *Glasmacher*

*ABB. 209*

August Frank betrieb in seinem Haus, sicherlich als Nebentätigkeit, eine Annahmestelle für Schweineschneiden, das dann durch Fritz Gleichmar aus Gossel durchgeführt wurde. [H. B.-Heft 11-2017]

## Frank, August; Hintergasse 2, Waldstraße 101 | *Zimmer- und Bautischlerei*

*ABB. 210*

August Frank wurde am 20.12.1891 in Gräfenroda geboren. Er erlernte den Beruf eines Zimmermanns. Mit Datum vom 01.01.1936 gründete er die Fa. August Frank & Co. zusammen mit den Kaufmann und Zimmermeister Friedrich Stößel, der die Geschäftsführung übernahm, den Gesellschaftern, Zimmermann Hermann Griebel, Zimmermann Ernst Fritz und Zimmermann Rudolf Koch. Das Unternehmen hatte 7 Beschäftigte. Die Werkstätte befand sich auf dem Zimmererplatz in der Waldstraße, der heutigen Nr. 101. In den Wintermonaten war August Frank auch in der Hausschlachtung tätig. [HGT S. 42]

## Frank, C(K)arl; Wiesenweg 5 | *Dielenschneider*

Karl Frank, wurde am 08.10.1874 in Gräfenroda geboren. 1910 reichte er Bauunterlagen zur Errichtung eines Wohnhauses ein. Der Hausbau erfolgte neben der Brandstelle der ehemaligen Badeanstalt. Der Wohnhausbau wurde baupolizeilich genehmigt und im April 1910 teilte Frank dem Landratsamt Ohrdruf mit, dass die Bauabnahme erfolgen kann. Karl Frank war im Ort der „Bade-Frank“, siehe Text „Brand in der Badeanstalt Frank“. Er war der Vater von Willi Frank, der Urgroßvater von u. a. Eberhard Fischer, der Ur-Urgroßvater von Friedrich und Robert Fischer. Karl Frank verstarb am 16.03.1945 in Gräfenroda.

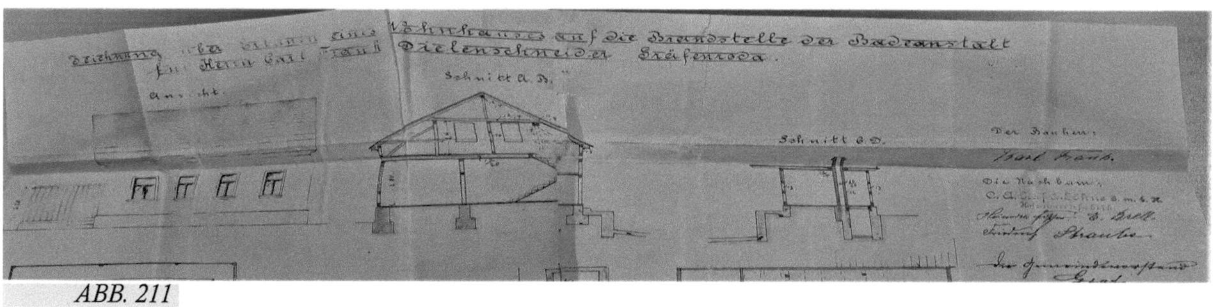
*ABB. 211*

## Frank, C(K)arl; Ilmenauer Straße (heute 3) | *Fleischermeister*

Im Oktober 1897 reicht Frank eine Zeichnung zur Errichtung eines Eiskellers nebst Kühlraum ein. Im August 1898 erhält der Metzgermeister Karl Frank die baupolizeiliche Genehmigung zum Bau eines Eiskellers.

Im August 1902 gehen beim Landratsamt in Ohrdruf die Bauunterlagen zur baupolizeilichen Prüfung zwecks Errichtung eines Kniestocks auf seinem Wohnhaus ein. Die Genehmigung erfolgt mit Datum vom 01.10.1902.

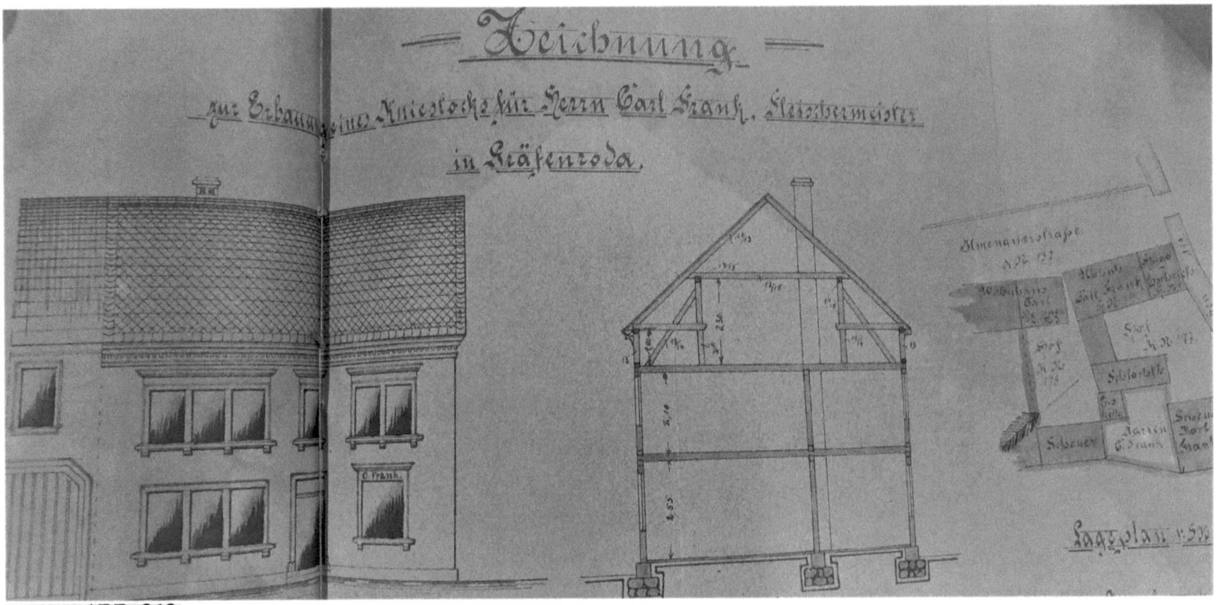

ABB. 212

## Frank, Heinrich; Waldstraße | *Zimmermeister*

Heinrich Frank wurde 1859 geboren. In den HG Nr. 22 S. 173 des Jahres 1933 wird sein Wirken gewürdigt. Heinrich Frank war Mitgründer der Fa. E. Hertam & Frank sowie Mitgründer des Konsumvereins und langjähriges Gemeinderatsmitglied. Am 04.05.1929 beging H. Frank die Goldene Hochzeit mit seiner Ehefrau Friederike, geb. Holland. [HG 1929/18 S. 99] Heinrich Frank verstarb am 26.05.1933.

## Frank, Heinz; Waldstraße 87 | *Glasinstrumentenfabrik*

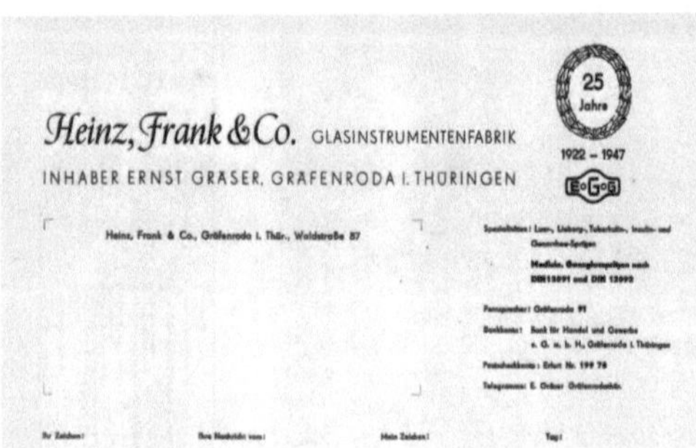
Heinz, Frank & Co. GLASINSTRUMENTENFABRIK
INHABER ERNST GRÄSER, GRÄFENRODA I. THÜRINGEN
25 Jahre
1922 – 1947

ABB. 213

Die Fa. Heinz Frank & Co. stellte Glasspritzen her. Inhaber war Ernst Gräser. [HGT S. 107]

## Frank, Hermann; Lindenplatz 2 / Kirchgasse 4 | *Fabrikant*

Hermann Frank wurde am 19.01.1893 in Gräfenroda geboren. Er erlernte den Beruf eines Glasbläsers. Die Familie zog 1945 in die Kirchgasse 4.[Adressbuch 1924/25; GAGR]

## Frank, Hermann; Ilmenauer Straße 3 | *Fleischermeister*

*ABB. 214*

Hermann Frank, geb. am 07.07.1879 in Gräfenroda, betrieb die Herstellung und den Verkauf von Fleisch- und Wurstwaren. Er war der Sohn von C(K)arl Frank, der ebenfalls Fleischermeister war. Nach dem Tod von Hermann Frank, am 21.09.1946, führte seine Frau Olga, geb. am 17.04.1884 in Wutha, das Geschäft weiter. Sie verkaufte Wurst- und Fleischwaren von Schweizberger. Ab 01.12.1951 wurde das Geschäft an den staatlichen Einzelhandel, HO Lebensmittel, vermietet. Schwiegertochter Minna Frank war Verkaufstellenleiterin und vertrieb Produkte, wie: Obst, Gemüse, Fisch, Tabak und Spirituosen. 1972 schloss, altersbedingt, Minna Frank das Geschäft. Nach mehreren Wechseln der Mieter übernahm 1993 der Urenkel Ronny Frank das Haus und baute es als Wohnhaus um.

## Frank, Karl; Schulstraße 19 | *Sprengmeister und Baumwärter*

*ABB. 215*

Karl Frank wurde am 07.03.1898 in Gräfenroda geboren. Er erlernte den Beruf eines Sprengmeisters. In seiner Freizeit beschäftigte er sich mit der Veredlung und dem Verschnitt von Obstbäumen und war als Baumwärter tätig. Aus dieser Tätigkeit heraus war er in Gräfenroda auch unter „Bahmkarl“ bekannt. Karl Frank wurde 1936 mit der Gründung des Obst- und Gartenbauvereins zum stellvertretenden Vorsitzenden gewählt. Für die Gemeinde Gräfenroda war er auch als Wegwart tätig.

*ABB. 216*

## Frank, Michael; Schillerstraße 24 / Lindenplatz 13 | *Keramiker*

Michael Frank stellte in seiner Werkstatt Terrakotta- und Zierkeramikartikel her. Er ist heute nicht mehr tätig.

GESCHENKIDEE

*»Swing in«*

frank keramik

Zierkeramik · Geschenkartikel
Schillerstraße 24
99330 Gräfenroda
Tel. (03 62 05) 9 11 71

| Artikel | | Höhe / Ø | Decore |
|---|---|---|---|
| 110 | Duftvase | 15 cm | 0492 Weiß-Schwarz |
| 111 | Schale | 10 cm / 26 cm | 0792 Schwarz-Rot |
| 112 | Leuchter | 6 cm / 15 cm | 1092 Kupfergrün |
| | | | 2092 Schwarz-Glitzer |
| | | | 2192 Sand-Braun |

*ABB. 217*

frank keramik

Zierkeramik · Geschenkartikel
Schillerstraße 24
99330 Gräfenroda
Tel. (03 62 05) 9 11 71

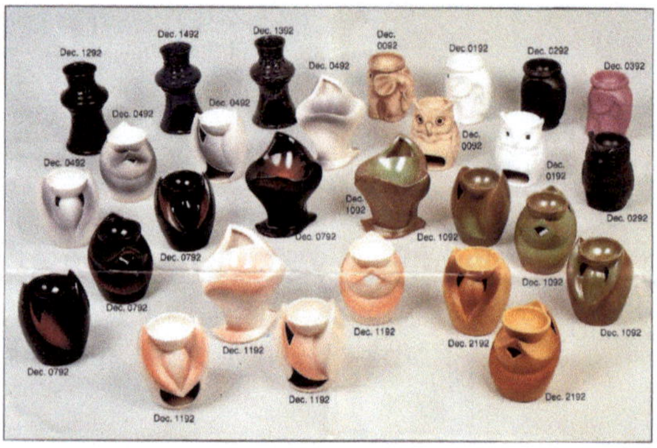

| Artikel | | Höhe | Decore |
|---|---|---|---|
| 105 | Duftvase | 18 cm | 1292 Schwarz-Glanz |
| | | | 1392 Schwarz-Weiß |
| | | | 1492 Dunkelblau |
| 106-1 | Duftvase | 14 cm | 0492 Weiß-Schwarz |
| 106-2 | Duftvase | | 0792 Schwarz-Rot |
| 106-3 | Duftvase | | 1092 Kupfergrün |
| 107 | Duftvase | 16 cm | 1192 Weiß-Rot |
| | | | 2192 Sand-Braun |
| 108 | Duftvase, Elefant | 13,5 cm | 0092 Schattiert |
| 109 | Duftvase, Eule | 14,5 cm | 0192 Weiß-Glanz |
| | | | 0292 Schwarz-Matt |
| | | | 0392 Violett-Matt |

*ABB. 218*

## Frank, Richard; Schillerstraße 10 / Hintergasse 44 / Dörrberg | *Zimmermeister und Schneidemühlenbesitzer*

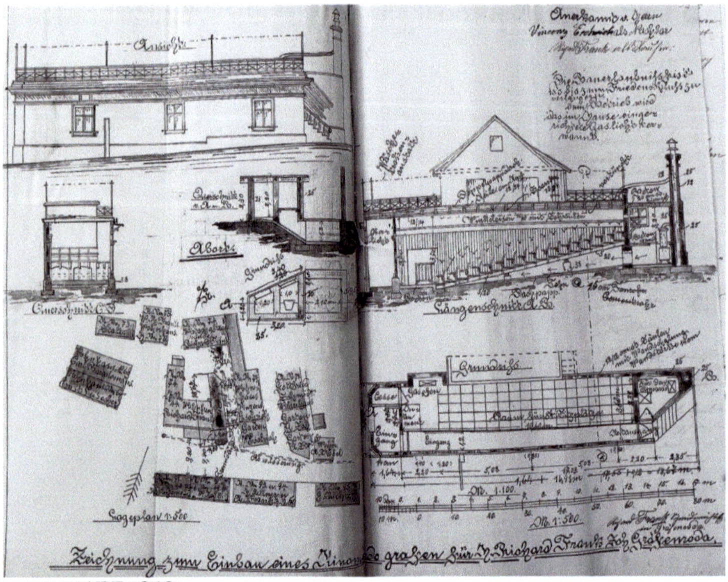

*ABB. 219*

Richard Frank wurde am 18.05.1891 in Gräfenroda geboren. Er erlernte den Beruf eines Zimmerers und legte seine Meisterprüfung ab. Die Wohnsitze von Richard Frank waren die Hintergasse 44 und die Schillerstraße 10. Richard Frank hatte eine Holzhandlung mit Säge- und Hobelwerk sowie eine Kistenfabrik. Im Dezember 1902 gehen die Bauunterlagen von ihm zur Errichtung einer Werkstelle in seiner Schneidemühle zur Kistenfertigung zur baupolizeilichen Genehmigung im Landratsamt Ohrdruf ein. Die Genehmigung erfolgt zum 24.01.1903.

Im Oktober 1915 reichte er Bauunterlagen zur baupolizeilichen Prüfung und Genehmigung für die Errichtung eines Kinomatographen auf seinem Grundstück in der Hintergasse ein. Inwieweit diese Baumaßnahme erfolgte, war aus der Aktenlage nicht ersichtlich.

Es erfolgte aber ein weiterer und/oder neuer Antrag zur Errichtung eines Kinomatographen im Jahr 1919, der zwar vom Landratsamt Ohrdruf und der Gemeinde Gräfenroda genehmigt wurde, jedoch unserer Kenntnis nach nicht zur Ausführung kam.

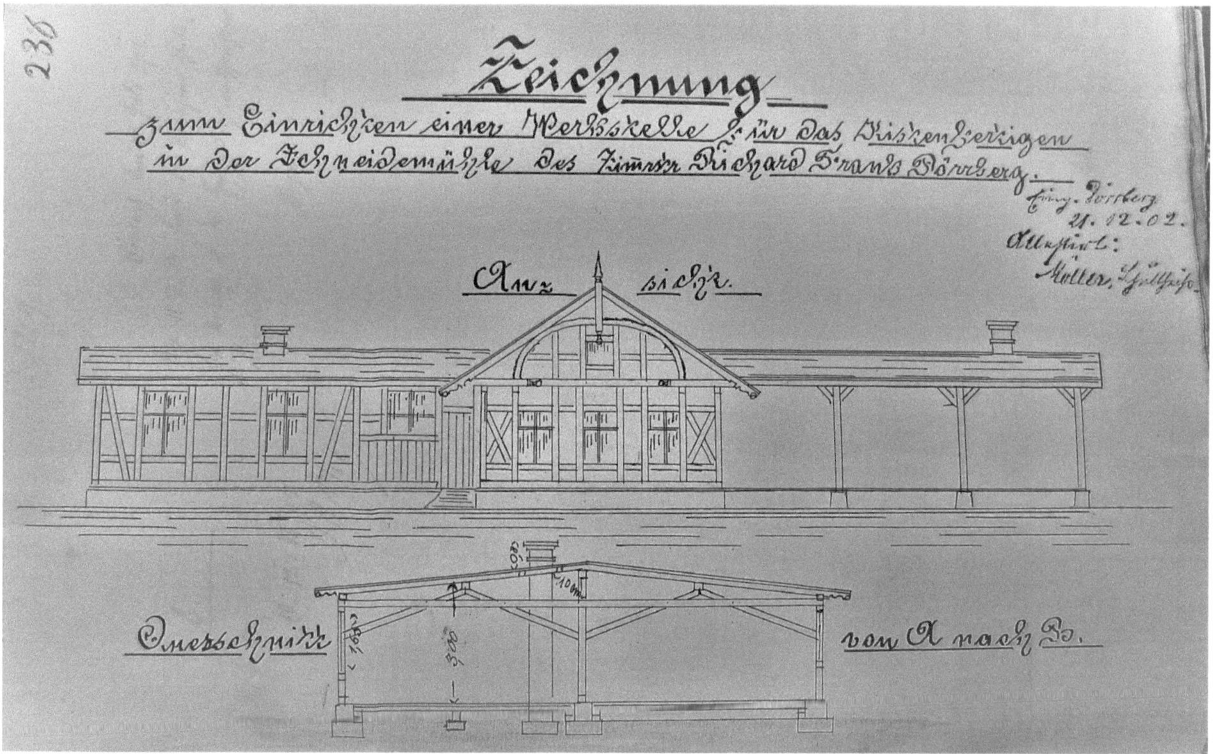


ABB. 220

ABB. 221

## Frank, Robert und Alfred; Ohrdrufer Straße 8 / Ilmenauer Straße 29 | *Sperrholz- und Furnier-Großhandel*

*ABB. 222*

Die Brüder Robert Frank, geb. am 27.06.1915 in Gräfenroda, Kaufmann und Alfred Frank, geb. am 25.09.1908 in Gräfenroda, Kraftfahrer meldeten am 01.02.1936 die Gründung eines Holzhandelgeschäfts auf Robert Frank an, das am 01.04.1936 in der Ohrdrufer Straße 8 eröffnet wurde (HG 1936/11 S. 88). Ab dem 01.01.1937 erfolgte die Umänderung in „Firma Robert & Alfred Frank, Holzhandlung". Das Unternehmen führte auch Lohnfuhren für Langholz mit einem bis 7t Nutzlast-Kraftwagen durch. Am 07.03.1949 erfolgte die gewerbliche Anmeldung für den Betrieb von Güter- und Nahverkehr. Die Genehmigung zur Personenbeförderung per Taxi wurde 1957 erteilt. 1970 mußte diese Konzession wieder eingestellt werden. Alfred und Robert Frank waren Söhne von Karl Frank( Bade-Frank) und Brüder von Willi Frank, Wiesenweg. [HGT S. 27 ff.]

## Frank & Brell Carl/Hermann; Friedrichstraße | *Zimmerergeschäft*

*ABB. 223*

Hermann Brell und Carl Frank reichten im Juli 1912 Bauunterlagen zur Prüfung und Genehmigung für einen gemeinsamen Wohnhausbau in der Friedrichstraße ein. Im Februar 1913 haben sie das Landratsamt um Abnahmen des Rohbaus gebeten. [HGT S. 41]

## Frank, Gebr. Karl und Max; Hintergasse / Sieglitzgrund / Waldstraße 142 (Am Lederbuckel) | *Schneidemühlenbesitzer, Fuhrunternehmen*

*ABB. 224*

Die Brüder Karl, geb. am 06.08.1901 in Gräfenroda und Max Frank, geb. am 28.03.1897 in Gräfenroda, betrieben ein Sägewerk im Sieglitzgrund und ein Fuhrunternehmen. In den 1950er Jahren muss es finanzielle Schwierigkeiten gegeben haben und es kam zu einer Vermögensverwaltung, in deren Folge das Sägewerk geschlossen wurde. Das Fuhrunternehmen blieb unter Leitung von Sohn Richard Frank erhalten. Er war Kraftfahrer beim Konsum Gräfenroda. Das beschlagnahmte Holz des Sägewerks wurde bei der Fa. Büromöbel Gräfenroda und dem VEB (K) Bau Arnstadt gelagert. [HGT S. 42 ff.; Adressbuch 1931/32; GAGR]

## Frank, Willi; Waldstraße / Wiesenweg 5, Wiesenweg 35 | *Glasschleifer*

Willi Frank, geb. am 18.09.1904 in Gräfenroda, stellte 1931 den Bauantrag zum Neubau einer Werkstatt am Wiesenweg 5, der am 10.04.1931 baupolizeilich genehmigt wurde. Er war einer der Gründer der Firma Alfred Hopf & Co. Willi Frank war einer der Söhne von Karl Frank (Bade-Frank). [s. Hopf, Alfred, Band 2]

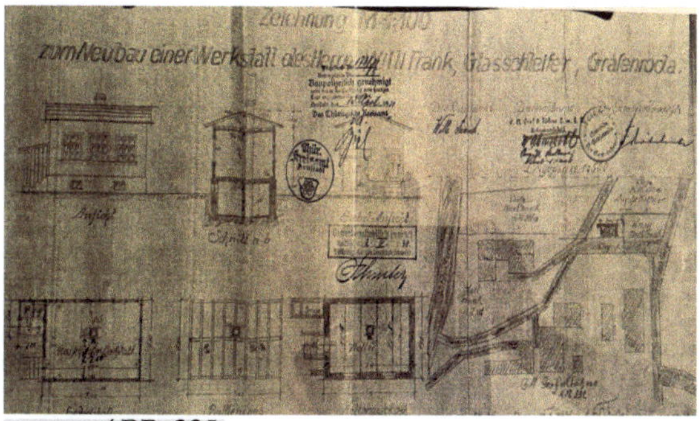

*ABB. 225*

## Franke, Luise; Schillerstraße 15 | *Handarbeitslehrerin*

Anmeldungen zum
**Handarbeits-Unterricht**
werden jeden Montag im „Weißen Roß" angenommen; auch werden Kindersachen preiswert gehäkelt.

Frau Franke.

*ABB. 226*

Luise Franke, geb. Heiden, Ehefrau des Glasmachers Georg Franke, wurde am 01.05.1886 in Friedrichshain geboren. Sie erteilte jeden Montag im Gasthaus „Zum Weißen Roß" Unterricht in Handarbeit und auch in Hauswirtschaft.

## Frankenberg, Emil; Schulstraße 26 | *Tünchermeister und Hausschlachter*

Tünchermeister Emil Frankenberg, geb. am 02.11.1853 in Geraberg, beging am 25.01.1930 mit seiner Frau Amalie, geb. Heißner, das Jubiläum der Goldenen Hochzeit. [HG 1930/5 S. 24] In den HG von 1936 Nr. 45 S. 372 wird dem Tünchermeister Frankenberg zu seinem 83. Geburtstag gratuliert. [Adressbuch 1924/25; GAGR]

## Frankenberg, Fridolin; Waldstraße 55 (137) / Wiesenweg | *Fabrikant*

Fridolin Frankenberg wurde am 14.07.1872 in Gräfenroda geboren. Er erlernte den Beruf eines Glasbläsers. Die Glasbläserei Fridolin Frankenberg wurde am 01.10.1933 gegründet. Es erfolgte die Herstellung von Medizinglas. Die Firma hatte noch einen weiteren Beschäftigten. [HGT S. 104]

## Frankenberg, Hermann; Schulstraße 26 | *Schieferdeckermeister*

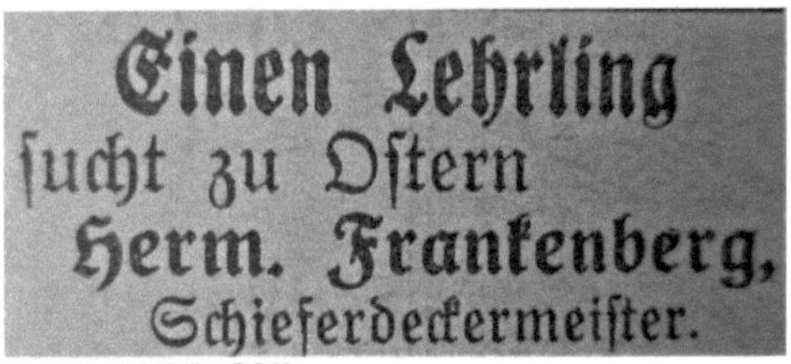


*ABB. 227*

Hermann Frankenberg wurde am 16.03.1880 in Gräfenroda geboren. Er betrieb ein Dach- und Schieferdeckergeschäft. Hermann Frankenberg war der Sohn von Emil Frankenberg.

## Frankenberg, Renate und Mandy; Schillerstraße 24, Lindenplatz 8, 13 | *Fußpflege und Solarium*

Renate Frankenberg eröffnete 1991, als Nachfolgerin von Christa Strobel, den Salon für medizinische Fußpflege und Solarium in der Schillerstraße 24. 1997 verlegte sie die Geschäftsräume in das Haus Lindenplatz 13. Ab 2004 ist Tochter Mandy Frankenberg mit dort tätig. 2005 meldete Renate Frankenberg ihr Gewerbe ab und Mandy Frankenberg führte ab diesem Zeitpung den Salon, allerdings nur für Fußpflege, weiter. Es erfolgte ein weiterer Umzug in das Haus Lindenplatz 8, wo sie ihr Gewerbe bis zur Abmeldung 2014 ausübte. [H. B.-Heft 11-2017]

## Frankenberg, Tobias; Bahnhofstraße 68 | *KfZ- und Teilehandel*

*ABB. 228*

Die Geschäftsräume befinden sich auf dem ehemaligen Betriebsgelände des „Tiefbau Gräfenroda“.

## Frankenberger, Karl und Wilhelm; Am Plan / Bahnhofstraße 3-5 | *Kaufmann und Gastwirte, Hoteliers*

*ABB. 229*

Karl Frankenberger, geb. am 22.05.1871 in Geschwenda, war Kaufmann, Hotelier und Gastwirt. Er kaufte 1922 das gesamte Anwesen des Gasthauses „Deutscher Hof“, den ehemaligen „Strobelschen Gasthof“. Mit seiner Frau Emma und drei Beschäftigten führte er den Hotel- und Gaststättenbetrieb. Nach seinem Tod 1927 führte seine Frau Emma mit dem Sohn Wilhelm, der am 07.02.1896 in Gräfenroda geboren wurde, die Gaststätte weiter. Noch 1926/27 ließ Karl Frankenberger verschiedene Baumaßnahmen ausführen, u. a. auch den Bau eines Kinos.

ABB. 230

Am 13.08.1927 erfolgte die Eröffnung des Metropol-Theaters. Die offizielle Erlaubnis zum Betrieb der Gaststätte mit Schankgenehmigung erhielt Sohn Wilhelm Frankenberger 1936. Nach Kriegsende übernahm die HO den Deutschen Hof. Heute befindet sich das Gebäude im Umbau zum Bürgerhaus. [H. B. -Heft 12-2018]

## Freiberg, Dr. med. Sibille; Waldstraße 74 | *FA für Frauenheilkunde*

Dr. Freiberg praktizierte mit eigener Praxis 1991-1997 in Gräfenroda. [H. B.-Heft 11-2017]

## Freitag, Adolf; Plan / Ilmenauer Straße | *Kaufmann*

ABB. 231

Adolf Freitag betrieb ein Geschäft für Kolonial- und Haushaltwaren. Neben dem Verkauf von Porzellan, Glas und Geschirr, Lebensmitteln und Feinkosthandel (Schlinks-Produkte), hatte er auch eine eigene Kaffeerösterei sowie eine Milchhandlung. Im Mai 1931 übernahmen Hermann Fischer und Frau diese Milchhandlung . [s. a. Fischer, Hermann und Karoline]

## Freitag, Anna | *Handschuhmacherin*

Im Staatsarchiv Rudolstadt fanden wir bei unseren Recherchen einen Eintrag zu Anna Freitag, geb. Gräf, geboren am 13.03.1900. Sie wird als ansässige Handschuhmacherin in Gräfenroda genannt. Leider gab es keine Angaben, in welcher Straße sie ihre Wohnhung bzw. Werkstatt hatte.

## Freitag, Ernst; Waldstraße 42 | *Schneidermeister*

ABB. 232

Ernst Freitag war Schneidermeister. Er fertigte u. a. Anzüge und Damenmäntel und deren Verarbeitung. 1933 erhielt Freitag die alleinige Zulassung des Vertriebs parteiamtlicher Bekleidungs- und Ausrüstungsgegenstände für die NSDAP. Freitag war auch Mitglied im Priesnitzverein und Sänger im Männerchor. Hier erhielt er die „Ehrennadel 40". Freitag starb im April 1938 nach kurzer schwerer Krankheit.

## Freitag, Friedrich; Gartenstraße 6 | *Glasbläser*

Die gewerbliche Anmeldung seines Unternehmens erfolgte am 25.01.1932. Mit drei Beschäftigten stellte er Medizinglas her. [HGT S. 118]

## Freitag, Max; Anspielgasse / Hintergasse 5 / Bahnhofstraße 31 | *Tischler*

*ABB. 233*

Max Freitag wurde am 25.01.1903 in Gräfenroda geboren. Er erlernte den Beruf eines Tischlers und betrieb eine Sarg- und Möbeltischlerei, in der er zwei Beschäftigte hatte. [Adressbuch 1924/25; GAGR]

## Freitag & Fischer | *Maurergeschäft*

*ABB. 234*

Wir konnten weder den Ort der Geschäftsräume noch den Zeitraum des Bestehens aus den Dokumenten eruieren.

## Freytag, Elsa; Hirtenwiese 3 | *Damenschneiderin*

*ABB. 235*

Elsa Freytag, Schreibweise auch Freitag (Adressbuch 1937), wurde am 15.06.1890 in Liebenstein geboren. Sie war Näherin und Damenschneiderin. [GAGR]

## Fricke, Adolf; Waldstraße / Kirchholz 87 | *Tanzlehrer*

Adolf Fricke gab Tanzunterricht in den zeitgemäßen Tänzen und Standardtänzen sowie Kurse für Anstandslehre.

Tanzstunde Gräfenroda.

Zu meinem diesjährigen

Kursus für Tanz- u. Anstandslehre

(für Anfänger)

welcher Montag, den 3. Oktober 1927. abends 8 Uhr in Eschrichs Gasthof beginnt, werden Anmeldungen jederzeit in meiner Wohnung am Kirchholz Nr. 87 entgegengenommen.

Im Lehrplan u. a. Charleston u. Black Bottom.

Hochachtungsvoll

Adolf Fricke, gepr. Tanzlehrer.

ABB. 236

ABB. 237

## Friebe, Gustav; Platz der SA 10 | *Bäcker- und Konditormeister*

Zur Konfirmation

Torten und bunte Schüsseln

zu billigsten Preisen!

Rechtzeitige Bestellung erbittet

Gustav Friebe,

Bäckermeister.

ABB. 238

Gustav Friebe wurde am 22.05.1901 in Triebelwitz geboren. Er erlernte den Beruf eines Bäckers und Konditors. In den 1930er Jahren kam er nach Gräfenroda und war dort als Bäcker tätig.

## Friesicke, Walter; Gartenstraße / Lindenplatz 26 | *Bäcker- und Konditormeister*

Den verehrten Anwohnern von Gräfenroda zur Kenntnis, daß ich die am Lindenplatz 26 befindliche

Bäckerei

übernommen habe. Ich eröffne daselbst eine Bäckerei und Konditorei und bitte ich um recht regen Zuspruch. Brot- und Brötchenbestellungen, sowie Torten, la Gebäck, bunte Schüsseln usw. werden sauber und prompt ausgeführt.

Walter Friesicke, Konditormeister

ABB. 239

Walter Friesicke, geb. am 03.09.1903 in Eisleben, erlernte den Beruf eines Bäcker- und Konditors und legte seine Meisterprüfung in den Berufen ab. Sein Wohnhaus befand sich in der Gartenstraße. Im September 1931 gab er bekannt, die Bäckerei am Lindenplatz 26 übernommen zu haben und dort selbst eine Bäckerei und Kondidorei zu eröffnen. Nach Aufgabe der Bäckerei gab es im Erdgeschoß des Hauses ein kleines Geschäft für Uhrenreparatur mit Verkauf. Nach dem Kauf des Gebäudes durch die Fam. Driefholt befindet sich hier das gleichnamige Bestattungsinstitut.

## Frischmuth, Eberhard; Bahnhofstraße 91 | *Malermeister*

Eberhard Frischmuth war Leiter der PGH Maler Gräfenroda. Nach der Auflösung der PGH in den 1990er Jahren gründete er sich aus und eröffnete sein Malergeschäft namentlich Eberhard Frischmuth. Er war auch einer der Sponsoren der Gräfenrodaer Biathletin Katrin Apel.

## FRISTO; Waldstraße 73A | *Getränke-Markt GmbH & Co Betriebs KG*

Die Nachfolge des vorgenannten Getränkemarktes war der Getränkemarkt „Heimatland". Heute ist dort das Geschäft „Getränkequelle".

## Fritsche, Wilhelm; Waldstraße | *Bücherrevisor*

Wilhelm Fritsche unterhielt in der Waldstraße sein Büro für Buchhaltung und Steuerberatung. [Adressbuch 1924/25]

## Fritz, August; Ohrdrufer Straße 25 | *Schmiedemeister*

**Danksagung.**

Für die vielen Beweise herzlichster Teilnahme beim Hinscheiden und Begräbnis unseres teuren Entschlafenen des

**Schmiedemeisters**
**August Fritz**

sagen wir hierdurch allen unseren tiefgefühltesten, verbindlichsten Dank.

Gräfenroda, den 21. April 1932.

In tiefer Trauer

**Familie Emil Fritz.**

*ABB. 240*

August Fritz, geb. am 25.05.1857 in Gräfenroda, betrieb sein Schmiedehandwerk vorerst allein in der Ohrdrufer Straße, später gemeinsam mit seinen Sohn Emil. August Fritz starb am 16.04.1932 im Alter von 74 Jahren. [HG. 1932/16 S. 100]

## Fritz, Carsten; Bahnhofstraße 50 | *Eismanufaktur / Eiscafe*

Die Familie Carsten Fritz eröffnete zu Ostern 2018 in einem Teil des Gebäudes des ehemaligen REWE-Marktes die „Eismanufaktur Geratal". [H. B.-Heft 12-2018]

*ABB. 241*

## Fritz, Emil; Ohrdrufer Straße 25 | *Schmiedemeister*

*ABB. 242*

Emil Fritz, Sohn von August Fritz, wurde am 02.01.1890 in Gräfenroda geboren. Er war Schmiedemeister und auch als Landwirt tätig. Zudem vertrieb er Düngemittel, landwirtschaftliche Produkte und Saatgut. Er stand dem Reichsnährstand für Gräfenroda vor.

## Fritz, Ernst; Schulstraße 3 | *Hausschlachtung*

Ernst Fritz, geb. am 21.09.1937 in Gräfenroda, wird in den Gemeindeakten als Hausschlachter aufgeführt. [GAGR]

## Fritz, Karl; Schulstraße 3 | *Geschirrhalter*

Karl Fritz, geb. am 21.05.1912 in Gräfenroda, übernahm das Fuhrgeschäft von seinem Vater Vincenz. [GAGR]

## Fritz, Vincenz; Schulstraße 3 | *Geschirrhalter*

Vincenz Fritz wurde am 10.10.1871 in Gräfenroda geboren. Er war Geschirrhalter und betrieb ein Fuhrgeschäft. Vincenz Fritz starb am 16.02.1943 in Gräfenroda. [GAGR]

## Fröhlich, C(K)arl; Waldstraße 8 | *Tonwarenfabrikant, Geschäftsführer*

C(K)arl Fröhlich wurde am 26.11.1873 in Gräfenroda geboren. Er betrieb eine kleine Tonwarenfabrik. Im Juni 1913 reichte er Bauunterlagen zur Genehmigung ein, um einen alten Schornstein abzureißen und zwei neue errichten zu dürfen in Verbindung mit der Errichtung eines weiteren Wirtschaftsgebäudes.

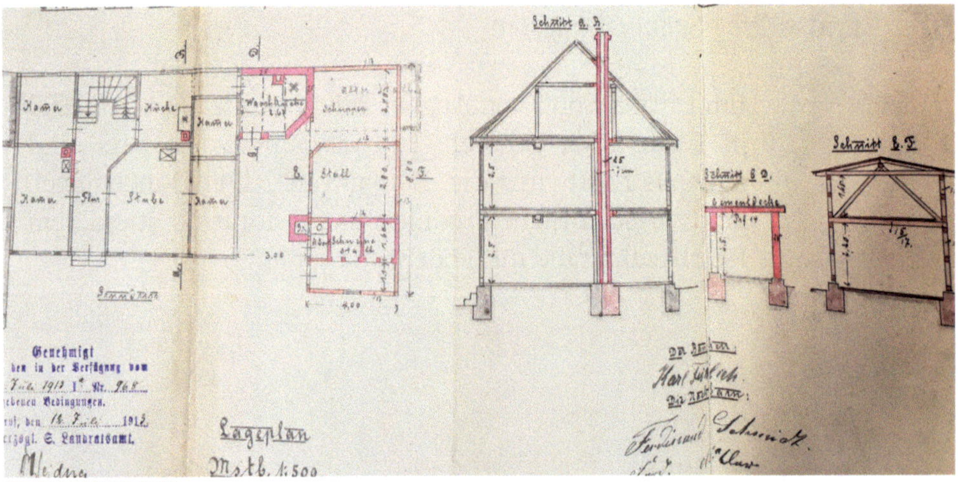


ABB. 243

## Fröhlich, August; Bahnhofstraße 26 | *Bürgermeister, Versicherungsvertreter*

**Vierfamilien-Wohnhaus**

mit Fabrikgrundstück, 8,34 Ar Grundfläche, soll infolge Auseinandersetzung im Auftrag der Erben des verstorbenen Kaufmanns Friedrich Stange in Gräfenroda verkauft werden. Interessenten wollen sich mit dem Unterzeichneten in Verbindung setzen.

Gräfenroda, den 8. Oktober.

**Aug. Fröhlich**, Nachlaßpfleger
Bahnhofstraße 26.

ABB. 244

August Fröhlich wurde am 05.08.1883 in Gräfenroda geboren. Er erlernte den Beruf eines Porzellan- und Terrakottawarenherstellers. 1922 wurde er zum Bürgermeister von Gräfenroda gewählt. Das Bürgermeisteramt und das Amt des Standesbeamten übte Fröhlich bis 1933 aus. Mit der Machtübernahme der NSDAP wurde er seines Amtes enthoben. In der Folgezeit war er als Aussendienstmitarbeiter der Sparkassenversicherung Sachsen-Thüringen-Anhalt tätig. Ebenso als Nachlassverwalter. 1943 wurde ihm die Tätigkeit als Lagerverwalter bei der Fa. Hugo Funck & Söhne zugewiesen. Nach 1945 war Fröhlich Geschäftsstellenleiter bei der DVA Kreisdirektion. Nach 15 Jahren, im Alter von 77 Jahren, beendete Fröhlich aus gesundheitlichen Gründen seine berufliche Tätigkeit.

## Fröhlich, Ernst; Friedrichstraße 9 / Gartenstraße 2 | *Drechsler*

Ernst Fröhlich wurde am 13.11.1891 in Gräfenroda geboren. Er war der ältere Sohn von Vincenz Fröhlich und Bruder von Paul Fröhlich. Ernst erlernte den Beruf eines Drehers/Drechslers. Anfang der 1930er Jahre zog er mit seiner Frau Erna, geb. Etzold, in die Gartenstraße. In seiner dortigen kleinen Werkstatt hinter dem Wohnaus, fabrizierte er Formen zur Herstellung von Glasbehältern für das „Glaswerk" in Gräfenroda und fungierte als Zulieferer für diese Branche (Angaben: Margrit Kühner, geb. Fröhlich, Enkelin von Ernst Fröhlich)

## Fröhlich, Heinz /Schneider, Doris, geb. Fröhlich; Friedrichstraße 9 / Goethestraße 9 | *Getränkehandlung*

Heinz Fröhlich war der erste Inhaber der Getränkehandlung, die im Wohnhaus der Familie um Paul Fröhlich betrieben wurde. [s. a. Fröhlich, Paul]

## Fröhlich, Hermann; Bahnhofstraße 34 | *Schuhmachermeister*

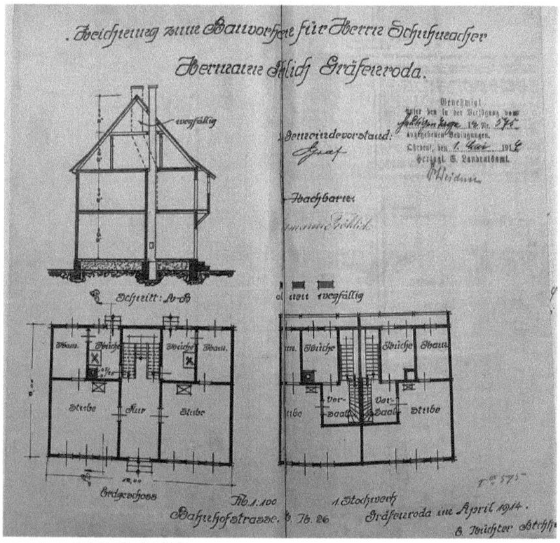

ABB. 245

Hermann Fröhlich, geb. am 29.08.1875 in Gräfenroda, beantragte im August 1914 eine Umbaumaßnahme des Schornsteins in seinem Wohnhaus. Im Juni bat er das Landratamt um Abnahme der Baumaßnahme. Fröhlich starb am 25.03.1938 im nicht vollendeten 63. Lebensjahr. [GAGR]

## Fröhlich, Hermann; Waldstraße | *Geschirrführer*

Ein jäher Unglücksfall hat heute unser Gefolgschaftsmitglied, den

**Kutscher**

**Hermann Fröhlich**

im besten Schaffensalter aus unserer Mitte gerissen.

Er war uns immer ein treuer, zuverlässiger Mitarbeiter. Wir werden sein Andenken in Ehren halten.

Gräfenroda, den 1. Dezember 1937.

**Betriebsführer und Gefolgschaft der Chr. Carstens Kom. Ges.**

Feinsteingutfabrik.

ABB. 246

In den HG Nr. 12 von 1935 wird der Geschirrführer Hermann Fröhlich als Vater der Konfirmandin Marie Fröhlich genannt. Fröhlich war selbstständiger Geschirrführer. Sein Fuhrunternehmen stellte er in den 1930er Jahren auch der Fa. Chr. Carstens zur Verfügung. Im Dezember 1937 erlitt er im Alter von 49 Jahren einen tödlichen Unfall, als er von seinem Fuhrwerk überrollt wurde. Er stand zwar wieder auf, brachte das Fuhrwerk nach Hause und schirrte ab, brach danach zusammen und verstarb an den inneren Verletzungen. [HG 1937/49 S. 387]

## Fröhlich, Otto; Horst-Wessel-Straße 34 | *Schuhmachermeister*

Otto Fröhlich wurde am 16.01.1910 in Gräfenroda geboren. Er war der Sohn von Schuhmachermeister Hermann Fröhlich. Er erlernte, wie sein Vater, den Beruf eines Schuhmachers und legte seine Meistrprüfung ab. Ob die Ausbildung bei seinem Vater erfolgte, konnte nicht ermittelt werden. [Adressbuch 1937; GAGR]

## Fröhlich, Paul; Friedrichstraße 9 / Goethestraße 9 | *Böttcher*

Paul Fröhlich wurde am 22.11.1911 in Gräfenroda geboren. Er erlernte den Beruf eines Böttchers und übernahm von seinem Vater Vincenz die Böttcherwerkstatt. Er betrieb dieses Handwerk bis in die 1950er Jahre und fabrizierte u. a. Fässer für die Brauerei in Arnstadt. Durch seine spätere Tätigkeit in der Felsenkellerbrauerei Arnstadt war es ihm möglich, im eigenen Haus eine kleine

Getränkhandlung mit dem Verkauf von Flaschenbier und Brause zu eröffnen. Der erste Inhaber der Getränkehandlung war Sohn Heinz Fröhlich. Pauls`s Ehefrau Else, geb. Kraußer, war für den Getränkeverkauf „von Haus aus“ zuständig.

ABB. 247

Aus gesundheitlichen Gründen ihres Bruders Heinz übernahm Schwester Doris, verh. Schneider, das Geschäft. Ende der 1980er Jahre wurde es geschlossen. Neben dem Bier aus Arnstadt gab es auch Mineralwasser aus Plaue und verschiedene Brausesorten aus der Brauerei von Max Wächter. Paul Fröhlich war auch Gründungsmitglied des ebenfalls in den 1950er Jahren gegründeten „Dackel (Teckel) Vereins“. (Angaben: Irmgard Greßler, Schwester von Else Fröhlich) [Adressbuch 1937]

## Fröhlich, Vincenz; Friedrichstraße 9 | *Böttcher*

Vincenz Fröhlich, Vater von Ernst und Paul Fröhlich, wurde am 02.11.1868 in Gräfenroda geboren. Er war Holzarbeiter und fertigte diverse Bottiche und ähnliche Gegenstände in seiner Werkstatt. Er starb am 22.12.1946 in Gräfenroda.

## Frühauf, Frank; Ilmenauer Straße 15 | *Immobilienmakler*

ABB. 248

Frank Frühauf eröffnete im Oktober 2021 seine Filiale „Immobilien Frank Frühauf“ in Gräfenroda.

## Fuchs, Hermann; Waldstraße | *Ziegeleibesitzer*

Hermann Fuchs, geb. am 02.02.1853 in Neustadt, erwarb in den 1880er Jahren die „Hierlingsche Ziegelei“. Er firmierte unter „Chr. Hierlings Nachf. Herm. Fuchs Ziegelei- und Chamottewaarenfabrik“. Fuchs war seit 1884 in Gräfenroda ansässig. 1887 erweiterte er mit einem Anbau seine Kalkmühle. 1888 beantragte er seinen Wohnhausbau auf seinem Grundstück. 1889 war er Mitbegründer der Gemeinsamen Ortskrankenkasse Gräfenroda, die er neben der Alters- und Invalidenversicherung bis 1913 leitete. 1901 war Fuchs Gründungsmitglied des am 28.04. im selben Jahr gegründeten Bürgervereins, zu dessen Vorsitzenden er auch gewählt wurde. Fuchs war auch viele Jahre Leiter der Gewerbebank Gräfenroda eGmbH. Während des Ersten Weltkrieges führte er die Gemeinderechnung und half auch in Büroarbeiten der Industrie aus. Am 02.02.1933 beging Fuchs in körperlicher und geistiger Frische seinen 80. Geburtstag. [HGT S. 220]

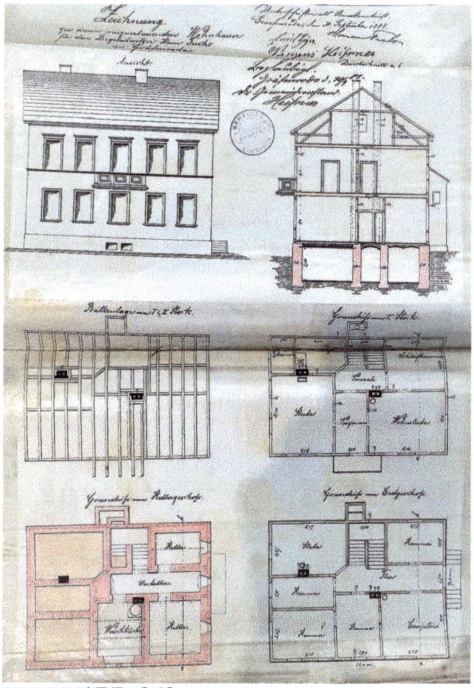

ABB. 249

## Funck, Hugo; Bahnhofstraße | *Rüstungsbetrieb für Maschinenteile*

ABB. 250

Die Fa. „Hugo Funck u. Söhne“, deren Hauptwerk in Zella-Mehlis war, pachtete 1942 das Grundstück in der damaligen Horst-Wessel-Straße 83 („Kochsche Erben“) und errichtete das Zweigwerk Gräfenroda. Funck u. Söhne war ein Spezialbetrieb des Reichsministers für Bewaffnung und Munition. Das Zweigwerk in Gräfenroda diente der Erweiterung der Rüstungsproduktion speziell für die Fertigung von Kugel- und Kreuzgelenken für Heer, Luftwaffe und Marine.

## FW Fensterwerk/FEBAG; Bahnhofstraße 68 / An der Glashütte 14 | *Fensterbau Gräfenroda GmbH*

ABB. 251

Das FW Fensterwerk Gräfenroda ist die Ausgründung zum eigenständigen Unternehmen aus der Abteilung Fensterbau des Tiefbau Gräfenroda. Infolge interner Umstrukturierung wurde daraus das Unternehmen FEBAG.

# Literatur und Quellen

**Abendroth, Rainer:** Grevenrot. Gräfenroda 1290-1990. Zur Geschichte einer Rodungssiedlung. Festschrift anlässlich der ersten Erwähnung Gräfenrodas vor 700 Jahren. Herausgegeben vom Rat der Gemeinde Gräfenroda 1990.

**Bauakten Landratsamt Ohrdruf** –Bauvorhaben und Bauten in Gräfenroda und Dörrberg (Thüringisches Staatsarchiv Gotha)

**Ehrhardt, Jochen/ Gran, Karl-Heinz/Greßler, Rotraut:** Gräfenroda und Dörrberg 1919- zwei werden eins. Eingemeindung von Dörrberg nach Gräfenroda. Eine Chronik. Herausgegeben von der Gemeinde Geratal. Zweite gering veränderte Auflage 2019. Waltershausen und Gräfenroda 2019.

**Ehrhardt, Jochen / Gran, Karl-Heinz / Greßler, Rotraut:** Johann Heinrich Winter. Schwarzburgisch-Sondershäuser Förster in Gräfenroda (02.03.1760-14.07.1838). Gedenkschrift zum 180. Geburtstag. Herausgegeben von der Gemeinde Geratal. Waltershausen und Gräfenroda 2018.

**Greßler, Rotraut:** Gräfenroda und umliegende Orte. Ein Lesebuch zur Geschichte eines Thüringer Fleckens. Waltershausen, Gräfenroda 2008. (vergriffen)

**Greßler, Rotraut:** Holz, Glas, Ton. Auf Spurensuche nach alten Gewerben in einem Thüringer Flecken. Firmengeschichte und Geschichten. Mit zahlreichen Abbildungen. Zusammengestellt und herausgegeben von Rotraut Greßler. Gräfenroda und umliegende Orte. Band II. Waltershausen 2012.

**Greßler, Rotraut / Schwientek, Ursula / Siefert, Harald:** Kühnsche Turmuhren aus Gräfenroda. Eine Chronik mit Bestandsaufnahme von 1816 bis 1972. Mit über 700 Bildern. Herausgegeben von Rotraut Greßler. Gräfenroda und umliegende Orte. Band III. Waltershausen 2016.

**Heimat-Glocken** für die Gemeinden Gräfenroda und Umgebung, 1927-1929, danach Heimat-Glocken für die Gemeinden Gräfenroda, Geschwenda, Frankenhain 1930-1941. Schriftleitung Pfarrer Thaddäus Engert. Druck und Verlag Franz Engelhardt, Gräfenroda. Gräfenroda 1927-1941. Diese Ortszeitung hatte es schon unregelmäßig ab 1914 gegeben.

**Moritz, Martina / Seim, Andreas:** Erfahren- verändern – beharren. Dorfleben im 19. Jahrhundert. Begleitbuch zur gleichnamigen Ausstellung Museum für thüringische Volkskunde Erfurt. Hsg. Martina Moritz. Schriften des Museums für Thüringische Volkskunde Erfurt, Band 18, 2001.

**Mühlfriedel, Wolfgang:** Die Industriealisierung in Thüringen. Grundzüge der gewerblichen Entwicklung in Thüringen von 1800 bis 1945.Landeszentrale für politische Bildung Thüringen. 2001 Thüringisches Staatsarchiv Gotha, Bibliothek, Lth 622.

**Schumann, Arndt D.**: Die Lade der Tischlerinnung. Ein altes Handwerk mit gleichbleibenden Aufgaben und Problemen. Thüringer Allgemeine vom 20.05.2020.

Die **Tischler- und Glaserinnung** des Regierungsbezirks Ichtershausen von 1720 bis 1907 in der Original-Innungslade, darin die Protokollbücher. Heimatmuseum Ingersleben. (Dauerausstellung des Museums)

**Wenzel, Matthias:** Von der herzoglichen Residenz zur Industriestadt. Kompendium zur Industrialisierung in Gotha vom 19. Jahrhundert bis zum Beginn des Nationalsozialismus. Hrsg. Verein für Stadtgeschichte und Altstadterhaltung Gotha. Gotha 2002.

# Archive

| | |
|---|---|
| THSTAGo | Thüringisches Staatsarchiv Gotha |
| THSTARu | Thüringisches Staatsarchiv Rudolstadt |
| STKAArn | Stadt- und Kreisarchiv Arnstadt |
| GAGR | Gemeindearchiv Gräfenroda |
| Leo Jäger | Archiv Leo Jäger |
| Rotraut Greßler | Archiv Rotraut Greßler |
| Harald Siefert | Archiv Harald Siefert |

# Abkürzungen

| | |
|---|---|
| GS | Gelbe Seiten |
| H. B. | Hubert Beyer |
| HG | Heimat-Glocken (1927 - 1941) |
| HGT | Holz, Glas, Ton |
| J. E. | Jochen Ehrhardt, Archiv und Fotografie |
| T | Telefonbuch |

# Abbildungsverzeichnis

| | | |
|---|---|---|
| Nr. 53 | Becker, Max; Sägewerksbesitzer | J. E./THSTAGo Sign.1812 |
| Nr. 54 | Becker, Gebr. | HG 1939_46_350 |
| Nr. 55 | Becker, Gebr. | J. E./THSTAGo Sign.1599 |
| Nr. 56 | Becker, Gebr. | J. E. |
| Nr. 57 | BHG | Archiv Harald Siefert |
| Nr. 58 | Bendel, Rudolf | J. E./GAGR |
| Nr. 59 | Bendel, Rudolf | Archiv Leo Jäger |
| Nr. 60 | Bendel, Rudolf | HG 1937_1_9 |
| Nr. 61 | Bendler, Albert | Eigentum Ralf Wagner |
| Nr. 62 | Benzler, Wilhelm | J. E./GAGR |
| Nr. 63 | Benzler, Wilhelm | HG 1935_5_39 |
| Nr. 64 | Bergmann, Otto | J. E./GAGR |
| Nr. 65 | Bernhardt, Paul und Marie | Eigentum Christel Rise, geb. Perlick |
| Nr. 66 | Bode, Florentin; Händler | J. E./THSTAGo Sign.1653 |
| Nr. 67 | Böhme, Siegfried | J. E. |
| Nr. 68 | Bonazza, Artur | Eigentum Lisa Melzer, geb. Bonazza |
| Nr. 69 | Bonazza, Artur | Eigentum Lisa Melzer, geb. Bonazza |
| Nr. 70 | Bonazza, Emil | Eigentum Lisa Melzer, geb. Bonazza |
| Nr. 71 | Bonazza, Josef | Eigentum Lisa Melzer, geb. Bonazza |
| Nr. 72 | Bonazza, Josef | Archiv Harald Siefert |
| Nr. 73 | Bonazza, Paul | Eigentum Lisa Melzer, geb. Bonazza |
| Nr. 74 | Bonazza, Paul | Eigentum Lisa Melzer, geb. Bonazza |
| Nr. 75 | Bonazza, Paul | J. E./THSTAGo Sign.1687 |
| Nr. 76 | Bonazza, Paul | J. E./THSTAGo Sign.1687 |
| Nr. 77 | Bonazza, Paul | Eigentum Lisa Melzer, geb. Bonazza |
| Nr. 78 | Bönitsch, Karl, Dr. med. | HG 1930_28_176 |
| Nr. 79 | Bornkessel, Paul | HG 1928_47_208 |
| Nr. 80 | Böttner, Jana | J. E. |
| Nr. 81 | Böttner, Jana | J. E. |
| Nr. 82 | Böttner, Uli | J. E. |
| Nr. 83 | Brackmann, Marian | J. E. |
| Nr. 84 | Braun, Max | J. E./GAGR |
| Nr. 85 | Brell, Hermann; Zimmermeister | J.E/THSTAGo Sign.1670 |
| Nr. 86 | Brell, Wilhelm; Fabrikant | HG 1941_5_36 |
| Nr. 87 | Breuer, Hans, Dr. | Archiv Rotraut Greßler |
| Nr. 88 | Brömel, Carl; Milchgeschäft | HG 1928_6_24 |
| Nr. 89 | Brömel, Remo | J. E. |
| Nr. 90 | Brückner, Carl; Forstmeister | J. E. |
| Nr. 91 | Brückner, Hermann; Sattler | HG 1931_48_309 |
| Nr. 92 | Brückner, Manfred | J. E. |
| Nr. 93 | Brückner, Emma | HG 1935_23_187 |
| Nr. 94 | Brunner, Gerhard | J. E. |
| Nr. 95 | Brünninghaus, Walter, Dr. | HG 1939_44_340 |
| Nr. 96 | Buhr, Wolfgang | Eigentum Wolfgang Buhr |
| Nr. 97 | Buhr, Wolfgang | Eigentum Wolfgang Buhr |
| Nr. 98 | Busch, Mario | Eigentum Mario Busch |
| Nr. 99 | Buse & Buse | J.E |
| Nr. 100 | Cafe; Alte Lache | J.E |
| Nr. 101 | Carl, Kellner & Company | J. E./THSTAGo Sign.1664 |
| Nr. 102 | Carl, Nüchter, Romeiß & Company | J. E./THSTAGo Sign.1664 |
| Nr. 103 | Carsten, C. & E. | ThStA Rudolstadt |
| Nr. 104 | Catterfeld, Amalie | J. E./THSTAGo Sign.1682 |
| Nr. 105 | Catterfeld, Ernst; Glasbläser | HG 1937_53_429 |
| Nr. 106 | Catterfeld, Wilhelm; Maschinenbauer | J. E./THSTAGo Sign.1676 |
| Nr. 107 | Consumverein Gräfenroda | J. E./THSTAGo Sign.1680 |
| Nr. 108 | Consumverein Gräfenroda | J. E./THSTAGo Sign.1437 |
| Nr. 109 | Consumverein Gräfenroda | J. E./THSTAGo Sign.1437 |
| Nr. 110 | D.H.V. | HG 1930_35_219 |

| | | |
|---|---|---|
| Nr. 111 | Deisinger, Toni | Eigentum Ralf Wagner |
| Nr. 112 | Deutsche Angestelltenschaft (DA) | HG 1934_23_184 |
| Nr. 113 | Deutsche Bau-und Siedlungsgemeinschaft | HG 1933_28_221 |
| Nr. 114 | Deutsche Stenografenschaft | HG 1934_3_20 |
| Nr. 115 | Deutscher Fabrikarbeiter Verband | HG 1934_5_33 |
| Nr. 116 | Deutscher Fabrikarbeiter Verband | HG 1934_18_145 |
| Nr. 117 | Diener, Hans-Walter | J. E. |
| Nr. 118 | Diener, Hans-Walter | Eigentum Hans-Walter Diener |
| Nr. 119 | Dittrich, Hans | HG 1935_50_403 |
| Nr. 120 | Diller, Ernst | Archiv Leo Jäger |
| Nr. 121 | Dittrich, Ingrid | J. E. |
| Nr. 122 | Dittrich, W. | HG 1933_33_261 |
| Nr. 123 | Döll, Gabriela | J. E. |
| Nr. 124 | Döring, Hans | HG 1928_27_112 |
| Nr. 125 | Dornheim, Berta | HG 1929_11_62 |
| Nr. 126 | Dornheim, Hermann | HG 1927_38_153 |
| Nr. 127 | Dornheim, Wilhelm; Fuhrmann | J. E./THSTAGo Sign.1660 |
| Nr. 128 | Dornheim, Koch & Fischer | J. E./THSTAGo Sign.1660 |
| Nr. 129 | Dornheim, Koch & Fischer | J. E./THSTAGo Sign.1643 |
| Nr. 130 | Driefholt, Dieter | J. E. |
| Nr. 131 | Dumont, William Artur | HG 1938_44_352 |
| Nr. 132 | Dumont, William Artur | HG 1938_47_377 |
| Nr. 133 | Dürer, Erich | Archiv Rotraut Greßler |
| Nr. 134 | Dürer, Fritz | HG 1929_44_224 |
| Nr. 135 | Eckardt, Albert | J. E./THSTAGo Sign.1683 |
| Nr. 136 | Eckardt, August | J. E./THSTAGo Sign.1655 |
| Nr. 137 | Eckardt, Erich | Eigentum Manfred Eckardt |
| Nr. 138 | Eckardt, Heinrich | J. E./THSTAGo Sign.1672 |
| Nr. 139 | Eckardt, Helene | HG 1934_16_128 |
| Nr. 140 | Eckardt, Hermann_Fabrikant | J. E./THSTAGo Sign.1688 |
| Nr. 141 | Eckardt, Hermann | HG 1938_1_7 |
| Nr. 142 | Eckardt, Hugo | J. E./THSTAGo Sign.1883 |
| Nr. 143 | Eckardt, Karl; Tischler | HG 1929_14_84 |
| Nr. 144 | Eckardt, Karl; Kunstharz | Eigentum Karin Eckardt. |
| Nr. 145 | Eckardt, Karl; Kunstharz | J. E. |
| Nr. 146 | Eckardt, Karl; Kunstharz | HG 1938_48_384 |
| Nr. 147 | Eckardt, Karl; Möbel | HG 1931_1_4 |
| Nr. 148 | Eckardt, Louis | HG 1934_43_338 |
| Nr. 149 | Eckardt, Minna | HG 1928_12_48 |
| Nr. 150 | Eckardt, Otto; Händler | HG 1933_10_76 |
| Nr. 151 | Eckardt, Otto; Gärtnerei | HG 1932_15_95 |
| Nr. 152 | Eckardt, Otto; Kunstmaler | Archiv Rotraut Greßler |
| Nr. 153 | Eckardt, Otto; Kunstmaler | Archiv Leo Jäger |
| Nr. 154 | Eckardt, Otto; Lohnfuhrwerk | Eigentum Jörg Heyer |
| Nr. 155 | Eckardt, Uwe | J. E. |
| Nr. 156 | Eckardt & Mentz | HG 1929_12_68 |
| Nr. 157 | Ehrhardt, Karl | HG 1934_49_386 |
| Nr. 158 | Eichelroth, Jürgen | J. E. |
| Nr. 159 | Eichhorn und Schweitzberger | Archiv Harald Siefert |
| Nr. 160 | Eichler; Tankstelle | J. E./THSTAGo Sign.599 |
| Nr. 161 | Eichler/Dille | HG 1930_17_103 |
| Nr. 162 | Eichner, Johanna | HG 1929_11_62 |
| Nr. 163 | Engelhardt, Franz | Archiv Leo Jäger |
| Nr. 164 | Engelhardt, Franz | Archiv Leo Jäger |
| Nr. 165 | Engert, Liselotte | HG 1935_46_371 |
| Nr. 166 | Engert, Thaddäus | Archiv Leo Jäger |
| Nr. 167 | Eschrich, C.W. | J. E./THSTAGo Sign.1688 |
| Nr. 168 | Eschrich, Emil | HG 1936_51_423 |

| | | |
|---|---|---|
| Nr. 169 | Eschrich, Ernst; Kaufmann | HG 1936_33_277 |
| Nr. 170 | Eschrich, Ernst; Kaufmann | HG 1931_41_270 |
| Nr. 171 | Eschrich, Ernst & Comp. | HG 1929_12_68 |
| Nr. 172 | Eschrich, Heinrich | Archiv Leo Jäger |
| Nr. 173 | Eschrich, Hermann; Schuhmacher | J. E./THSTAGo Sign.1650 |
| Nr. 174 | Eschrich, Karl; Gastwirt | HG 1938_19_157 |
| Nr. 175 | Eschrich, Karl; Gastwirt | HG 1939_29_240 |
| Nr. 176 | Eschrich, Richard; Fleischer | J. E./THSTAGo Sign.1665 |
| Nr. 177 | Eschrich, Wilhelm; Schuhmacher | J. E./THSTAGo Sign.1631 |
| Nr. 178 | Eschrich & Wächter | J. E./THSTAGo Sign.1679 |
| Nr. 179 | Eschrich & Wächter | J. E./THSTAGo Sign.1679 |
| Nr. 180 | Eschrich & Griebel | J. E./THSTAGo Sign.1679 |
| Nr. 181 | Eschrich & Griebel | J. E./THSTAGo Sign.1658 |
| Nr. 182 | Euchler, Otto | HG 1935_49_394 |
| Nr. 183 | Euchler, Otto | HG 1934_16_126 |
| Nr. 184 | Euchler, Otto | HG 1937_50_401 |
| Nr. 185 | Faust, Caspar | HG 1930_37_233 |
| Nr. 186 | Feldmann | HG 1934_6_42 |
| Nr. 187 | Feuerlöschpolizei | Archiv Leo Jäger |
| Nr. 188 | Fischer, Andreas | Archiv Leo Jäger |
| Nr. 189 | Fischer, Eberhard; Kraftfahrzeugpolsterei | Eigentum Eberhard Fischer |
| Nr. 190 | Fischer, Eberhard; Glastechnik | J. E. |
| Nr. 191 | Fischer, Emil; Kastrierer | HG 1934_19_153 |
| Nr. 192 | Fischer, Ferdinand; Büchsenmacher | J. E./THSTAGo Sign.1677 |
| Nr. 193 | Fischer, Ferdinand; Büchsenmacher | J. E./THSTAGo Sign.1662 |
| Nr. 194 | Fischer, Friedrich; Glastechnik | J. E. |
| Nr. 195 | Fischer, Friedrich; Glastechnik | Archiv Rotraut Gießler |
| Nr. 196 | Fischer, Hermann; Modelleur | J. E./THSTAGo Sign.1654 |
| Nr. 197 | Fischer, Hermann und Karoline | HG 1931_22_142 |
| Nr. 198 | Fischer, Hermann und Karoline | Eigentum Ralf Wagner |
| Nr. 199 | Fischer, Horst | Eigentum Ralf Wagner |
| Nr. 200 | Fischer, Marion | J. E. |
| Nr. 201 | Fischer, Marta | HG 1931_51_328 |
| Nr. 202 | Fischer, Walter | Eigentum Ralf Wagner |
| Nr. 203 | Fischer, Wilhelm; Glasinstrumente | HG 1937_5_41 |
| Nr. 204 | Fischer, August | J. E./THSTAGo Sign.1588 |
| Nr. 205 | Fischer, Wilhelm; Maurer | J. E./THSTAGo Sign.1643 |
| Nr. 206 | Fischer, Willy; Masseur | HG 1931_29_193 |
| Nr. 207 | Fleischerei Kirchheiligen | J. E. |
| Nr. 208 | Flick, Christa | J. E. |
| Nr. 209 | Frank, August; Glasmacher | HG 1936_3_21 |
| Nr. 210 | Frank, August; Zimmer u. Bautischlerei | Eigentum Jörg Heyer |
| Nr. 211 | Frank, Carl; Dielenschneider | J.E/THSTAGo Sign.1675 |
| Nr. 212 | Frank, Carl; Fleischer | J. E./THSTAGo Sign.1665 |
| Nr. 213 | Frank, Heinz; Glasinstrumente | Archiv Leo Jäger |
| Nr. 214 | Frank, Hermann; Fleischer | HG 1929_12_69 |
| Nr. 215 | Frank, Karl; Baumwärter | HG 1928_45_197 |
| Nr. 216 | Frank, Karl; Baumwärter | HG 1935_42_338 |
| Nr. 217 | Frank, Michael; Keramik | J. E. |
| Nr. 218 | Frank, Michael; Keramik | J. E. |
| Nr. 219 | Frank, Richard; Hintergasse | J. E./THSTAGo Sign.1685 |
| Nr. 220 | Frank, Richard; Dörrberg | J. E./THSTAGo Sign.1685 |
| Nr. 221 | Frank, Richard; Hintergasse | J. E./THSTAGo Sign.1685 |
| Nr. 222 | Frank, Robert und Alfred | Archiv Leo Jäger |
| Nr. 223 | Frank & Brell | J. E./THSTAGo Sign.1677 |
| Nr. 224 | Frank Gebr. | HG 1937_6_50 |
| Nr. 225 | Frank, Willi | J. E./Eigentum Friedrich Fischer |
| Nr. 226 | Franke, Frau | HG 1929_41_209 |

| | | |
|---|---|---|
| Nr. 227 | Frankenberg, Hermann | HG 1930_12_66 |
| Nr. 228 | Frankenberg, Tobias | J. E. |
| Nr. 229 | Frankenberger, Wilhelm | J. E./THSTAGo Sign.1599 |
| Nr. 230 | Frankenberger, Wilhelm | HG 1928_10_40 |
| Nr. 231 | Freitag, Adolf | HG 1932_18_115 |
| Nr. 232 | Freitag, Ernst | HG 1936_24_205 |
| Nr. 233 | Freitag, Max | J. E./GAGR |
| Nr. 234 | Freitag & Fischer | HG 1930_19_115 |
| Nr. 235 | Freytag, Elsa | J. E./GAGR |
| Nr. 236 | Fricke, Adolf | Archiv Leo Jäger |
| Nr. 237 | Fricke, Adolf | HG 1927_27_108 |
| Nr. 238 | Friebe, Gustav | HG 1934_11_82 |
| Nr. 239 | Friesicke, Walter | HG 1931_39_257 |
| Nr. 240 | Fritz, August | HG 1932_16_102 |
| Nr. 241 | Fritz, Carsten | J. E. |
| Nr. 242 | Fritz, Emil; Schmiedemeister | HG 1935_41_329 |
| Nr. 243 | Fröhlich; Carl; Tonwarenfabrikant | J. E./THSTAGo Sign.1681 |
| Nr. 244 | Fröhlich, August | HG 1936_41_343 |
| Nr. 245 | Fröhlich, Hermann; Schuhmacher | J. E./THSTAGo Sign.1682 |
| Nr. 246 | Fröhlich, Hermann ;Geschirrhalter | HG 1937_49_392 |
| Nr. 247 | Fröhlich, Paul und Else | Archiv Rotraut Greßler |
| Nr. 248 | Frühauf, Frank | J. E. |
| Nr. 249 | Fuchs, Hermann | J. E./THSTAGo Sign.1649 |
| Nr. 250 | Funck, Hugo | Archiv Leo Jäger |
| Nr. 251 | FW Fensterbau | J. E. |

# Dank

Regina und Rolf haben uns bei unserem Vorhaben als die „geduldigen Eminenzen im Hintergrund“ den Rücken freigehalten. Ohne sie hätten wir dieses Mammutwerk, das es letztendlich werden wird, nicht in Angriff nehmen können. Sie sind uns die wichtigsten Stützen, um die Arbeit für die Regionalgeschichte und die Geschichte unseres Heimatortes in unseren Freiräumen fortsetzen zu können. Danke!

Insbesondere danken wir Irmgard Greßler, geb. Kraußer. Die inzwischen 97jährige Seniorin erfreut sich immer noch einer hervorragenden Gedächtnisfrische. Ihren Episoden aus Kindheit und Jugend in Gräfenroda und später in Frankenhain zu lauschen, ihre exakten Schriftzüge zu lesen, waren regelrechte Genüsse.

Gleichermaßen gilt unser Dank der betagten Elsbeth Schuchardt, geb. Frank. Ihr stetes Wissen und Erinnerungsvermögen auf unserer gemeinsamen Ortserkundungsfahrt und ihre Hilfe beim Aufspüren nach Relikten der Handwerke und Gewerbe waren beeindruckend. Nachhaltige Emotionen werden uns in Erinnerung bleiben!

Bereitwillige Hilfen in vielfältigen Arten und Weisen, in Wort und Bild, haben wir durch die Einwohnerschaft von Gräfenroda erfahren, sowie von deren Verwandten, Bekannten und Nachfahren von anderswo. Ohne sie alle wäre dieses Kompendium nicht zustande gekommen.

Wie schon beim Band „ Gräfenroda und Dörrberg 1919-zwei werden eins“, erschienen 2019, konnten wir die Dipl. Medienwissenschaftlerin Antje Händel aus Gräfenroda gewinnen, die nun auch hier den buchtechnischen Part in Szene gesetzt hat. Wir bedanken uns expressiv verbis für eine sachliche Zusammenarbeit. Als erfahrene Mediengestalterin begleitet Antje Händel auch in den folgenden Bänden des Kompendiums das Layout.

Nicht zuletzt sind wir dem Bürgermeister der Gemeinde Geratal, Herrn Dominik Straube, zu Dank verpflichtet. Sein Interesse, seine Aufmerksamkeit, seine kompetenten Fragen und Hinweise beim Vorstellen des Manuskripts haben uns umso mehr angespornt, das Werk mit Freude und Enthusiasmus bis zum Finale zu bringen.

Haben Sie alle recht herzlichen Dank!

In unseren Dank schließen wir auch folgende Institutionen mit ein:
Thüringische Staatsarchive Gotha und Rudolstadt
Stadt- und Kreisarchiv Arnstadt
Standesamt Arnstadt
Heimatmuseum Ingersleben
Gemeindearchiv Gräfenroda

Das großzügige Entgegenkommen der Leiter und Mitarbeiter waren wertvolle Hilfen bei unseren umfangreichen Recherchen.

*Gräfenroda und Waltershausen im Dezember 2023, Jochen Ehrhardt, Rotraut Greßler*

# Informationen zu den Autoren:

**Rotraut Greßler:** Jahrgang 1952. Geburtsort Gräfenroda, wohnhaft in Waltershausen, Berufe: Dipl. Bibliothekarin, Verwaltungsfachangestellte, Standesbeamtin. Heute im Ruhestand. Freie Autorin und Hobbyhistorikerin für Regionalgeschichte.

Es erschienen bislang folgende Publikationen im Eigenverlag:

- „Gräfenroda und umliegende Orte. Ein Lesebuch zur Geschichte eines Thüringer Fleckens", 2008.
- „Holz, Glas, Ton. Auf Spurensuche nach alten Gewerben in einem Thüringer Flecken", 2012.
- „Kühnsche Turmuhren aus Gräfenroda". Eine Chronik mit Bestandsaufnahme von 1816 bis 1972. 2016. Mit Ursula Schwientek und Harald Siefert.
- „Johann Heinrich Moritz Winter. Schwarzburgisch - Sondershäuser Förster in Gräfenroda. Gedenkschrift zum 180. Todestag. 2018. Mit Jochen Ehrhardt und Karl-Heinz Gran.
- „Gräfenroda und Dörrberg-zwei werden eins". 2019. Mit Jochen Ehrhardt und Karl-Heinz Gran.
- Publikationen zu Thüringer Persönlichkeiten und in Anthologien der Literaturwerkstatt „Herman Anders Krüger", Neudietendorf.

- Ehrung: Gewinnerin des Mitteldeutschen Literaturpreises „Ur-Krostitzer Jahresring" 2017 in der Kategorie „Inszinierte Geschichte".

**Jochen Ehrhardt:** Jahrgang 1950, Geburtsort Gräfenroda, wohnhaft in Gräfenroda.
Beruf: Dipl.-Ing. für Chemieanlagenbau/Anlagentechnik. Ingenieurbüro Ehrhardt-Anlagenbau. Heute im Ruhestand.
Freier Autor und Hobbyhistoriker für Heimatgeschichte und Mundart.

Es erschienen bisher folgende Publikationen:

- Hörbuch 1 „Thüringer Originale Grawerederschе Schnärzchen." Wahrheiten und Geschichten im Gräfenrodaer Dialekt. In Zusammenarbeit mit dem MDR-Thüringen, Moderator Steffen Quasebart, 2013.
- Hörbuch 2 „Thüringer Originale II Neue Grawerederschе Schnärzchen." Wahrheiten und Geschichten im Gräfenrodaer Dialekt. In Zusammenarbeit mit dem MDR-Thüringen, Moderator Steffen Quasebart, 2015.

In Zusammenarbeit mit Rotraut Greßler und Karl-Heinz Gran erschienen folgende Publikationen:

- „Johann Heinrich Moritz Winter. Schwarzburgisch- Sonderhäuser Förster in Gräfenroda.". Gedenkschrift zum 180. Todestag, 2018."
- „Gräfenroda und Dörrberg 1919 -zwei werden eins", 2019.'

- Für die genannten Schriften erhielten die Autoren Anerkennungsurkunden des „Ur-Krostitzer Jahresring" 2018 und 2019.